本书受国家社会科学基金项目（17BJY166）资助

基于获得感提升的中国基本公共服务供给侧结构性改革研究

胡洪曙　著

中国财经出版传媒集团

经济科学出版社

Economic Science Press

图书在版编目（CIP）数据

基于获得感提升的中国基本公共服务供给侧结构性
改革研究／胡洪曙著．—北京：经济科学出版社，
2021.11
ISBN 978 - 7 - 5218 - 2952 - 5

Ⅰ.①基…　Ⅱ.①胡…　Ⅲ.①公共服务 - 研究 - 中国
Ⅳ.①D669.3

中国版本图书馆 CIP 数据核字（2021）第 206056 号

责任编辑：杨晓莹
责任校对：蒋子明
责任印制：范　艳　张佳裕

基于获得感提升的中国基本公共服务供给侧结构性改革研究

胡洪曙　著

经济科学出版社出版、发行　新华书店经销

社址：北京市海淀区阜成路甲 28 号　邮编：100142

教材分社电话：010 - 88191309　发行部电话：010 - 88191522

网址：www.esp.com.cn

电子邮箱：bailiujie518@126.com

天猫网店：经济科学出版社旗舰店

网址：http://jjkxcbs.tmall.com

北京密兴印刷有限公司印装

710×1000　16 开　15.75 印张　280000 字

2021 年 11 月第 1 版　2021 年 11 月第 1 次印刷

ISBN 978 - 7 - 5218 - 2952 - 5　定价：63.00 元

（图书出现印装问题，本社负责调换。电话：010 - 88191510）

（版权所有　侵权必究　打击盗版　举报热线：010 - 88191661

QQ：2242791300　营销中心电话：010 - 88191537

电子邮箱：dbts@esp.com.cn）

前　言

　　许多社会学家和经济学家的研究认为，以 GDP 为衡量指标的经济增长作为社会经济整体发展的相对物质基础，难以准确衡量社会的整体福利改进程度，而国民幸福感的整体、平均、持续改进才是一个国家追求的最终目标。所以 20 世纪 70 年代以来，学术界与世界各国政府开始探索运用主观社会指标，如居民幸福感，来衡量社会经济的整体发展结果与程度。而且越来越多的研究发现社会发展水平与居民主观幸福感并没有随着国家经济和个人收入的持续增长而相应增加，后来人们将这一现象称之为"伊斯特林"悖论。党中央在 2015 年开始提出"获得感"概念，并且这一概念日渐获得政府与学术界的广泛认同，从而现在各界广泛把人民获得感的高低作为评价我国公共政策制定与实施效果的标准。在全世界都存在"伊斯特林"悖论的现象，就是因为作为相对物质基础的经济增长在转化为国民主观幸福感的过程中出现了问题。获得感作为客观物质获得与主观幸福感受相结合的一个复合指标，对其的测度不仅包含物质分配结果上的规模与公平程度，还包括各项公共政策制定与实施所包含的程序公平、机会公平、结果公平。

　　国民获得感的提升主要在于私人商品购买能力与公共产品供给能力的增加。在私人商品领域，起主导作用的是市场力量，所以公共部门的直接作用相对较小。从而快速、有效地提升国民获得感的压力就转移到了公共产品领域。受到传统的凯恩斯学派的影响，对于社会经济的治理往往将重点放在需求侧，尤其是作为有效需求指针的购买能力的提升上。但随着社会经济的发展，大量的研究发现商品供给侧的结构性改革也同样重要，只有同时在供需两方面实现均衡管理，社会的资源配置效率与整体福利才会得到有效改善。正是基于上述理论与现实，我国提出了供给侧结构性改革的理论思路。作为供给侧结构性改革理论在公共产品领域的具体运用，在居民公共服务需求作为一个既定变量的情况下，政府公共部门主要的着力点在于公共服务供给侧的结构性改革。这一新思路的确定也为公共服务供给改革奠定了一个新的理论框架，即在将公共服务需求作为一个锚定与校准机制的基础上，如何改革公共服务的供给机制来满足居民的公共需求并提高投入产出的效率，并进而提升居民整体的获得感。

本书的整体分析框架分为五部分，第一章探讨基于获得感提升的中国基本公共服务供给侧结构性改革理论与机制分析，通过分析改革的理论依据、构建改革的主要理论框架、探讨基本公共服务供给侧改革与获得感提升的融合机制，以期基于供给侧资源配置机制与需求端反馈机制的对接，分析供给侧结构性改革背景下公共服务供给侧改革的逻辑起点、理论依据与动力机制。

第二章着力于中国基本公共服务供给指标体系构建与供给水平的量化测度，首先基于公共服务的基础性与必要性来界定基本公共服务的种类及其内涵，根据数据可获得性和统计兼容性，构建我国各大类公共服务供给指标体系，同时构建科学合理的公共服务供给水平测度方法；然后基于上述指标体系与方法测算各省级七大类及总体的基本公共服务供给水平，分析各类公共服务供给的变化趋势和变化原因；最后构建公共服务均等化的数量测度方法，并测算出各省级七大类及总体的基本公共服务均等化水平，并基于此来分析公共服务均等化的现状、变化趋势及变化原因。

第三章着力于构建居民基本公共服务获得感的指标体系并对获得感的影响因素进行量化测度，首先基于主观评价和获得感理论模型，构建居民公共服务获得感理论框架；根据全面性和代表性、系统性、可比性、可操作性、动态性和前瞻性、不同群体的兼顾性等原则，从平等公正性、理想预期性、实际情况性、心理满足性、实际利益性、负面效用性、存在必要及发展期待性构建居民公共服务获得感测度的模型变量表；通过问卷设计、分层随机抽样方法和各省级区划的实地调研，得到居民公共服务获得感各项指标的具体数据，并运用结构方程模型来测算各维度指标对居民公共服务获得感的影响；基于各因素对居民基本公共服务获得感影响的方向和程度来总结提升居民获得感的努力方向。

第四章着力于分析中国基本公共服务供给侧存在的问题及原因。作为本研究承上启下的重要一部分，本章基于一般理论分析、多重约束下的最优值计算、委托—代理理论、博弈论、地方政府行为理论、偏好匹配理论来总结我国基本公共服务在供给规模、供给结构、供给决策机制、供给方式、政府间转移支付等方面所存在问题及原因，上述研究方式也正是供给侧结构性改革研究方法在公共服务领域的具体运用。

　　第五章着力基于获得感提升来对基本公共服务供给侧结构性改革的路径提出相应政策建议。第一，当公共物品和居民私人物品间边际替代率相等时，公共服务供给的规模达到最佳，居民的效用满足感达到最大，一国的资源配置和福利水平也将趋近于帕累托最优。本章研究得出结论认为，基于我国现有的资源禀赋和要素条件，适合我国国情的最优公共服务规模应该控制在14%左右。但鉴于近十年来，我国公共服务支出规模一直在13%的水平上下徘徊，故本章提出缩小地区间公共服务供给差距、借助PPP、非政府组织和共享经济的力量适度扩大公共服务供给规模以提升居民整体获得感的建议。第二，基于地方政府均衡预算的约束利用拉格朗日函数推导得出使居民效用最大化的"硬性"以及"软性"公共服务的配置结构，进一步在七类基本公共服务细分的基础上利用耦合协调度模型以及历年的财政经济数据来分别构建上述公共服务的供给和需求指标体系用以测算各类公共服务供需间的协调匹配度。并基于各类公共服务供需失衡的实证结论以及近十年来财政对各类公共服务的投入情况提出公共服务供给结构的调整建议。第三，基于我国历年的省际面板数据从七类公共服务供需匹配的耦合协调度出发，利用各类公共服务开支占预算总支出的比重为传导，实证探究了"用手投票""用脚投票""公众参与"三类公共服务决策机制在我国地区公共服务供给实践中的影响效力和最终成效，并基于实证研究结论，提出了应加大政府信息披露力度，搭建多途径的公众需求反馈机制和进一步放松户籍管制等建议以进一步优化公共服务的供给决策机制。第四，运用以财政投入为导向的DEA模型对我国31个省份的基本公共服务供给效率分别进行了静态分解和动态分析。实证结果表明，近几年来，我国基本公共服务的综合供给效率未能得到显著提升，但从纯技术效率的角度出发，绝大多数地区的管理水平和制度效率提升明显。从综合效率变异系数的变化轨迹上来看，各地在公共资源投产利用效率上的差距并没能得到有效缓解。为此，本书提出在公共服务供给方式优化上，财政和地方政府应逐步淡化其在服务供给过程中所扮演的单一、垄断的角色；通过完善公私合作和政府购买公共服务，以充分激发社会不同主体供给公共产品的活力；推动公共服务供给过程中的资源共享与技术创新并加强整体供给过程的绩效考核与监督。第五，通过构建转移支付、财政供养人员规模对地区基本公共服务供给影响的基础模型并结合我国31个省级行政区的面板数据进行实证分析，发现转移支付能在一定程度上改善辖区内公共服务的供给，但该促进作用易被缺乏弹性的行政性薪金支出所弱化。随后通过面板门槛模型的构建，发现转移支付在提升公共服务支出占比上存在着以财政努力为门槛的三重门槛效应。随着地区财政努力程度的不断提升，转移支付对基本公共服务的增进效应也呈现阶梯性提升。因此，控制财政支出的可替代效应，加快构建与地区财政努力程度激励相容的转移支付制度，引导地方政府的支出偏好向民生领域倾斜是优化基本公共服务供给的重要一环。

本书的研究价值在于回应了中共十八届五中全会提出的要增加公共服务供给，提升政府对群众需求的关注度，提高公共服务共建能力和均等化水平的呼吁。特别值得指出的是，随着社会经济的发展，公共服务供给侧的问题从供给规模不足逐渐过渡到供需错配以及供给程序、供给机会以及供给结果的不公平。而本书的基础理论框架构建、实证研究以及相应的政策建议，对于构建供给端的资源配置与需求端反馈的对接机制以减少资源错配而带来的资源配置效率损失，以及增进供给过程中各维度的公平程度以降低社会福利损失均具有一定的参考价值。

本书是笔者所承担的国家社会科学基金一般项目"基于获得感提升的中国基本公共服务供给侧结构性改革研究（批准号：17BJY166）"的最终研究成果。笔者感谢课题组成员陈志勇教授、毛晖教授、魏福成副教授、亓寿伟副教授、祁毓副教授、陈高副教授等在基础理论框架构建、模型设计、获得感影响因素测度等方面的贡献，也感谢我的博士研究生武锶芪、梅思雨、李捷等在资料收集、数据处理以及部分章节的撰写等方面所付出的辛勤劳动。该书的部分内容已作为课题研究的阶段性成果发表在《中南财经政法大学学报》《财贸经济》《华中师范大学学报（人文社会科学版）》《财经论丛》等学术期刊上。

胡洪曙

2021 年 9 月 8 日

目　录

第一章　基于获得感提升的中国基本公共服务供给侧结构性改革理论与机制分析

第一节　基本公共服务供给侧结构性改革的理论依据

一、公共服务供给侧结构性改革的逻辑起点

任何一项改革都有其出发点或价值内核，从中所体现出来的思想与精神将指引这一改革的理论框架构建与动力来源，以及从而衍生出来的具体改革方案。基本公共服务是现代财政制度的核心内容之一，也是国家治理能力和治理体系现代化的基础之一，因此对其改革更应该梳理出清晰的逻辑起点与理论框架。

从理论分析的角度来讲，公共服务的内涵与外延是随着社会经济发展而动态发展演化的。不仅哪些是公共商品需要理论界重新定义，而且供给的方式随着经济理论的发展与技术手段的提升也在不断改变与优化。尤其是随着社会经济的发展，我国社会的主要矛盾发生了转变，就公共服务而言，供给不足的矛盾慢慢转化为人民日益增长的美好生活需要和不平衡的发展之间的矛盾。相对于原来生产力低下时着力于公共服务供给规模的提升，如何针对人民群众的真实需求精准高效、公平公正地提供各种公共服务对政府部门来说显得尤为困难。

长期以来，受市场经济中凯恩斯主义的需求理论的影响，过于强调公共服务规模的分析与其实现。在和市场经济简单类比与粗放式管理思想的指导下，认为公共商品的有效需求是随着社会经济的发展而自然增长的，矛盾的主要面在于供给规模的提升，而对供给结构、供给质量与

供给方式研究不够。其实，在满足个人需求并继而提升个人效用方面，公共商品与私人商品的属性并无差异，只不过由于公共商品具有非竞争性与非排他性的特点，从效率的角度来讲适合由政府供给。在对公共需求差异性分析不足，并缺乏完善的公共需求表达机制的情形下，必然导致供给模式的路径依赖和供给制度的僵化，并使供给错配和供给效率低下的问题普遍存在，公众对公共服务的满意度和获得感并没有因公共服务供给规模迅速扩张而得到快速提升，反而极大地影响了经济资源要素整体配置效率。

综合现代社会学、经济学与公共管理学的发展，可以清晰地发现各学科的发展或者说具体的技术的改进越来越以人的需求的满足为核心，也即是为了提升个体的人或作为集体的人群的效用。所以不管是私人商品还是公共商品，其供给效能的提升仍然必须以个人的福利或效用的改善为基本衡量，如果脱离了这一目标，社会经济的发展则变得缺乏意义。上述阐述其实也是福利经济学中"人本"思想的体现，并且福利经济学也强调社会整体福利的提升在于作为个体的人的效用的改善。但是我们强调商品的需求—供给机制中需求一侧的初始意义与核心价值，并不是要否定供给侧的作用。相反，需求侧能否得到满足，其关键就在于供给侧提供什么样的商品与服务，以及如何提供这些商品与服务。特别是居民对于商品与服务的需求其实是一个客观的存在，如果能找到一个机制精准地识别和收集居民们的需求信息，剩下的关键就在于商品的供给。特别是在自然资源禀赋与社会经济发展水平的约束下，公共服务的供给水平是既定的，个人福利或效用的提升主要在于各项公共服务供给结构的优化。

综合以上分析，公共服务供给侧改革的逻辑起点是对于居民需求的满足，以及在此基础上的居民幸福感与获得感的提升。但是对于既定的国民群体而言，居民们需求的规模与结构可以看作是既定的，是一个客观的存在，这时矛盾的主要面转移到了如何优化公共服务供给内容与供给方式来满足既定的居民公共服务需求。如果说传统的财政理论是一套以公共需求为导向的理论体系，那么供给侧结构性改革理论强调公共服务供给对于公共需求满足的能动性，进一步实现了公共需求与公共服务供给的融合，为解决内生的公共服务供需矛盾提供了一个新的思路，从而弥补了传统财政理论的短板，有利于更好地实现公共服务供需两端的精准匹配。

二、西方供给学派思潮的演进以及与我国供给侧结构性改革理论的异同

(一) 西方供给学派思潮的演进

西方供给学派的理论渊源可以追溯到 19 世纪初的萨伊定律，即认为供给会创造自身的需求。主张萨伊定律的人认为，生产和交换只是手段，任何人都不会为了生产而进行生产，生产的最终目的是消费。生产者在生产出自己的商品时，不仅为生产者自己提供了购买其他产品的支付手段，而且自己的产品也将成为其他生产者的消费对象。所以古典学派认为，一个个体的人既是商品的生产者也是商品的消费者，他如果不是自己商品的消费者，就必然会成为其他商品的消费者，所以在商品的生产与流通的过程中，生产者的生产创造了对其他商品的需求，整个经济体系形成了自己的闭路循环，生产过剩一般不可能发生。萨伊定律所包含的生产创造和决定需求以及供给与需求均衡的两大观点成为日后自由主义学派的理论来源之一。

但是萨伊定律产生的时间是生产力不发达、技术手段落后的 19 世纪初，大多数的生产者是个体劳动者或作坊式生产，机器化大生产还没有大规模产生，从而导致市场上生产出的产品有限，生产过剩也就不容易发生。随着生产力的发展，各种新技术和机器设备开始大规模进入商品生产，生产能力越来越高，但人口的增长以及与之相伴的购买力却没有同幅度上升，生产过剩开始成为普遍现象，资本主义经济危机周期性出现，甚至出现美国 1929 年的经济大危机。面对这一现象，萨伊定律或古典学派的理论开始缺乏解释力，着重需求管理的凯恩斯学派开始大行其道。面对不断出现的经济危机，凯恩斯学派认为主要的原因就在于有效需求不足。并且由于市场生产的盲目性和市场的协调能力较弱，市场中供给和需求自动均衡的实现是一个小概率事件，纵使实现也只能维持一个相对短的时间。有效需求的提振主要还是要靠政府的干预，并且由于有效需求主要源自投资需求与消费需求，所以政府应利用货币政策降低利率来提升投资，并使用扩张性财政政策来提升消费。由于凯恩斯学派之前的经济学理论对于破坏性巨大的经济危机束手无策，所以该理论得到了当时许多国家的拥护，并从需求侧的提振来出台各种各样的刺激性政策。

随着 20 世纪 70 年代两次石油危机所引发的美国经济滞胀并影响蔓延到

其他资本主义国家，对于日益高涨的通货膨胀不断吞噬居民财富和高企的失业率对劳动阶层的收入造成重创，各国民众开始表达普遍不满。在 20 世纪中期，被看作凯恩斯学派背书的菲利普斯曲线表明，一般情况下经济增长停滞和通货膨胀高企不可能并存。严峻的社会经济形势以及对危机缺乏应对能力，使得凯恩斯学派开始被人们抛弃，而主张减税、经济结构调整以及放松政府管制的供给学派应运而生。随着供给学派的重要人物拉弗提出包含减税主张的拉弗曲线，供给学派成为里根经济学的重要理论来源。

供给学派首先复活了萨伊定律，坚持认为在市场的供给—需求机制中，供给居于决定性的地位，基于生产者的生产能自行创造购买力，所以生产能力越大购买力（也即是需求）也越大，从而只要供给侧管理适当就不会出现生产过剩。而之所以出现滞涨，主要就是因为信奉凯恩斯主义的政府管理者在管理需求时出现了问题。其次，供给学派主张通过减税刺激投资以增加生产能力。供给学派着力于供给的提升，但供给的规模取决于各种生产要素投入的水平，土地、资本、劳动等生产要素的拥有者在决定要素的投入时关注的是要素的回报，而税收往往被投资者认为是一种对投资回报的最直接的扣减。所以在减税的情形下，国民财富更多地积累在作为生产者的企业和个人手里，这样市场生产也就会随之扩张。再其次，供给学派主张自由市场经济，反对政府干预。供给学派的理论渊源源自萨伊定律与古典学派的自由经济思想，认为自由竞争的市场能自动实现市场出清并从而实现供求均衡。强调市场就像一个生命有机体，在以价格为核心的各项市场机能正常运作的情况下，各种经济变量都会以自身效用最大化的形式进行组合，从而实现生产的最大化。而凯恩斯主义的国家干预政策着力于充分就业目标的实现，通过短期的刺激政策来人为拉升需求，破坏了市场这个有机体内在的各项机能的正常运作。最后，控制货币的发行，并以此来抑制通货膨胀。供给学派认识到了 20 世纪 70 年代的滞涨给社会经济带来的巨大危害，认为通货膨胀会使作为生产者的个人和企业承担更高的实际税负并降低储蓄意愿，由于储蓄率的降低，可供投资的资本量将减少，从而阻碍供给能力的提升。所以供给学派认为通货膨胀的主要危害不在于物价的上涨，如果物价是普遍性的均衡上涨，则整体的收入分配结构和相对物价水平其实没有发生变化，而是在于经济体系中供给能力的损伤。因为有效供给不足，又由于财政刺激政策和货币超发所引发的非真实需求扩张，必然会导致物价上涨并引发周期性的通货膨胀。所以有效供给不足和通货膨胀将形成一个恶性循环，并进而伤害各生产要素拥有者的经济增长预期，经济增长率将大为下降，从而形成滞胀局面。

（二）西方供给学派与我国供给侧结构性改革理论的联系与区别

供给侧结构性改革第一次见诸公开报道是在 2015 年 11 月，当时召开中央财经领导小组第十一次会议讨论我国经济发展进入新常态后所遭遇的一系列新问题，并提出了供给侧结构性改革这一应对方案。在此以后，供给侧结构性改革迅速成为理论界和实务界的一个热词，其理论内涵与外延不断拓展，至 2016 年时其理论内核基本成形，一般将其表达为"供给侧结构性改革，重点是解放和发展社会生产力，用改革的办法推进结构调整，减少无效和低端供给，扩大有效和中高端供给，增强供给结构对需求变化的适应性和灵活性，提高全要素生产率"。[①]

从上述供给学派的理论演进与我国供给侧结构性改革的理论阐述来看，供给侧结构性改革理论和供给学派既有一定的关联也有着重大区别，其共同点主要体现在：一是都认为减税有利于增强市场活力与提升生产能力。减税是供给学派的核心主张之一，我国在近几年来实行的以"营改增"为代表的减税政策无疑多少受到了供给学派的影响。尤其是对我国的税收归宿结构进行分析可以发现，我国的税收主要是由生产者负担的，所以尽管从经济发展水平与宏观税负的比较来看，我国的宏观税负水平并不高，但对生产的抑制和资本的积累存在较大的阻碍作用。二是认为在市场供给—需求的一体化机制中，有效供给对于实现市场均衡非常重要。供给学派和供给侧结构性改革都认为有效需求不足可能是供给结构出了问题，比如供给不能很好地匹配需求，导致无效供给过剩，而表面上显示出来的也许是市场需求不足。此外，市场也需要"启蒙"，有时基于消费者的知识有限——经常有专业的生产者，但较少有专业的消费者——一项先进的发明可能开发出一个新的市场，所以生产经常也具有能动性。从而供给和需求是互相促进、循环往复的，在这一过程中供给不断升级与结构优化，并进而满足与开发市场中各种各样的需求。

同时，基于上述阐述，我们也可以发现供给侧结构性改革理论和供给学派所存在的重大区别：一是两者的目标不一样。供给学派提出的背景是 20 世

---

① 习近平在省部级主要领导干部学习贯彻党的十八届五中全会精神专题研讨班上的讲话（2016 年 1 月 18 日）[N]，人民日报，2016 - 5 - 10 (2)。

纪 70 年代两次石油危机所引发的全要素生产率下降、经济结构失衡、高涨的通货膨胀率、不断攀升的失业率，所以供给学派的主要目标是为了应对当时美国的经济滞胀局面，具体目标包括稳定物价、降低政府开支实现政府预算平衡、促进经济增长和就业。而我国供给侧结构性改革提出的背景是自 2013 年我国进入经济发展"新常态"后，经济增长整体下行压力加大、部分行业生产能力过剩、生产成本和交易成本高企、粗放式投入驱动的外生增长方式动能下降而创新驱动的内生增长动能不足，导致我国在有效需求旺盛的情况下，有效供给却不足。因而我国供给侧结构性改革的主要目标相较供给学派而言要宏大得多，主要包括降低生产成本、优化和升级经济结构、打造创新驱动的经济发展新动能、提升全要素生产率、构造经济发展成果分配的激励相容机制并提升居民的幸福感与获得感。二是供给学派主要侧重于供给管理，而供给侧结构性改革认为供给和需求互为一体、有机融合。供给学派认为滞胀的出现主要是凯恩斯主义人为过度刺激需求导致的，为了扭转这一趋势，供给学派走了另一个极端，即否认需求的核心地位。而供给侧结构性改革理论认为供给和需求不是非此即彼的替代关系，而是互相促进的两个"互嵌"式的因素，生产的终极目的应该是满足消费者需求，但供给同时对需求起着引导作用。三是供给学派强调市场的支配性作用，强调市场的自动均衡功能而忽视政府的调控作用。供给学派反对凯恩斯主义的政府过度干预政策，认为政府干预破坏了市场经济作为一个有机体的自动运行，尤其是里根政府受当时英国撒切尔夫人的自由主义改革思潮的影响，着力于削弱政府在资源配置和经济活动中的作用，加强市场对于生产的引导作用，从而走向了另一个极端。但供给侧结构性改革认为就像社会中的商品分为公共商品和私人商品一样，政府和市场的作用并不能偏废，二者并不存在谁优谁劣，而是在哪一特定领域适合何种力量起主导作用。正常情况下市场也许能正常运行，但在一些特殊情况下市场运行会失序，从而出现市场作用失败的情形，这时就需要政府干预。

三、供给侧结构性改革的总体思想对基本公共服务供给侧改革的启示

供给侧结构性改革的总体思想作为在新时代下面对新问题而提出的一个整体改革框架，很显然也对我国的基本公共服务供给侧结构性改革起着重要

的指引作用：一是公共服务作为商品的终极属性和私人商品是一样的，即是为了满足人们的消费需求，所以在供给—需求这一联动机制中，需求应处于决定地位。这一认知其实也呼应了前述所讨论的基本公共服务供给侧结构性改革的逻辑起点问题，即公共服务的供给侧结构性改革并不只拘泥于供给管理，而是供给的水平与结构最终应能满足居民的需求。二是公共服务供需的错配，主要在于公共需求管理失范下的供给失序。公共服务供需的错配造成了社会稀缺资源的重大浪费，降低了私人产品和公共产品的总供给水平，从而影响了居民幸福指数的提升。供需错配表面上看是供给错位，但实际上是公共需求管理失范，要么是官僚主义下官员们根据自己的偏好决定公共商品的供给，要么是对公共需求没能精准识别。所以解决供需错配的方针应是基于需求来校准供给的水平与结构，从而使得有限资源约束下的供给能更好地满足需求。三是供给侧结构性改革强调市场和政府的不同作用，既要发挥政府的宏观调控功能，也要激发市场供给主体的能动性。公共商品一般认为应该由政府供给，是因为其所具有的非竞争性与非排他性的特点，但随着技术手段的发展，公共商品的这两个特性可能发生变化，从而可以完全由市场供给或由市场参与供给。这样一来，公共商品的供给方式可望更为丰富，供给质量和供给效率能够大为提升，而且公共商品供给的市场化参与能够降低成本，并适用更为有效的监督机制。四是居民公共服务获得感较低的原因部分源于公共服务的供给质量低下和供给方式不到位。公共需求和私人需求其实在本质上都是一个客观存在，在公共需求既定的情况下，居民获得感的高低主要在于公共服务的质量与供给方式的完善。这一点也是公共服务供给侧结构性改革的主要愿景所在，即为了提升居民获得感，应在现有资源的约束下提高产出效率，并尽可能改善服务质量、提升服务的可及性、公平性与人性化水平。

第二节　基本公共服务供给侧结构性改革的主要理论框架

　　基本公共服务供给侧结构性改革作为供给侧结构性改革整体理论在公共服务领域的具体运用，其研究内容非常广泛，本研究致力于提炼出供给侧中的主要问题来进行探讨。基于上述理念，本书设计了一个包括公共服务供给规模、供给结构、供给决策、供给方式以及转移支付机制 5 个方面的理论分析框架。基于居民获得感提升的价值指引，围绕满足居民需求这一核心，本书将在上述理论框架内来探讨如何发挥供给侧的能动性来实现公共服务的供需匹配。

一、公共服务最优供给规模的基础理论分析

根据马斯洛的需求层次理论和瓦格纳法则，随着社会经济的发展，一个人对公共服务的需求会不断增加，但在现有资源禀赋和生产力发展水平的约束下，对于一个国家公共服务最优规模的确定需要考虑如下 4 个方面：一是公共商品和私人商品最优供给边界的确定。在资源禀赋和生产力发展水平的约束下，一国在某一时期的总产出是一定的，为了使得居民的总体效用最大化，就必须使得公共产品和私人商品的边际替代率相等，而在这一点上的公共产品产出即是最优规模。二是公共产品的非竞争性和非排他性对于公共商品最优规模确定的阻碍。根据帕累托原则，私人商品的最优供给边界即是消费者的边际成本等于边际收益的那一点。私人商品的边际成本与收益在自由竞争的市场环境下很容易鉴定出来，即商品的价格，自由接受的价格既代表个人消费的成本，又代表个人效用的增加。但是公共产品作为集体消费的商品，其边际成本——税收，以及边际收益由于缺少了自由市场中价格这一标识物变得难以测度，尤其是"搭便车"现象的广泛存在，使得公共产品的市场供给更为困难。所以公共产品最优规模供给的关键之一是找到一个公共产品成本与收益的发现机制并使二者精准匹配。三是在不同社会经济发展阶段最优公共产品供给规模的差别性确定。根据大量的理论与实证研究，不同社会经济发展阶段对于公共产品的需求是不一样的，这也解释了一般情况下为什么发达国家的公共开支要高于发展中国家。但是如何测度一个国家所处的社会经济发展阶段，并差别性地供给公共产品显然是一个复杂的系统工程。四是大量的中央转移支付的存在将导致严重的粘蝇纸效应，从而导致公共服务供给的无效扩张。我国由于地域辽阔、经济发展差异巨大所导致的区域间经济发展不平衡，以及财政分权背景下央地政府间财力的纵向失衡，使得我国不得不依靠大量的中央转移支付来保障各地方政府的基本公共服务供给，但是内生于转移支付机制的"粘蝇纸效应"使得公共服务的供给无效扩张，从而导致公共服务的供给偏离最优规模。

二、公共服务供给结构优化的基础理论分析

在供给侧结构性改革的一般理论中特别强调我国现在供给和需求的矛盾是结构性的矛盾，所以解决供需结构问题是提升资源配置效率与居民效应的关键点之一。在需求侧，由于民众不可能像对待私人商品一样通过货币化选票来表达自己的偏好，同时由于"搭便车"现象的存在，民众不愿花费时间和精力来对公共服务的供给进行纠偏，所以公共服务在需求侧的偏误将难以发觉。在供给侧，由于一些地方官僚主义现象的存在，公共服务的供给在某些领域将主要反映官僚们的偏好。这主要表现为地方官员们在决定公共产品的供给时将偏好能在短期内促进经济增长的交通基础设施等硬公共产品的供给，而不愿加大对教育、社会保障、环境保护等软公共产品的投入，导致某些硬公共产品供给过剩而一些具有长期效益的软公共产品供给不足，从而形成有限的经济资源的浪费。同时由于央地间财政体制的非帕累托最优安排，地方公共产品的供给成本并不由地方上的税收承担，其供给也将受到作为拨款方的上级政府的重大影响，从而导致地方公共产品并不完全反映地方居民的偏好。

另外，如何平衡城乡之间和区域之间公共产品的供给结构显然也是一个复杂的问题。我国由于长期的城乡二元发展政策，以及区域间的地理区位、资源禀赋和自然环境等差异，城乡之间与区域之间的社会经济发展水平差异巨大。在这一背景下如何在保障基本公共服务供给均等的基础上考虑城乡之间与区域之间由于空间差异、收入水平差异、文化差异等而带来的对公共服务需求的差异是一个困难的工程。所以在考虑公共服务的供给侧结构性改革时，既要考虑均等化与公平性问题，也要考虑城乡之间、区域之间甚至个体之间的差异，以使公共资源的产出效率与效应提升最大化。

三、公共服务供给决策机制优化的基础理论分析

公共服务供给决策机制在公共服务供给侧结构性改革中处于主导地位，这是因为公共服务的供给规模、供给结构、供给方式等都受决策机制的制约与支配。在本书中，将讨论一个包括用手投票、用脚投票、舆论参与、政府偏好在内的公共服务供给决策机制优化的理论框架，并探讨其改革举措。

（1）用手投票。在公共选择的一般理论分析中，作为理性人的个体当某项公共产品对该个体的边际效用大于边际成本时将投票支持该产品的供给。但该机制的复杂性在于对个人边际效用测度的困难以及作为集体消费的公共产品的成本分解难以实施。（2）用脚投票。最为经典的贡献来自蒂布特模型，该模型假设在人们可以自由迁移且迁移成本很低的情况下，将会根据每个辖区公共产品的供给水平与税收负担来选择一个最能满足自己偏好的地方，从而通过用脚投票的形式来把公共产品的供给转化为类似私人商品的供给。但蒂布特模型在现实中尤其是中国特有国情下，很多假设是难以满足的。（3）舆论参与方式。又可称舆论造势，是指通过在媒体上制造舆论的方式来影响政府等相关决定公共产品供给的部门，从而达到公共服务供给决策机制有利于自己的目的。随着互联网的兴盛，以微博、微信、论坛等为平台的自媒体日益发达，往往在短时间内能吸引巨大的阅读量，从而形成一股巨大的影响力量。但舆论引导的公众参与方式毕竟不是一种常规的主流公共服务决策方式，它仅仅能对公共服务供给的决策起到一定的纠偏作用。而且由于自媒体难以掌握全面的信息以及参与人基于自身利益的故意错误引导，将可能对公共服务的效率供给造成负面影响。（4）政府偏好。政府对于公共服务的供给具有决定性的作用，政府偏好将会对公共服务的供给形成巨大影响。

四、公共服务供给方式优化的基础理论分析

公共服务供给方式作为一个技术层面的问题往往在公共服务的投入与产出之间起到一个中介作用，并且在具体的公共服务供给种类已确定的前提下，供给方式的选择与优化将决定公共服务的产出，所以对供给方式的优化本质上涉及供给效率的提升。而供给效率的提升在有限资源与技术水平的约束下最大可能地增加公共服务供给的规模，从而改善整体的资源配置效率。在经济学的一般理论中，要达到生产的效率状态就必须使该项产品的生产处于生产可能性曲线上，而该曲线是由资源禀赋、生产技术以及生产方式共同决定的。在一国或一地的资源禀赋与技术是给定的情况下，能够变动的就只有生产方式，所以生产方式的优化对于公共服务供给侧的优化起着重要的作用。瑞典的林达尔提出了一种后来被称为林达尔均衡的理想的公共服务供给方式，即辖区内每个成员为每单位公共产品的自愿出资额等于在有效率的公共产品

生产水平上他所获得的边际收益，从而辖区内每个成员的边际收益之和将等于该项公共产品的边际成本，在此情形下林达尔均衡将把公共产品的供给转换为市场中类似私人商品的供给，所以每个居民对每单位公共产品的均衡出资额又被称为林达尔价格。林达尔均衡生效的关键是每个居民都将根据自己从公共产品中的收益来缴纳税收，这类似于在私人商品市场中每个人根据自己的边际效用来出价，但由于公共产品消费的集体性会出现广泛的"搭便车"行为，除非在一个很小的熟人社区，信息是充分、透明的，否则林达尔机制将会因为居民们隐藏自己的个人偏好而失灵。但林达尔均衡对于公共服务供给方式优化的启示意义在于，供给效率的提升来自对市场机制的逼近，所以应根据每项公共产品公共程度的不同采用不同的向市场靠近的供给方式。

在公共服务的供给中，资金来源一般是财政收入，即出资方一般是政府，但生产方可以是各市场主体，扩展这一思路后某些公共产品的生产就可以用市场效率的考察方式来进行投入产出的核算，比如道路、地铁、机场、公用大楼等的建设即属于此类。随着社会经济理念的拓展，公共服务的出资方也不再仅限于政府，比如近期以来兴起的 PPP 模式为私人资本进入公共产品的供给领域提供一条通道。私人资本的进入不仅弥补了公共资金的不足，而且也引进了更具有成本效率意识的市场生产方法，并且各种竞争性手段的引入也对生产效率的提高大有裨益。所以我们应大力推广公私合作在公共服务供给的运用，尤其是对于一些具有混合产品性质的服务，如养老、教育等可以在政府的严格监管下由市场来提供，同时由政府提供一定的补贴。

作为公共服务供给方式优化的辅助措施，公共服务供给的绩效考核是一项重要的举措。这是因为如果不对公共服务的投入产出进行效率测算，则无从知晓何种供给方式为优。但由于公共产品消费的非竞争性与非排他性特点，尽管公共产品的投入容易测算，其产出却往往难以精确计量，这导致了对公共服务供给进行绩效考核非常困难。对于交通运输等硬公共产品的供给我们一般可以采用市场化的办法来进行绩效考核，而对于环境保护和社会保障等软公共产品则应开发出一套具有实践可操作性的指标体系来测度其产出。

五、促进基本公共服务供给的转移支付机制优化的基础理论分析

按照地方公共产品的帕累托最优供给原则，地方上的公共产品应该由地

方上的税收支持，在此情形下，地方公共产品不产生外溢效应，各辖区没有税收输出也不接受中央的转移支付，从而该原则也被称为责任原则。但上述三个前提往往难以满足，尤其是在中国的具体国情下地方政府多达四级，但是税种却比较有限，税收难以在地方政府间进行精准分配以匹配地方的财政支出。同时也因为中国地域辽阔，自然资源禀赋和地理区位千差万别，导致区域间的社会经济发展差异巨大，各地的财政收入能力也继而大不相同，但各地方的基本公共服务需求水平却相对差异较小，在此情形下，中央转移支付不可避免地成了平衡地方财力的一个主要机制安排。

中央转移支付影响公共服务供给效率首先要考虑的是内生于该机制内的粘蝇纸效应，该效应描述的是由于财政幻觉和官僚行为而导致的地方公共服务的过度扩张。在财政幻觉的分析框架下，地方居民因认为该辖区的部分公共服务的成本将由转移支付来承担，使得该地方居民的边际收益大于边际成本，从而导致地方居民对于公共服务的无效扩张。在官僚行为的分析框架下，因为中央转移支付是来自于辖区外的资源输入，对于辖区居民来说是一项没有成本的收入，这将降低决策者们对来自地方上的筹资压力和监督压力，从而导致过度扩张公共服务的供给并扭曲公共服务的供给结构。由于粘蝇纸效应是中央转移支付的内生缺陷，所以根本的解决办法是减少政府层级，并在此基础上优化税制和税收在纵向政府间的分配，以尽量使地方上的税收能满足地方上的财政开支。

其次，影响中央转移支付效率的另一个方面是在央地政府间信息不对称情形下转移支付对地方税收努力的影响。任何的转移支付机制设计都必须依赖大量的地方政府的社会经济变量，而这些变量信息的获取并不容易，而且在现实中中央政府的激励目标和地方政府的愿景往往并不一致，这样就经常会出现央地政府间的激励不相容。大量的理论与实证研究证明，中央转移支付显著抑制了地方税收努力，转移支付存在对地方自有收入的替代效应，所以许多地方政府将通过降低自身税收努力来"做穷"自己以获得更多转移支付，亦即转移支付对地方税收努力存在反向激励。由于在信息不对称的情形下地方政府将以税收努力作为博弈工具来争取获得更多的转移支付，所以地方的财政能力保障水平将会受到损害，从而公共服务供给水平也难以达到最优。针对这一情形，最优的解决办法是尽量采用客观指标来降低央地政府间的信息不对称程度，并构建一个激励相容的博弈机制来降低转移支付对地方税收努力的扭曲程度。

最后，中央转移支付优化的又一个重要方面是结构的优化。受我国特殊国情和财政体制改革中利益平衡的影响，我国的转移支付一般包括税收返还、原体制补助、专项补助、过渡期转移支付补助、各项结算补助等多种，计算方法和拨付目的各异，操作复杂，人为影响因素多，均衡地方财力的初衷往往难以实现。未来改革的方向一是应简并转移支付种类，一些临时性的弥补当期财政体制改革而引起的财力损失的转移支付项目应逐渐退出。二是应增加一般性转移支付的比重并降低专项转移支付的比重。转移支付的主要目的是为了均衡地方财力，如果配置过多的专项转移支付则会损害地方在公共服务决定方面的自主权，并导致某些公共服务供给过剩而某些公共服务供给不足的局面并存。而在一般性转移支付中，要逐渐转向以公式化为基础的均衡性转移支付。均衡性的转移支付因为以公式为基础进行核算，并考虑了地区标准财政支出、收入、地区转移支付系数与奖励资金，相对客观、科学，能最大限度排除人为因素的干扰。

第三节　基本公共服务供给侧结构性改革与获得感提升的融合

一、获得感的内涵界定

自从 2015 年习近平总书记在中央全面深化改革领导小组第十次会议上提出"让人民群众有更多获得感"，并在 2016 年第二十一次会议上提出要把"是否给人民群众带来实实在在的获得感，作为评价改革成效的标准"以来，对于获得感的研究成为理论界和政府部门重点研究的一个领域，而此研究无疑应该从对其内涵的深入理解开始。

获得感的研究相对较为成熟的幸福感研究来说是一个相对较新的提法，对其内涵的界定仍处在一个不断进展的过程中。根据已有的大多数文献的研究，获得感应是客观的"获得"与主观的基于"获得"的"满意感"的结合，而客观的获得是获得感产生的基础与前提。获得感的评判主体是作为个体的人，个体的人在对客观获得的主观感受过程中，无疑将会基于自身的需求、期望与是否受到公平对待来进行评判，所以获得感虽然是源自客观获得，但获得感的最终高低却取决于个体的主观感受。另外，获得感具有社会分层性，即对于同样的客观获得，由于个体所处社会阶层的不同，其从客观获得中所产生的获得感可能不同。比如对于同样一笔收入，对于低收入群体来说会产生一种强烈的满足感，但对于高收入群体来说其效用的提升可能微乎其微。从而福利经济学的思想能被用于获得感的研究，亦即对于既有的社会产出的均等化分配将提高一国居民的整体福利与获得感。同时获得感本身具有层次性，即只有当处于底层的生命权获得保障时，人们才会去追求发展权和被尊重权，当低层次的权利没有获得保障时高层次的权利的获得对于其获得感的提升非常有限。这对于我们政策的制定非常有启发意义，即必须根据国家社会经济发展的程度与阶段来制定相关政策，尽可能按照居民们的需求层次来逐级安排资源配置。

从相对剥夺感来分析有助于我们更深入地理解获得感的内涵。相对剥夺感是指某一群体相对于其他群体来说，由于种族、性别、收入或社会地位的不同而在某些权利方面受到歧视性待遇，并由于从内心感受到不公平的对待而产生一种挫败感和屈辱感。相对剥夺感主要是基于社会比较理论，即人们对于获得感的衡量不仅在于自己获得的绝对量，还在于同一群体内或不同群体间的相对量，当绝对量足以满足自己的需求，但如果与参照群体相比自己的相对量或所享受的待遇相对较低，心里就会产生一种被歧视的失落感，从而降低个体的获得感。我国长期以来的城乡二元经济的发展模式是通过城乡分治的户口制度来予以保障的。通过户口的区别把人们区分为城市居民和农村居民，从而拥有不同的教育、就业与社会保障待遇，甚至导致了城乡并行发展的二元经济模式，人力资源和其他生产要素的流动都是单向的，农村居民因为户口所带来的身份差别而丧失了许多应有的社会福利与发展机会。正是因为户口差别所带来的巨大的制度性鸿沟，使得城市居民拥有一种天然的优越感，而农村居民的获得感与幸福感相对降低。

相对剥夺感主要源于社会政策的制定违背了公平原则，尤其是因为违背了机会公平原则。机会公平作为获得感的一个重要来源与参照从某种意义上来说比结果公平更为重要，因为结果公平，如社会保障对不同个体的同等力度的保障，是一种被动的最终的对个体生命权的保证，是一种社会的救济措施，较少涉及发展权。但机会公平是实现社会公平的起点与主要机制安排，是一种更合理的、更具人文关怀也更能解决问题的公平机制。典型的机会公平是让每一个人都拥有受教育的权利，教育是涵养人力资本、缩小收入差距的主要途径，如果政府保障让每一个人都享有受教育的机会，这就说明贫困家庭的孩子拥有了改变自己命运的机会，而不再需要被动地接受政府对弱势群体的救济。而当社会中的每一个就业机会都对不同种族、社群的个体开放，这不仅促进了社会竞争，而且也对所有人打开了上升的通道。所以，一个社会对机会公平的剥夺，是一种对个体社会经济发展权的剥夺，相对于结果待遇的不公平，是一种更深层次的权利的剥夺，将会造成严重的阶层固化与社会分裂，从而影响弱势一方获得感的上升。

二、获得感的来源

从一般的幸福经济学理论出发，获得感的来源包括如下三方面：一是所享受到的商品和服务的数量与质量；二是自己在收入的获得和商品与服务的供给过程中是否受到公平对待；三是自己是否有权利参与社会与政治运行制度的设立。

首先，获得感和幸福感有很大的不同，幸福感可能纯粹源自于一种主观的精神上的愉悦感受，但获得感一般要以物质的获得为前提，而物质的体现一般就是所享受的商品和服务的数量与质量。一个居民所享受的商品和服务的数量与质量代表了对其生命权和发展权的保障程度，从另一个角度来说也意味着其在社会竞争中拥有较高的个人能力，而这种被社会认可的能力也是一个人获得感的来源之一。另外，从物质的方面来讲，在获得感提升的初期，获得感可能主要源于所享受商品和服务的数量增加，但随着其在社会阶层中的进阶，其获得感的提升可能主要源于所享受商品和服务的质量改善。这也从消费者行为和心理的角度解释了非生活必需的奢侈品为什么会有市场，而且随着社会经济的发展其市场规模还越来越大。

其次，获得感来源是居民在收入的获得和商品与服务的供给过程中是否受到公平的对待。1974年，美国经济学家伊斯特林提出了著名的"收入—幸福悖论"，即收入的增长和幸福感的上升并不呈明显的线性关系。关于该悖论有两种解释机制，一种是边际效应递减理论，即随着收入的增加居民效应的增加出现递减。另一种是社会比较理论，随着社会经济的发展，虽然低收入群体的绝对收入也在增加，但其相对份额相对富裕阶层来说也许在下降，从而导致收入低的群体相对富裕阶层会产生一种失落感和不公平感。特别是当富裕阶层收入的增加不是基于个人能力或个人努力，而是基于家族势力、政治特权甚至贪污腐败时，低收入群体的不满意情绪可能更为上升。这也证明了，一个健全的社会除了要把经济规模做大以外，也要分配好经济发展成果，否则收入分配上的不平等所引发的失落感与相对剥夺感将降低人们的获得感。这一机制也解释了尽管拉美一些国家曾经经历了较高速的增长，但后来却陷入了中等收入陷阱，其中的一个重要原因即是没能公平分配经济发展成果，导致弱势群体的不满上升，从而引发了社会的不稳定。另外，在商品与服务的供给过程中，如果其购买、消费与享受的权利受到居民身份的限制，则受限制的一方将感到自身权利受到了侵害。所以一个正常、和谐的社会应消除消费特权，奉行商品中性主义，这样不仅不会扭曲商品的价值产生机制，也将保障消费者自身的消费权。

最后，获得感来源是人们是否有权利参与社会与政治运行制度的设立。对社会各项事务的参与权是人们获得感的重要来源，其原因在于：第一，参与权是人们作为社会主人翁的体现，证明了他们在社会中的主体地位。从社会历史的演进过程来看，民主制度确立以前往往只有统治者才是社会管理制度的制定者，广大的人民群众处于被统治、被奴役的状态，而无从掌握自己的命运，也无从谈到获得感与幸福感的保障。第二，人人有权参与的制度人们对其的依从度高，归属感强。如果一项社会管理制度是由辖区内的人们亲自制定的，那么这项制度必然体现了人们的偏好与各项利益诉求，因而会对其有强烈的认同感，并将发自内心地遵守各项规定，进而制度的运行成本也将降低。由于该项制度反映了人们的核心利益诉求，所以在其运行过程中也必然给人们带来较高的获得感。第三，人人参与构建的社会政治制度有较高的合理性与稳定性。当一项制度人人都积极参与的时候，证明大家都为制度的设立贡献聪明才智，其各项规章制度的设定将更科学合理。另外，由于该项制度设立大家都有资格参与，各方的利益都能在其中折中体现，所以其稳定性高。一项合理而稳定的社会政治制度必然能大幅促进社会经济的发展，从而发过来提升居民的获得感。

综上所述，居民获得感来源的理论分析框架可以概括为源自物质利益的生存满足感、源自被公平对待的被尊重感、源自参与权的社会主体感。这三种获得感来源是分层递进的，即源自物质利益的满足感是生存与发展的需要，是最基础的满足感，在收入获得和商品与服务供给的过程中被公平地对待是物质和精神的双重满足，处于获得感的中间层面，而社会政治事务参与权的资格是一个人社会主体地位的体现，是最高层面的精神上的满足。

三、基本公共服务供给侧结构性改革提升获得感的影响机制

首先，基本公共服务供给的数量和质量的增加是居民获得感提升的重要影响因素。基本公共服务中的公共安全、社会保障与就业、医疗卫生、环境保护是人们生命权、生存权与健康权的保障，教育、文化体育与传媒是人们的发展权的保障，而交通运输是社会经济发展的物质基础。所以基本公共服务涉及一系列人们的基本权利保障，而这些保障是私人商品所难以替代的，并且随着社会经济的发展，上述基本公共服务的需求将越来越大，也即证明基本公共服务的重要性越来越高。基于基本公共服务对人们生命权和发展权的重要性，以及基本公共服务的需求弹性较大，当公共安全、教育、医疗卫生与交通运输等服务供给的规模和质量上升，则居民的获得感将上升。人类历史发展也证明，在社会发展的初始阶段，比如说原始社会，食物、衣物等生活必需品对人们获得感和幸福感的提升至关重要，在这一阶段政府和社会还没完全成形，人们对于公共组织和公共服务的依赖还不强。但随着社会经济的发展，公共组织、公共制度、公共服务的重要性越来越凸显，人们的获得感与幸福感也越来越多地来自精神层面而不是物质层面。所以当社会经济发展到一定程度，当更多的经济剩余被投入到教育、医疗卫生与交通运输系统的改善，人们从中得到的效应也越高。

其次，收入再分配的公平机制和公共服务的均等化有利于获得感的提升。在收入的初次分配中，为了保证生产效率，应按照市场机制的方法来进行分配，即应根据每个人所拥有的土地、资本和人力资源等生产要素的数量及其对经济组织的贡献来分配经济剩余，这通常被叫作市场公平。但如果按照市场公平的初次分配法，由于每个人所拥有的生产要素不均等，将导致每个人的收入水平差距巨大，而且这种差距的拉大由于垄断等原因呈现出马太效应。在初次分配完成后，低收入阶层由于生活难以保障以及从对比富裕阶层中所产生的失落感与被剥夺感，将对社会产生一种不满情绪。这个时候政府出于社会稳定的需要或者一个高级社会对于弱者的人文关怀，都需要制定缩小收入分配差距的收入再分配政策。这往往是通过对高收入者征税，再通过相关社会保障计划向贫困人群予以救济来实现的，而这一再分配的机制就是出于社会公平的理念。根据边际效用递减与福利经济学理论，低收入人群与社会

整体的效应将大大增加。此外，基本公共服务的均等化也是促进获得感提升的重要途径。从客观角度来讲，由于基本公共服务是促进社会和个人发展的基础物质保障，所以不均等的基本公共服务供给必然会降低供给不足一方的生活质量与发展潜力，从而客观上降低这一群体的获得感。从主观角度来讲，基于社会比较理论的相对剥夺感，基本公共服务供给不足的区域容易使当地民众形成被歧视感与被抛弃感，地域歧视除了经济发展的因素主要就是源自公共服务供给的差别。另外，更为明显的是基本公共服务供给的城乡差别，长期的重工业轻农业、重城市轻农村的发展政策，使得人力资源等生产要素不断单向从农村流向城市，形成了极为不均衡的城乡二元经济发展模式，而这种发展模式又得到了城乡分裂的户口制度的固化。二元经济发展模式造成了城乡间公共服务投入能力的差别，同时由于长期以来公共投入向城市的偏向，城乡间公共服务的差距呈现扩大的趋势，从而导致了对农村居民巨大的身份歧视。而这种歧视本质上源自农村居民在社会保障与就业、医疗卫生供给不足所导致的生存权、健康权保障不足，以及教育、文化体育与传媒、交通运输供给不足所导致的发展权的不足。

最后，基本公共服务供给决策机制的参与权能有效提升人们的获得感。第一，从参与权的一般性来说，居民有资格参与基本公共服务的供给决策，证明了该政府是开明的、民主的，公民可以根据自己的意愿与利益诉求来进行社会重要事务的决策，这本身就是公民主体身份权利的象征，当一个决策机制是由公民自己来主动设立而不是由他人来被动强加给自己，则无疑将增加人们的获得感。第二，居民参与基本公共服务决策能有效解决供需错配问题。从第一个层面来说，由居民参与决策能优化私人商品与公共服务的比例，从而解决公共服务的规模错配。在一个时期既定的资源禀赋与技术水平的约束下，一个社会的总产出是一定的，而如何使有限的经济剩余在私人商品与公共服务间进行分配以使居民效应最大化就必须由居民们根据帕累托最优原则来作出决策。从第二个层面来说，居民参与决策能优化公共服务各大类之间的结构，从而解决公共服务的结构错配。公共服务供给结构的确定本身是一个非常精细、复杂的过程，代理链条越长决策内容越容易失真，其原因或者是源自代理人的道德风险或者是源自委托—代理人之间的信息不对称。在自下而上的公共选择机制下，上述委托—代理人的问题能有效得到解决，并且当居民根据自身的成本—收益权衡来自由地表达对各类公共服务的需求时，公共服务的结构错配无疑能有效得到缓解。第三，居民对公共服务决策的参与降低了制度运行的遵循成本。一方面，公共服务的供给需要一定的财政资金作为保障，而一般情况下财政资金主要源自于税收，当公共服务供给的规模和内容都是居民所认可的，纳税遵从度可能将大幅提升，从而降低了作为公共资金来源的纳税遵从成本。另一方面，由于财政资金支出的规模与结构都是由居民参与确定的，居民对公共服务的供给依从度高，减少了居民和公共部门的相关冲突，社会稳定与和谐度大为上升。居民对公共服务决策的参与不仅降低了制度运行成本，有效增加了投入产出效率，而且使得人们对于社会制度的认可度上升，社会变得更加稳定与和谐，从而居民的获得感从两个层面都得以提升。

第二章 中国基本公共服务供给指标体系构建与供给水平的量化测度

第一节 基本公共服务供给的内涵及其测算方法设计

一、基本公共服务的内涵及基本公共服务供给指标体系的构成

基本公共服务是指为了保障全体公民的基本生存与发展需要而由政府提供的公共产品。结合我国经济社会发展的现状以及数据的可得性，本研究所分析的基本公共服务主要包括以下七类：

第一，公共安全服务。公共安全服务主要包括消防安全服务、交通安全服务和社会治安服务。享有公共安全服务是每个公民基本的权利，公共安全服务是其他基本公共服务的前提保障。第二，教育公共服务。教育公共服务主要指涵盖学前教育、初等教育、中等教育、高等教育以及特殊教育五个不同教育层次的公共服务。它是保障公民发展最主要的手段之一，是促进经济发展与社会公平的重要基础。第三，文化体育与传媒公共服务。文化体育与传媒公共服务主要由文化公共服务、体育公共服务和传媒公共服务三部分组成。它对于提高公民文化修养与品格起到重要的作用，文化体育与传媒公共服务供给不足或质量较低会阻碍人们生活质量的提高。第四，社会保障与就业公共服务。社会保障与就业公共服务可以大致分为社会保险公共服务、社会救助公共服务以及就业保障公共服务三部分。它有助于公民克服由自然风险和市场风险带来的生存困难，是保障公民生产与发展的重要基础。第五，医疗卫生公共服务。医疗卫生公共服务是为了保障公民身体健康而由政府提供的一揽子公共卫生服务，它包括孕产妇保健服务、幼儿保健服务、疾病防控服务、门诊服务以及住院服务

等。第六，环境保护公共服务。环境保护公共服务以服务目标可以分为生活环境保障服务和生态环境保护服务两部分，它对于提高居民幸福感、保护人民的身体健康和生产活动至关重要。第七，交通运输公共服务。交通运输公共服务根据其种类可以分为铁路、公路、水路、航空和城市公共交通等公共服务方式，它是公民出行、物资流动的重要保障，是社会分工专业化的前提条件。

本书提到的基本公共服务供给指标体系主要是指能够涵盖全国及各省在单项和综合两方面基本公共服务供给水平与质量状况的指标体系。该指标体系一方面可以比较省级层面各单项或基本公共服务总体在同一地区不同年份或同一年份不同地区间供给水平的变化情况，另一方面也可以反映全国各单项或基本公共服务总体供给水平与均等化程度随时间变化的趋势。具体地，全国及各省的基本公共服务供给指标体系包括公共安全服务、教育公共服务、文化体育与传媒公共服务、社会保障与就业公共服务、医疗卫生公共服务、环境保护公共服务、交通运输公共服务七大单项基本公共服务供给指标体系以及基本公共服务总体供给指标体系。

二、基本公共服务供给的测算方法设计

（一）统计指标的构建方法

将单项基本公共服务供给指标进行细化得到各类单项基本公共服务供给指标体系，各指标体系具体由一级指标、二级指标、三级指标、四级指标和五级指标构成。将最末级指标称为基础指标，则各类单项基本公共服务供给指数是由其基础指标通过统计方法多步构造得到。而基本公共服务总体供给指数与各类基本公共服务均等化指数是基于上述测算的各类单项基本公共服务供给指数计算得到，基本公共服务总体均等化指数是基于上述测算的基本公共服务总体供给指数计算得到。因此，这其中最关键的就是确定统计量的构造方法和各指标的权重系数。

具体地，本书参考胡洪曙（2016，2018）使用的测算方法，在基础指标无量纲化方法上，采用直线型无量纲化方法中的阈值法来进行基础指标的无量纲化处理，这是因为标准化法和比重法等所依据的原始数据信息都多于阈值法，且它们对原始数据规模与分布情况存在一定的要求。在统计量构造方法上，采用综合评价法中的线性组合法来进行各项基本公共服务供给指数和均等化指数统计量的构造，这是因为该方法的评价过程和评价结果简单直观，并且其受到了

国际组织和权威机构的广泛认可与采用。在指标权重的构造方法上，考虑到客观赋权法可能会导致基本公共服务供给指数跨年度不可比，选取赋予各指标相同权重系数的主观赋权法来进行指标权重的确定。在均等化指数测算上，参考以往研究的一般做法，采用基尼系数作为反映基本公共服务均等化水平的统计指标。

考虑到各类基本公共服务供给指数与均等化指数需要具有跨年度可比性，本书将基期年份设置为本研究基本公共服务供给指数与均等化指数的起始年份，即 2009 年。根据基础指标的影响方向，对基础指标的原始数据进行无量纲化处理的计算公式分别构建如下：

（1）考虑基础指标为正向指标的情形。在此情形下，基础指标的数值越大，相应基本公共服务供给水平也就越高。此时，第 i 个基础指标在 t 年的无量纲化计算公式为：

$$x'_{i,t} = \frac{x_{i,t} - x_{i,\min(2009)}}{x_{i,\max(2009)} - x_{i,\min(2009)}} \tag{2-1}$$

其中，$x_{i,t}$ 为某省单项基本公共服务的第 i 个基础指标在 t 年的原始数据值，$x'_{i,t}$ 为 $x_{i,t}$ 进行极值法处理后的数值。$x_{i,\min(2009)}$ 和 $x_{i,\max(2009)}$ 分别为 2009 年各省该单项基本公共服务第 i 个基础指标原始数据的最小值和最大值。

（2）考虑基础指标为反向指标的情形。在此情形下，基础指标的数值越大，相应基本公共服务供给水平就会越低。此时，第 i 个基础指标在 t 年的无量纲化计算公式为：

$$x'_{i,t} = \frac{x_{i,\max(2009)} - x_{i,t}}{x_{i,\max(2009)} - x_{i,\min(2009)}} \tag{2-2}$$

结合式（2-1）和式（2-2）就可完成对基础指标原始数据的无量纲化处理。上述处理使得不同量纲的各项基础指标可以进行后续的加权与组合，有利于不同省份间的单项基本公共服务供给指数进行比较与分析。

（二）基本公共服务供给指数的测算方法

1. 单项基本公共服务供给指数的测算方法

（1）省级层面单项基本公共服务供给指数的测算公式设计。

首先构建某省 t 年单项基本公共服务 z 的供给指数测算公式如下：

$$V_t^z = \frac{\sum_{i=1}^{n_1} v_{1,i,t}^z}{n_1^z} \tag{2-3}$$

其中，V_t^z 为某省 t 年单项基本公共服务 z 的供给指数，$v_{1,i,t}^z$ 为该省 t 年单项基本公共服务 z 的第 i 个一级指标的测算数值，n_1 为该省单项基本公共服务 z 所包含的一级指标个数。

由于第 N 级指标又是由其所包含的 $N+1$ 级指标加权与组合得到（$1 \leqslant N \leqslant 4$），故 $v_{N,i,t}^z$ 的指数测算应满足下式：

$$v_{N,i,t}^z = \frac{\sum_{j=1}^{n_{N+1,i}} v_{N+1,i,j,t}^z}{n_{N+1,i}^z} \qquad (2-4)$$

其中，$v_{N,i,t}^z$ 为某省 t 年单项基本公共服务 z 的第 i 个 N 级指标的数值，$v_{N+1,i,j,t}^z$ 为该省 t 年单项基本公共服务 z 的第 i 个 N 级指标所包含的第 j 个 $N+1$ 级指标的数值，$n_{N+1,i}^z$ 为该省单项基本公共服务 z 的第 i 个 N 级指标所包含的 $N+1$ 级指标的个数。

综上可见，除基础指标外，任意一个指标都是由其所包含的下一级指标进行算术平均而得到。结合式（2-3）和式（2-4）可测算各省各类单项基本公共服务的供给指数。基于此，不仅可以反映各省不同年份的各类单项基本公共服务供给水平的变化情况，而且可以对同一年份不同省份的各类单项基本公共服务供给水平进行比较。

（2）全国层面单项基本公共服务供给指数的测算公式设计。

根据上述测算得到的各省各类单项基本公共服务的供给指数，构建全国层面 t 年单项基本公共服务 z 的供给指数的测算公式如下：

$$Y_t^z = \frac{\sum_{a=1}^m y_{a,t}^z}{m} \qquad (2-5)$$

其中，Y_t^z 为第 t 年全国层面单项基本公共服务 z 的供给指数，$y_{a,t}^z$ 为第 t 年 a 省单项基本公共服务 z 的供给指数，m 为本研究所包含的省级地区个数。根据式（2-5）可测算得到全国历年各类单项基本公共服务的供给指数，由此可以分析我国各类单项基本公共服务供给水平的跨期变化情况。

2. 基本公共服务总体供给指数的测算方法

（1）省级层面基本公共服务总体供给指数的测算公式设计。

从单项基本公共服务供给指数进行算术平均可得省级层面基本公共服务总体供给指数。具体地，省级层面基本公共服务总体供给指数计算公式为：

$$w_{a,t} = \frac{\sum\limits_{z=1}^{k} y_{a,t}^{z}}{k} \qquad (2-6)$$

其中，$w_{a,t}$ 为 a 省 t 年基本公共服务总体供给指数，$y_{a,t}^{z}$ 为 a 省 t 年单项基本公共服务 z 的供给指数，k 为单项基本公共服务种类数。

（2）全国层面基本公共服务总体供给指数的测算公式设计。

根据上述测算得到的省级层面基本公共服务总体供给指数，构建全国层面基本公共服务总体供给指数计算公式如下：

$$W_{t} = \frac{\sum\limits_{a=1}^{m} w_{a,t}}{m} \qquad (2-7)$$

其中，W_{t} 为在 t 年全国基本公共服务总体供给指数，$w_{a,t}$ 和 m 的指标含义同上。根据式（2-6）和式（2-7）可测算得我国全国层面和省级层面的基本公共服务总体供给指数，从而可以用其分析我国全国层面和省级层面基本公共服务总体供给水平随时间的变化趋势。

（三）中国省际基本公共服务均等化指数的测算方法

1. 单项基本公共服务均等化指数的测算方法

基本公共服务均等化指数反映各类基本公共服务供给水平的省际差异程度。根据上述测算得到的单项基本公共服务供给指数，采用基尼系数法构建我国省际间单项基本公共服务 z 的均等化指数的测算公式如下：

$$g_{t}^{z} = \frac{\sum\limits_{a'=1}^{m} \sum\limits_{a=1}^{m} \left| y_{a',t}^{z} - y_{a,t}^{z} \right|}{2\,m^{2}\,\bar{y}_{t}^{z}} \qquad (2-8)$$

其中，g_{t}^{z} 为在 t 年省际间单项基本公共服务 z 的均等化指数，m 为样本容量（指标含义同上），$\bar{y}_{t}^{z}$ 为在 t 年单项基本公共服务 z 的供给指数的算术平均值，$y_{a',t}^{z}$ 为 a' 省在 t 年单项基本公共服务 z 的供给指数，$y_{a,t}^{z}$ 为 a 省在 t 年单项基本公共服务 z 的供给指数。基尼系数 g_{t}^{z} 越大，则单项基本公共服务 z 在省际间的分布越分散，即单项基本公共服务 z 在省际间的不均等化水平越高。

2. 基本公共服务总体均等化指数的测算方法

采用基尼系数方法，构造我国省际基本公共服务总体的均等化指数计算公式如下：

$$G_t = \frac{\sum\limits_{a'=1}^{m} \sum\limits_{a=1}^{m} |w_{a',t} - w_{a,t}|}{2 m^2 \bar{w}_t} \qquad (2-9)$$

其中，G_t 为在 t 年省际间基本公共服务总体的均等化指数，$\bar{w}_t$ 为在 t 年基本公共服务总体供给指数的平均值，$w_{a',t}$ 为 a' 省在 t 年基本公共服务总体供给指数，$w_{a,t}$ 和 m 的指标含义同上。基尼系数 G_t 越大，则基本公共服务总体在省际间的分布越分散，即基本公共服务总体在省际间的不均等化水平越高。

第二节 我国基本公共服务供给指数测算

一、公共安全服务供给指数测算

（一）公共安全服务供给指标体系设计

根据公共安全服务本身的特点，同时考虑指标数据的真实性与可得性，最终构建的公共安全服务供给指标体系包括 5 个级次。其中，一级指标为公共安全服务，二级指标分为投入类指标、产出类指标和效果类指标，下设三个级次的子指标。具体的指标设计框架如表 2 - 1 所示。

如表 2 - 1 所示，公共安全服务二级指标下设子指标的选取内容及原因主要有：

（1）公共安全服务供给投入类指标。该指标主要反映政府对当地公共安全服务供给投入的财政经费情况，其数值越大则当地公共安全服务供给的投入水平越高。从绝对量和相对量的角度出发，本研究共选取了公共安全财政支出、人均公共安全财政支出、公共安全财政支出占财政总支出比重、公共安全财政支出占 GDP 比重 4 个三级指标来体现地区公共安全服务供给的投入水平。

表 2 - 1 公共安全服务供给指标体系

一级指标	二级指标	三级指标	四级指标	五级指标
公共安全服务	投入类指标	公共安全财政支出		
		人均公共安全财政支出		
		公共安全财政支出占财政总支出比重		
		公共安全财政支出占GDP比重		
	产出类指标	公共安全服务人力资源情况	公共管理和社会组织城镇单位就业人员数	
		公检法受案情况	每万人公安部门刑事案件立案数	
			每万人检察院受案数	
			每万人法院刑事案件收案数	
	效果类指标	消防安全服务水平	火灾伤亡人数	
			每万人火灾发生率	
			火灾事故所造成的直接经济损失	
			平均每起火灾事故带来的直接经济损失	
		交通安全服务水平	交通事故伤亡人数	
			每万人交通事故发生率	
			交通事故所造成的直接经济损失	
			平均每起交通事故带来的直接经济损失	
		社会治安服务水平	公安部门工作能力	每万人公安部门刑事案件破案数
				公安部门刑事案件侦破率
			检察院工作能力	每万人检察院结案数
				检察院结案率
			法院工作能力	每万人法院刑事案件结案数
				法院刑事案件结案率

（2）公共安全服务供给产出类指标。产出类指标数值越大，则当地公共安全服务供给的产出水平越高。该指标主要基于公共安全服务人力资源情况和公检法受案情况两个指标进行加权分析。限于数据的可获得性，选取公共管理和社会组织城镇单位就业人员数来衡量公共安全服务人力资源情况。同时，公检法受案情况下设每万人公安部门刑事案件立案数、每万人检察院受案数、每万人法院刑事案件收案数 3 个四级指标。

（3）公共安全服务供给效果类指标。效果类指标数值越大，则当地公共安全服务供给的效果越好。该指标主要基于消防安全服务水平、交通安全服务水平、社会治安服务水平 3 个指标进行加权分析。其中，消防安全服务水平下设火灾伤亡人数、每万人火灾发生率、火灾事故所造成的直接经济损失、平均每起火灾事故带来的直接经济损失 4 个四级指标。交通安全服务水平下设交通事故伤亡人数、每万人交通事故发生率、交通事故所造成的直接经济损失、平均每起交通事故带来的直接经济损失 4 个四级指标。社会治安服务水平从公安部门工作能力、检察院工作能力、法院工作能力 3 个方面入手，并进一步下设 6 个五级指标。

（二）各省级公共安全服务供给指数测算

根据表 2-1 的公共安全服务供给指标体系的设计框架，结合上述省级层面单项基本公共服务供给指数的测算公式测得 2009～2018 年各省级公共安全服务供给指数如表 2-2 所示。其中，各基础指标的数据来源于历年的各省级地方统计年鉴以及《中国财政年鉴》《中国统计年鉴》《中国社会统计年鉴》《中国检察年鉴》《中国法律年鉴》等相关统计年鉴，个别缺失值采用线性插值法进行补充。

表 2-2　　　　　2009～2018 年各省级公共安全服务供给指数

地区	2009 年	2010 年	2011 年	2012 年	2013 年	2014 年	2015 年	2016 年	2017 年	2018 年
北京	0.498	0.543	0.572	0.591	0.600	0.615	0.627	0.665	0.767	0.824
天津	0.453	0.473	0.467	0.440	0.431	0.422	0.419	0.408	0.383	0.548
河北	0.581	0.605	0.601	0.602	0.591	0.559	0.553	0.570	0.602	0.678
山西	0.505	0.523	0.521	0.519	0.519	0.505	0.497	0.513	0.515	0.568
内蒙古	0.455	0.481	0.480	0.505	0.488	0.487	0.466	0.487	0.513	0.544
辽宁	0.536	0.562	0.513	0.551	0.513	0.492	0.515	0.536	0.628
吉林	0.484	0.485	0.474	0.500	0.495	0.482	0.468	0.471	0.462	0.539

续表

地区	2009 年	2010 年	2011 年	2012 年	2013 年	2014 年	2015 年	2016 年	2017 年	2018 年
黑龙江	0.492	0.523	0.497	0.518	0.489	0.454	0.445	0.462	0.483	0.508
上海	0.469	0.423	0.460	0.479	0.462	0.516	0.477	0.550	0.593	0.468
江苏	0.570	0.582	0.586	0.603	0.556	0.555	0.551	0.656	0.753	0.812
浙江	0.550	0.575	0.582	0.602	0.560	0.517	0.535	0.623	0.651	0.742
安徽	0.434	0.450	0.416	0.406	0.388	0.411	0.413	0.443	0.476	0.495
福建	0.414	0.450	0.458	0.472	0.484	0.461	0.469	0.470	0.539	0.599
江西	0.463	0.479	0.466	0.479	0.456	0.461	0.453	0.457	0.486	0.544
山东	0.617	0.635	0.646	0.672	0.624	0.630	0.652	0.692	0.747	0.822
河南	0.623	0.638	0.633	0.638	0.609	0.599	0.597	0.656	0.707	0.687
湖北	0.547	0.573	0.537	0.555	0.541	0.549	0.560	0.539	0.641	0.620
湖南	0.516	0.558	0.538	0.522	0.509	0.516	0.505	0.552	0.605	0.645
广东	0.685	0.730	0.734	0.529	0.709	0.728	0.773	0.882	1.022	1.138
广西	0.481	0.499	0.493	0.492	0.507	0.499	0.488	0.517	0.548	0.548
海南	0.432	0.461	0.447	0.433	0.435	0.426	0.416	0.314	0.266	0.437
重庆	0.426	0.418	0.459	0.468	0.461	0.469	0.487	0.476	0.480	0.555
四川	0.521	0.568	0.570	0.583	0.610	0.566	0.591	0.616	0.676	0.694
贵州	0.487	0.520	0.481	0.512	0.517	0.510	0.533	0.475	0.464	0.529
云南	0.529	0.528	0.502	0.525	0.521	0.478	0.478	0.511	0.579	0.637
西藏	0.433	0.439	0.454	0.475	0.477	0.456	0.542	0.470	0.084	0.495
陕西	0.477	0.491	0.470	0.472	0.467	0.473	0.476	0.476	0.521	0.558
甘肃	0.483	0.499	0.465	0.499	0.480	0.483	0.479	0.505	0.490	0.570
青海	0.373	0.400	0.344	0.379	0.379	0.398	0.369	0.378	0.214	0.441
宁夏	0.356	0.381	0.374	0.380	0.374	0.362	0.349	0.338	0.215	0.380
新疆	0.494	0.549	0.534	0.557	0.564	0.576	0.570	0.609	0.825	0.961

根据各省级公共安全服务供给指数可以发现：除2012年之外，广东的公共安全服务供给指数始终居第1位，且呈现上升趋势。宁夏、青海、海南的公共安全服务供给指数始终位居倒数，它们基本均呈现波动下降再上升的趋势。部分省份的公共安全服务供给指数呈现波动上升的趋势，如安徽、吉林、江西、内蒙古、天津、广西、重庆、陕西、山西、甘肃、福建、湖北、辽宁、云南、湖南、河北、河南、四川、浙江、江苏、山东、北京、新疆等地区。上海的公共安全服务供给指数一直呈现波动下降的趋势，黑龙江、西藏等地区的公共安全服务供给指数呈现波动下降再上升的趋势，贵州的公共安全服

务供给指数始终在0.5上下波动。

（三）全国公共安全服务供给指数测算

根据全国层面单项基本公共服务供给指数的测算公式，并结合上述已测算得到的各省级公共安全服务供给指数加权计算得到2009～2018年全国公共安全服务供给指数如表2-3所示。

表2-3　　　　　　　　2009～2018年全国公共安全服务供给指数

指数	2009年	2010年	2011年	2012年	2013年	2014年	2015年	2016年	2017年	2018年
投入类指数	0.256	0.300	0.297	0.326	0.363	0.376	0.392	0.501	0.620	0.693
产出类指数	0.644	0.647	0.656	0.663	0.662	0.675	0.671	0.650	0.328	0.665
结果类指数	0.588	0.605	0.573	0.556	0.505	0.464	0.459	0.426	0.682	0.217
综合指数	0.496	0.517	0.509	0.515	0.510	0.505	0.507	0.526	0.543	0.525

为更直观分析我国公共安全服务供给指数10年间的变化趋势，本研究根据表2-3绘制得到2009～2018年全国公共安全服务供给指数变化趋势图（见图2-1）。

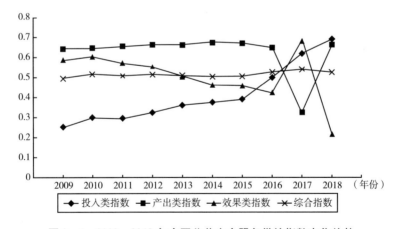

图2-1　2009～2018年全国公共安全服务供给指数变化趋势

结合表2-3和图2-1可以发现，从全国公共安全服务供给投入类指数来看，其始终呈现先稳步上升后加速上升的趋势，由2009年的0.256先升至2015年的0.392，再加速上升至2018年的0.693。从全国公共安全服务供给产出类指数来看，各年间我国公共安全服务供给产出类指数基本在0.659上下浮动，只有 2017 年低至 0.328，但 2018 年迅速恢复到 0.665。从全国公共安全服务供给效果类指数来看，除 2017 年指数有所回升外，其在 2009～2018 年基本处于逐年下降的趋势，由 2009 年的 0.588 逐步降至 2018 年的 0.217。从全国公共安全服务供给综合指数来看，我国公共安全服务供给水平 2009～2018 年总体上变动不大，到 2018 年达到 0.525。

二、教育公共服务供给指数测算

（一）教育公共服务供给指标体系设计

根据教育公共服务本身的特点，同时考虑指标数据的真实性与可得性，最终构建的教育公共服务供给指标体系包括 5 个级次。一级指标为教育公共服务，二级指标分为投入类指标、产出类指标和效果类指标，下设三个级次的子指标。具体的指标设计框架如表 2 - 4 所示。

表 2 - 4　　　　　　　　教育公共服务供给指标体系

一级指标	二级指标	三级指标	四级指标	五级指标
教育公共服务	投入类指标	教育财政支出		
		人均教育财政支出		
		教育财政支出占财政总支出比重		
		教育财政支出占 GDP 比重		
	产出类指标	学校规模	学校总数	学前教育机构总数
				初等教育机构总数
				中等教育机构总数
				高等教育机构总数
				特殊教育机构总数
			学校占地面积	学前教育机构占地面积
				初等教育机构占地面积
				中等教育机构占地面积
				高等教育机构占地面积
				特殊教育机构占地面积

续表

一级指标	二级指标	三级指标	四级指标	五级指标
教育公共服务	产出类指标	学校规模	校舍建筑面积	学前教育机构校舍建筑面积
				初等教育机构校舍建筑面积
				中等教育机构校舍建筑面积
				高等教育机构校舍建筑面积
				特殊教育机构校舍建筑面积
		教师规模	学前教育教师总数	
			小学教育教师总数	
			中等教育教师总数	
			高等教育教师总数	
			特殊教育教师总数	
	效果类指标	在校生数量	学前教育在校生数量	
			初等教育在校生数量	
			中等教育在校生数量	
			高等教育在校生数量	
			特殊教育在校生数量	
		生师比	学前教育生师比	
			小学教育生师比	
			中等教育生师比	
			高等教育生师比	
			特殊教育生师比	

如表 2-4 所示,教育公共服务二级指标下设子指标的选取内容及原因如下:

(1)教育公共服务供给投入类指标。该指标主要反映政府对当地教育公共服务供给投入的财政经费情况,其数值越大则当地教育公共服务供给的投入水平越高。从绝对量和相对量的角度出发,本研究共选取了教育财政支出、人均教育财政支出、教育财政支出占财政总支出比重、教育财政支出占 GDP 比重 4 个三级指标来体现地区教育公共服务供给的投入水平。

（2）教育公共服务供给产出类指标。产出类指标数值越大，则当地教育公共服务供给的产出水平越高。该指标主要基于学校规模和教师规模两个指标进行加权分析。其中，学校规模从其下设的学校总数、学校占地面积和校舍建筑面积3个四级指标入手，并进一步下设15个五级指标。教师规模下设学前教育教师总数、小学教育教师总数、中等教育教师总数、高等教育教师总数、特殊教育教师总数5个四级指标。

（3）教育公共服务供给效果类指标。效果类指标数值越大，则当地教育公共服务供给的效果越好。该指标主要基于在校生数量和生师比这两个指标进行加权分析。其中，在校生数量下设学前教育在校生数量、初等教育在校生数量、中等教育在校生数量、高等教育在校生数量、特殊教育在校生数量5个四级指标。生师比下设学前教育生师比、小学教育生师比、中等教育生师比、高等教育生师比、特殊教育生师比5个四级指标。

（二）各省级教育公共服务供给指数测算

根据表2－4的教育公共服务供给指标体系的设计框架，结合上述省级层面单项基本公共服务供给指数的测算公式测得2009～2018年各省级教育公共服务供给指数如表2－5所示。其中，各基础指标的数据来源于历年的各省级地方统计年鉴以及《中国财政年鉴》《中国统计年鉴》《中国社会统计年鉴》《中国教育年鉴》等相关统计年鉴，个别缺失值采用线性插值法进行补充处理。

表 2－5　　　　　2009～2018 年各省级教育公共服务供给指数

地区	2009 年	2010 年	2011 年	2012 年	2013 年	2014 年	2015 年	2016 年	2017 年	2018 年
北京	0.408	0.312	0.328	0.373	0.396	0.420	0.429	0.442	0.470	0.487
天津	0.169	0.209	0.274	0.320	0.368	0.390	0.342	0.317	0.285	0.302
河北	0.478	0.498	0.555	0.633	0.617	0.624	0.641	0.668	0.730	0.758
山西	0.354	0.366	0.380	0.445	0.425	0.395	0.421	0.419	0.417	0.421
内蒙古	0.210	0.254	0.268	0.282	0.287	0.298	0.303	0.291	0.316	0.317
辽宁	0.295	0.303	0.357	0.413	0.383	0.354	0.334	0.344	0.350	0.344
吉林	0.237	0.245	0.279	0.353	0.315	0.292	0.306	0.308	0.304	0.310
黑龙江	0.268	0.277	0.301	0.382	0.336	0.328	0.311	0.307	0.312	0.291
上海	0.232	0.258	0.329	0.379	0.390	0.380	0.369	0.389	0.404	0.411

续表

地区	2009 年	2010 年	2011 年	2012 年	2013 年	2014 年	2015 年	2016 年	2017 年	2018 年
江苏	0.538	0.579	0.655	0.721	0.736	0.743	0.770	0.805	0.861	0.883
浙江	0.428	0.454	0.515	0.553	0.577	0.603	0.624	0.631	0.687	0.712
安徽	0.410	0.421	0.526	0.573	0.564	0.543	0.556	0.575	0.619	0.644
福建	0.410	0.420	0.406	0.475	0.456	0.479	0.507	0.508	0.527	0.574
江西	0.355	0.368	0.489	0.549	0.554	0.564	0.560	0.595	0.632	0.686
山东	0.660	0.712	0.745	0.811	0.836	0.850	0.872	0.911	0.950	0.997
河南	0.615	0.641	0.774	0.860	0.865	0.867	0.850	0.873	0.936	1.016
湖北	0.399	0.417	0.443	0.526	0.487	0.491	0.508	0.545	0.578	0.558
湖南	0.408	0.415	0.467	0.567	0.564	0.572	0.578	0.611	0.666	0.693
广东	0.660	0.687	0.773	0.845	0.914	0.933	0.958	1.038	1.117	1.176
广西	0.427	0.452	0.487	0.543	0.540	0.564	0.581	0.617	0.645	0.656
海南	0.238	0.277	0.287	0.319	0.319	0.287	0.301	0.283	0.279	0.294
重庆	0.272	0.281	0.327	0.408	0.387	0.386	0.392	0.400	0.423	0.454
四川	0.477	0.504	0.584	0.683	0.691	0.688	0.716	0.726	0.750	0.769
贵州	0.446	0.443	0.472	0.520	0.522	0.540	0.549	0.573	0.611	0.638
云南	0.398	0.426	0.488	0.561	0.535	0.502	0.511	0.553	0.603	0.644
西藏	0.240	0.275	0.367	0.342	0.347	0.422	0.453	0.429	0.561	0.542
陕西	0.366	0.384	0.440	0.529	0.521	0.490	0.484	0.482	0.513	0.524
甘肃	0.303	0.301	0.385	0.430	0.401	0.386	0.420	0.451	0.452	0.449
青海	0.163	0.179	0.282	0.357	0.242	0.290	0.265	0.265	0.296	0.306
宁夏	0.185	0.225	0.240	0.216	0.220	0.225	0.230	0.237	0.253	0.243
新疆	0.352	0.402	0.389	0.416	0.441	0.439	0.448	0.449	0.499	0.555

根据各省级教育公共服务供给指数可以发现：山东、广东、河南、江苏、河北、四川的教育公共服务供给指数始终居前 6 位，且均呈现上升的趋势。宁夏和内蒙古始终位于倒数，但其教育公共服务供给指数在 10 年间逐步增大。并且，除黑龙江的教育公共服务供给指数呈现先上升后下降的趋势外，其余各省的教育公共服务供给指数普遍呈现波动上升的趋势。

（三）全国教育公共服务供给指数测算

根据全国层面单项基本公共服务供给指数的测算公式，并结合上述已测算得到的各省级教育公共服务供给指数加权计算得到 2009～2018 年全国教育公共服务供给指数如表 2 - 6 所示。

表 2 - 6 　　　　　　　　2009～2018 年全国教育公共服务供给指数

指数	2009 年	2010 年	2011 年	2012 年	2013 年	2014 年	2015 年	2016 年	2017 年	2018 年
投入类指数	0.311	0.356	0.466	0.641	0.614	0.624	0.641	0.668	0.738	0.773
产出类指数	0.336	0.349	0.360	0.376	0.395	0.412	0.430	0.447	0.467	0.486
效果类指数	0.456	0.455	0.492	0.471	0.465	0.449	0.438	0.437	0.444	0.449
综合指数	0.368	0.387	0.439	0.496	0.491	0.495	0.503	0.517	0.550	0.569

为更直观分析我国教育公共服务供给指数近 10 年的变化趋势，根据表 2 - 3 绘制得到 2009～2018 年全国教育公共服务供给指数变化趋势（如图 2 - 2 所示）。

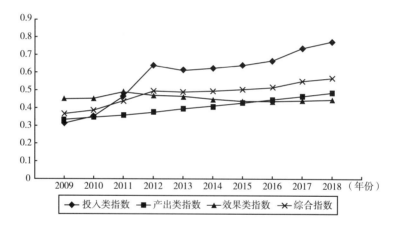

图 2 - 2　2009～2018 年全国教育公共服务供给指数变化趋势

结合表 2 - 6 和图 2 - 2 可以发现，从全国教育公共服务供给投入类指数来看，其呈现先加速上升后稳步上升的趋势，到 2018 年达到 0.773。从全国教育公共服务供给产出类指数来看，历年我国教育公共服务供给产出类指数基本呈现直线上升趋势，由 2009 年的 0.336 上升到 2018 年的 0.486。从全国教育公共服务供给效果类指数来看，其在 2009～2018 年基本呈现先上升后下降的趋势，由 2009 年的 0.456 先上升至 2011 年的 0.492，后逐步降至 2018 年的 0.449。从全国教育公共服务供给综合指数来看，我国教育公共服务供给水平在 2009～2018 年总体上呈现逐步上升的趋势，由 2009 年的 0.368 上升到 2018 年的 0.569。

三、文化体育与传媒公共服务供给指数测算

（一）文化体育与传媒公共服务供给指标体系设计

根据文化体育与传媒公共服务本身的特点，同时考虑指标数据的真实性与可得性，最终构建的文化体育与传媒公共服务供给指标体系包括 5 个级次。一级指标为文化体育与传媒公共服务，二级指标分为投入类指标、产出类指标和效果类指标，下设 3 个级次的子指标。具体的指标设计框架如表 2 - 7 所示。

表 2 - 7　　　　　　　文化体育与传媒公共服务供给指标体系

一级指标	二级指标	三级指标	四级指标	五级指标
文化体育与传媒公共服务	投入类指标	文化体育与传媒财政支出		
		人均文化体育与传媒财政支出		
		文化体育与传媒财政支出占财政总支出比重		
		文化体育与传媒财政支出占 GDP 比重		
	产出类指标	文化基本产出	公共图书馆	公共图书馆个数
				公共图书馆总藏数
				公共图书馆建筑面积
				公共图书馆从业人员数
			群众艺术馆、文化馆	群众艺术馆、文化馆个数
				群众艺术馆、文化馆从业人员数
			博物馆	博物馆个数
				文物藏品数
				博物馆从业人员数
		体育基本产出	教练员人数	
			运动员人数	
		传媒基本产出	电视台公共节目套数	
			广播台公共节目套数	
			报纸出版种类数	

续表

一级指标	二级指标	三级指标	四级指标	五级指标
文化体育与传媒公共服务	效果类指标	文化公共服务效果	图书馆利用	总流通人次
				书刊文献外借册数
				每万人书刊外借次数
			群众艺术馆、文化馆利用	举办展览个数
				年人均观看展览的场次
				组织文艺活动次数
				年人均观看文艺演出场次
			博物馆利用	博物馆参观人次
		传媒公共服务效果	电视覆盖率	
			广播覆盖率	
			报纸平均期印数	

如表2-7所示，文化体育与传媒公共服务二级指标下设子指标的选取内容及原因如下：

（1）文化体育与传媒公共服务供给投入类指标。该指标主要反映政府对当地文化体育与传媒公共服务供给投入的财政经费情况，其数值越大则当地文化体育与传媒公共服务供给的投入水平越高。从绝对量和相对量的角度出发，本书共选取了文化体育与传媒财政支出、人均文化体育与传媒财政支出、文化体育与传媒财政支出占财政总支出比重、文化体育与传媒财政支出占 GDP 比重4 个三级指标来体现地区文化体育与传媒公共服务供给的投入水平。

（2）文化体育与传媒公共服务供给产出类指标。产出类指标数值越大，则当地文化体育与传媒公共服务供给的产出水平越高。该指标主要基于文化基本产出、体育基本产出和传媒基本产出 3 个指标进行加权分析。其中，鉴于数据的可得性，文化基本产出从其下设的公共图书馆、群众艺术馆、文化馆和博物馆 3 个四级指标入手，并进一步下设 9 个五级指标。体育基本产出下设教练员人数和运动员人数 2 个四级指标。传媒基本产出下设电视台公共节目套数、广播台公共节目套数和报纸出版种类数 3 个四级指标。

（3）文化体育与传媒公共服务供给效果类指标。效果类指标数值越大，则当地文化体育与传媒公共服务供给的效果越好。鉴于体育公共服务效果类指标数据不可得，该指标主要基于文化公共服务效果和传媒公共服务效果这两个指标进行加权分析。其中，文化公共服务效果下设公共图书馆利用和群众艺术馆、文化馆利用及博物馆利用 3 个四级指标，并进一步下设 8 个五级指标。传媒公共服务效果下设电视覆盖率、广播覆盖率、报纸平均期印数 3 个四级指标。

（二）各省级文化体育与传媒公共服务供给指数测算

根据表 2 - 7 的文化体育与传媒公共服务供给指标体系的设计框架，结合上述省级层面单项基本公共服务供给指数的测算公式测得 2009 ~ 2018 年各省级文化体育与传媒公共服务供给指数如表 2 - 8 所示。其中，各基础指标的数据来源于历年的各省级地方统计年鉴以及《中国财政年鉴》《中国统计年鉴》《中国社会统计年鉴》《中国文化和旅游统计年鉴》等相关统计年鉴，个别缺失值采用线性插值法进行补充处理。

表 2 - 8　　2009 ~ 2018 年各省级文化体育与传媒公共服务供给指数

地区	2009 年	2010 年	2011 年	2012 年	2013 年	2014 年	2015 年	2016 年	2017 年	2018 年
北京	0.469	0.447	0.444	0.597	0.616	0.616	0.634	0.663	0.711	0.807
天津	0.258	0.259	0.270	0.283	0.302	0.317	0.320	0.332	0.362	0.351
河北	0.406	0.387	0.411	0.434	0.470	0.490	0.485	0.473	0.515	0.549
山西	0.353	0.339	0.374	0.420	0.454	0.471	0.494	0.498	0.528	0.576
内蒙古	0.355	0.360	0.392	0.450	0.455	0.479	0.474	0.449	0.544	0.528
辽宁	0.537	0.447	0.459	0.471	0.510	0.504	0.489	0.483	0.488	0.455
吉林	0.315	0.304	0.347	0.359	0.386	0.400	0.420	0.410	0.416	0.418
黑龙江	0.379	0.366	0.365	0.382	0.406	0.395	0.410	0.419	0.420	0.408
上海	0.422	0.399	0.431	0.472	0.594	0.601	0.652	0.701	0.750	0.729
江苏	0.575	0.572	0.632	0.700	0.769	0.814	0.819	0.831	0.862	0.874
浙江	0.514	0.515	0.535	0.577	0.621	0.671	0.760	0.811	0.845	0.891
安徽	0.344	0.354	0.393	0.407	0.428	0.441	0.445	0.438	0.440	0.452
福建	0.326	0.316	0.338	0.369	0.408	0.428	0.478	0.469	0.498	0.513
江西	0.298	0.300	0.330	0.333	0.391	0.402	0.420	0.433	0.440	0.463
山东	0.532	0.520	0.547	0.613	0.682	0.702	0.724	0.777	0.831	0.888
河南	0.497	0.450	0.473	0.508	0.556	0.582	0.601	0.595	0.615	0.640
湖北	0.366	0.373	0.374	0.409	0.449	0.465	0.457	0.509	0.519	0.551
湖南	0.320	0.322	0.342	0.371	0.397	0.431	0.498	0.546	0.600	0.579
广东	0.627	0.674	0.698	0.658	0.677	0.732	0.783	0.804	0.898	0.960

地区	2009 年	2010 年	2011 年	2012 年	2013 年	2014 年	2015 年	2016 年	2017 年	2018 年
广西	0.273	0.281	0.280	0.330	0.346	0.407	0.420	0.400	0.388	0.386
海南	0.153	0.149	0.185	0.195	0.206	0.208	0.202	0.205	0.241	0.335
重庆	0.179	0.198	0.230	0.269	0.249	0.259	0.285	0.293	0.310	0.322
四川	0.467	0.457	0.532	0.554	0.667	0.670	0.682	0.702	0.714	0.735
贵州	0.152	0.149	0.181	0.232	0.228	0.253	0.262	0.284	0.281	0.272
云南	0.284	0.291	0.322	0.333	0.370	0.361	0.367	0.408	0.408	0.420
西藏	0.247	0.216	0.333	0.436	0.382	0.540	0.521	0.501	0.610	0.609
陕西	0.377	0.378	0.406	0.512	0.521	0.522	0.554	0.620	0.638	0.663
甘肃	0.276	0.280	0.293	0.392	0.440	0.398	0.434	0.439	0.456	0.484
青海	0.249	0.158	0.185	0.228	0.307	0.386	0.361	0.358	0.423	0.399
宁夏	0.174	0.265	0.223	0.227	0.251	0.246	0.281	0.302	0.300	0.306
新疆	0.387	0.366	0.409	0.484	0.499	0.507	0.504	0.492	0.485	0.461

根据各省级文化体育与传媒公共服务供给指数可以发现：山东、广东和江苏的文化体育与传媒公共服务供给指数始终居前 3 位，且均呈现上升的趋势。贵州、海南和宁夏始终位于倒数，其文化体育与传媒公共服务供给指数在 10 年间呈现波动上升趋势。其余大部分地区的文化体育与传媒公共服务供给指数也均呈现出波动上升的趋势，但辽宁的文化体育与传媒公共服务供给指数呈现波动下降的趋势，由 2009 年的 0.537 降至 2018 年的 0.455。此外，新疆、广西的文化体育与传媒公共服务供给指数在 10 年间呈现先上升后下降的趋势。

（三）全国文化体育与传媒公共服务供给指数测算

根据全国层面单项基本公共服务供给指数的测算公式，并结合上述已测算得到的各省级文化体育与传媒公共服务供给指数加权计算得到 2009 ~ 2018 年全国文化体育与传媒公共服务供给指数如表 2 - 9 所示。

表 2 - 9　　　　2009 ~ 2018 年全国文化体育与传媒公共服务供给指数

指数	2009 年	2010 年	2011 年	2012 年	2013 年	2014 年	2015 年	2016 年	2017 年	2018 年
投入类指数	0.242	0.235	0.276	0.350	0.390	0.410	0.425	0.429	0.470	0.481
产出类指数	0.424	0.381	0.391	0.396	0.416	0.426	0.436	0.445	0.459	0.470
效果类指数	0.409	0.439	0.469	0.513	0.552	0.587	0.613	0.640	0.670	0.696
综合指数	0.358	0.351	0.379	0.420	0.453	0.474	0.491	0.505	0.533	0.549

为更直观分析我国文化体育与传媒公共服务供给指数 10 年间的变化趋势，本研究根据表 2 - 9 绘制得到 2009 ~ 2018 年全国文化体育与传媒公共服务供给指数变化趋势图（如图 2 - 3 所示）。

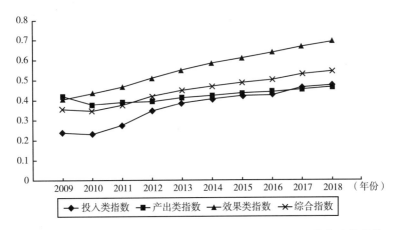

图 2 - 3 2009 ~ 2018 年全国文化体育与传媒公共服务供给指数变化趋势

结合表 2 - 9 和图 2 - 3 可以发现，从全国文化体育与传媒公共服务供给投入类指数来看，其呈现波动上升的趋势，到 2018 年升至 0.481。从全国文化体育与传媒公共服务供给产出类指数来看，各年间我国文化体育与传媒公共服务供给产出类指数基本呈现先下降后稳步上升趋势，由 2009 年的 0.424 降至 2010 年的 0.381，再上升到 2018 年的 0.470。从全国文化体育与传媒公共服务供给效果类指数来看，其在 2009 ~ 2018 年基本呈现直线上升的趋势，由 2009 年的 0.409 上升至 2018 年的 0.696。从全国文化体育与传媒公共服务供给综合指数来看，我国文化体育与传媒公共服务供给水平在 2009 ~ 2018 年总体上呈现逐步上升的趋势，由 2009 年的 0.358 上升到 2018 年的 0.549。

四、社会保障与就业公共服务供给指数测算

（一）社会保障与就业公共服务供给指标体系设计

根据社会保障与就业公共服务本身的特点，同时考虑指标数据的真实性与可得性，最终构建的社会保障与就业公共服务供给指标体系包括 5 个级次。一级指标为社会保障与就业公共服务，二级指标分为投入类指标、产出类指标和效果类指标，下设 3 个级次的子指标。具体的指标设计框架如表 2 - 10 所示。

表 2 – 10 　　　　　　　　社会保障与就业公共服务供给指标体系

一级指数	二级指数	三级指数	四级指数	五级指数
社会保障与就业公共服务	投入类指标	社会保障与就业财政支出		
		人均社会保障与就业财政支出		
		社会保障与就业财政支出占财政总支出比重		
		社会保障与就业财政支出占 GDP 比重		
	产出类指标	社会保险参保人数	参加城镇职工基本养老保险人数	
			参加城镇职工基本医疗保险人数	
			参加失业保险人数	
			参加工伤保险人数	
			参加生育保险人数	
		社会救助服务情况	儿童收养机构个数	
			居民最低生活保障人数	城市居民最低生活保障人数
				农村居民最低生活保障人数
		就业保障情况	城镇新增就业人数	
			从业人员年末人数	
	效果类指标	社会保险覆盖率	养老保险覆盖率	
			医疗保险覆盖率	
			失业保险覆盖率	
			工伤保险覆盖率	
			生育保险覆盖率	
		社会救助能力	儿童收养机构在院儿童数	
			每万人口优抚对象人数	
			居民最低生活保障能力	居民最低生活保障率
		就业保障能力	年末实有登记失业人数	
			城镇登记失业率	
			城镇单位就业人员平均工资	

如表 2 - 10 所示，社会保障与就业公共服务二级指标下设子指标的选取内容及原因如下：

（1）社会保障与就业公共服务供给投入类指标。该指标主要反映政府对当地社会保障与就业公共服务供给投入的财政经费情况，其数值越大则当地社会保障与就业公共服务供给的投入水平越高。从绝对量和相对量的角度出发，本研究共选取了社会保障与就业财政支出、人均社会保障与就业财政支出、社会保障与就业财政支出占财政总支出比重、社会保障与就业财政支出占 GDP 比重 4 个三级指标来体现地区社会保障与就业公共服务供给的投入水平。

（2）社会保障与就业公共服务供给产出类指标。产出类指标数值越大，则当地社会保障与就业公共服务供给的产出水平越高。该指标主要基于社会保险参保人数、社会救助服务情况、就业保障情况三个指标进行加权分析。其中，社会保险参保人数下设参加城镇职工基本养老保险人数、参加城镇职工基本医疗保险人数、参加失业保险人数、参加工伤保险人数和参加生育保险人数 5 个四级指标。社会救助服务情况从其下设的参加儿童收养机构个数和居民最低生活保障人数 2 个四级指标入手，并进一步下设 2 个五级指标。就业保障情况下设城镇新增就业人数和从业人员年末人数 2 个四级指标。

（3）社会保障与就业公共服务供给效果类指标。效果类指标数值越大，则当地社会保障与就业公共服务供给的效果越好。该指标主要基于社会保险覆盖率、社会救助能力和就业保障能力 3 个指标进行加权分析。其中，社会保险覆盖率下设养老保险覆盖率、医疗保险覆盖率、失业保险覆盖率、工伤保险覆盖率和生育保险覆盖率 5 个四级指标。社会救助能力下设儿童收养机构在院儿童数、每万人口优抚对象人数和居民最低生活保障能力 3 个四级指标，并进一步下设 1 个五级指标。就业保障能力下设年末实有登记失业人数、城镇登记失业率和城镇单位就业人员平均工资 3 个四级指标。

（二）各省级社会保障与就业公共服务供给指数测算

根据表 2 - 10 的社会保障与就业公共服务供给指标体系的设计框架，结合上述省级层面单项基本公共服务供给指数的测算公式测得 2009～2018 年各省级社会保障与就业公共服务供给指数如表 2 - 11 所示。其中，各基础指标的数据来源于历年的各省级地方统计年鉴以及《中国财政年鉴》《中国统计年鉴》《中国社会统计年鉴》《中国民政统计年鉴》《中国人口和就业统计年鉴》《中国劳动统计年鉴》等相关统计年鉴，个别缺失值采用线性插值法进行补充处理。

表 2 – 11　　　2009～2018 年各省级社会保障与就业公共服务供给指数

地区	2009 年	2010 年	2011 年	2012 年	2013 年	2014 年	2015 年	2016 年	2017 年	2018 年
北京	0.435	0.462	0.529	0.610	0.649	0.679	0.780	0.805	0.863	0.911
天津	0.256	0.272	0.294	0.317	0.339	0.358	0.392	0.439	0.524	0.567
河北	0.316	0.332	0.366	0.389	0.419	0.437	0.481	0.500	0.545	0.604
山西	0.297	0.312	0.340	0.392	0.425	0.431	0.471	0.471	0.521	0.531
内蒙古	0.322	0.323	0.361	0.406	0.446	0.462	0.484	0.491	0.553	0.558
辽宁	0.470	0.494	0.524	0.560	0.615	0.646	0.671	0.739	0.824	0.843
吉林	0.346	0.335	0.359	0.353	0.430	0.428	0.447	0.465	0.495	0.553
黑龙江	0.390	0.349	0.394	0.428	0.480	0.493	0.539	0.544	0.632	0.677
上海	0.479	0.448	0.507	0.524	0.542	0.553	0.572	0.829	0.882	0.827
江苏	0.350	0.381	0.447	0.487	0.576	0.599	0.654	0.675	0.731	0.820
浙江	0.276	0.314	0.383	0.433	0.476	0.502	0.528	0.568	0.657	0.705
安徽	0.366	0.379	0.404	0.460	0.535	0.526	0.549	0.567	0.610	0.649
福建	0.209	0.221	0.262	0.286	0.316	0.328	0.363	0.361	0.385	0.433
江西	0.269	0.267	0.296	0.328	0.362	0.377	0.420	0.460	0.484	0.530
山东	0.370	0.409	0.480	0.537	0.622	0.612	0.631	0.648	0.694	0.714
河南	0.408	0.433	0.480	0.520	0.569	0.602	0.647	0.674	0.707	0.731
湖北	0.368	0.394	0.487	0.504	0.585	0.607	0.665	0.691	0.700	0.726
湖南	0.396	0.407	0.456	0.486	0.537	0.532	0.612	0.626	0.656	0.669
广东	0.480	0.537	0.596	0.633	0.764	0.773	0.852	0.897	0.987	1.035
广西	0.278	0.287	0.298	0.315	0.365	0.386	0.446	0.491	0.554	0.582
海南	0.262	0.235	0.279	0.294	0.307	0.338	0.376	0.374	0.373	0.403
重庆	0.335	0.323	0.389	0.429	0.470	0.499	0.507	0.541	0.576	0.627
四川	0.425	0.459	0.537	0.556	0.778	0.686	0.826	0.862	0.904	0.960
贵州	0.272	0.295	0.332	0.369	0.401	0.393	0.397	0.415	0.473	0.488
云南	0.380	0.379	0.423	0.460	0.510	0.529	0.555	0.564	0.573	0.603
西藏	0.248	0.227	0.338	0.375	0.399	0.438	0.538	0.819	0.650	0.483
陕西	0.364	0.378	0.392	0.429	0.480	0.485	0.511	0.515	0.551	0.587
甘肃	0.360	0.368	0.424	0.453	0.506	0.508	0.552	0.558	0.542	0.540
青海	0.358	0.571	0.459	0.488	0.456	0.412	0.484	0.501	0.524	0.552
宁夏	0.178	0.137	0.233	0.269	0.307	0.324	0.374	0.407	0.394	0.415
新疆	0.383	0.376	0.397	0.421	0.471	0.474	0.507	0.610	0.669	0.645

　　根据各省级社会保障与就业公共服务供给指数可以发现：广东、北京和四川的社会保障与就业公共服务供给指数始终位居前列，且均呈现波动上升的趋势。福建、海南和宁夏始终处于倒数 3 位，其社会保障与就业公共服务供给指数在 10 年间呈现稳步上升的趋势，其余大部分地区的社会保障与就业公共服务供给指数也均呈现出上升趋势。但是，青海的社会保障与就业公共服务供给指数在 10 年间呈现先下降后上升的趋势，上海、西藏、新疆的社会保障与就业公共服务供给指数呈现先上升后下降的趋势。

（三）全国社会保障与就业公共服务供给指数测算

　　根据全国层面单项基本公共服务供给指数的测算公式，并结合上述已测算得到的各省级社会保障与就业公共服务供给指数加权计算得到 2009～2018 年全国社会保障与就业公共服务供给指数如表 2 - 12 所示。

表 2 - 12　　　　　2009～2018 年全国社会保障与就业公共服务供给指数

指数	2009 年	2010 年	2011 年	2012 年	2013 年	2014 年	2015 年	2016 年	2017 年	2018 年
投入类指数	0.413	0.413	0.469	0.508	0.571	0.619	0.715	0.830	0.920	0.978
产出类指数	0.305	0.323	0.347	0.366	0.402	0.401	0.426	0.419	0.411	0.406
效果类指数	0.312	0.339	0.390	0.434	0.492	0.471	0.488	0.504	0.531	0.549
综合指数	0.343	0.358	0.402	0.436	0.488	0.497	0.543	0.584	0.620	0.644

　　为更直观分析我国社会保障与就业公共服务供给指数 10 年间的变化趋势，根据表 2 - 12 绘制得到 2009～2018 年全国社会保障与就业公共服务供给指数变化趋势图（如图 2 - 4 所示）。

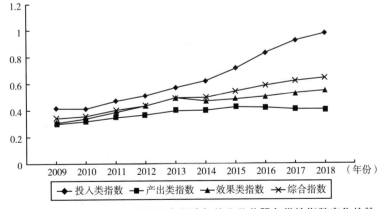

图 2 - 4　2009～2018 年全国社会保障与就业公共服务供给指数变化趋势

结合表 2 - 12 和图 2 - 4 可以发现，从全国社会保障与就业公共服务供给投入类指数来看，历年我国社会保障与就业公共服务供给投入类指数呈现加速上升的趋势，由 2009 年的 0.413 上升至 2018 年的 0.978。从全国社会保障与就业公共服务供给产出类指数来看，历年我国社会保障与就业公共服务供给产出类指数基本呈现先上升后下降趋势，由 2009 年的 0.305 升至 2015 年的 0.426，再下降到 2018 年的 0.406。从全国社会保障与就业公共服务供给效果类指数来看，其在 2009 ~ 2018 年基本呈现直线上升的趋势，由 2009 年的 0.312 上升至 2018 年的 0.549。从全国社会保障与就业公共服务供给综合指数来看，我国社会保障与就业公共服务供给水平在 2009 ~ 2018 年总体上呈现稳步上升的趋势，由 2009 年的 0.343 上升到 2018 年的 0.644。

五、医疗卫生公共服务供给指数测算

（一）医疗卫生公共服务供给指标体系设计

根据医疗卫生公共服务本身的特点，同时考虑指标数据的真实性与可得性，最终构建的医疗卫生公共服务供给指标体系包括 5 个级次。一级指标为医疗卫生公共服务，二级指标分为投入类指标、产出类指标和效果类指标，下设 3 个级次的子指标。具体的指标设计框架如表 2 - 13 所示。

表 2 - 13　　　　　　　医疗卫生公共服务供给指标体系

一级指标	二级指标	三级指标	四级指标	五级指标
医疗卫生公共服务	投入类指标	医疗卫生财政支出		
		人均医疗卫生财政支出		
		医疗卫生财政支出占财政总支出比重		
		医疗卫生财政支出占GDP比重		
	产出类指标	医疗卫生机构建设情况	医疗卫生机构规模	医院数
				疾病预防控制中心数
				妇幼保健院数
				社区卫生服务中心数
				实有床位总数

续表

一级指标	二级指标	三级指标	四级指标	五级指标
医疗卫生公共服务	产出类指标	医疗卫生机构建设情况	医疗卫生机构服务容量	每万人医院数
				每万人疾病预防控制中心数
				每万人妇幼保健院数
				每万人社区卫生服务中心数
				每万人实有床位数
		医疗卫生人力资源情况	医疗卫生人员规模	医疗卫生机构人员数
				医疗卫生技术人员数
				每万人拥有医疗卫生技术人员数
			医疗卫生人员素质	卫生技术人员中执业（助理）医师的占比
				卫生技术人员中注册护士的占比
	效果类指标	孕产妇保健水平	孕产妇系统管理水平	系统管理率
				建卡率
			孕妇产前产后保障水平	产前检查率
				产后诊视率
			分娩保障水平	住院分娩率
				孕妇死亡率
		幼儿保健水平	围产儿死亡率	
			新生儿访视率	
			儿童健康管理水平	3 岁以下儿童系统管理率
				7 岁以下儿童保健管理率
		疾病防控水平	甲乙类法定报告传染病发病率	
			甲乙类法定报告传染病死亡率	
		医疗卫生机构门诊和住院服务情况	急症抢救成功率	
			住院病死率	

如表 2 - 13 所示，医疗卫生公共服务二级指标下设子指标的选取内容及原因如下：

（1）医疗卫生公共服务供给投入类指标。该指标主要反映政府对当地医疗卫生公共服务供给投入的财政经费情况，其数值越大则当地医疗卫生公共服务供给的投入水平越高。从绝对量和相对量的角度出发，本研究共选取了医疗卫生财政支出、人均医疗卫生财政支出、医疗卫生财政支出占财政总支出比重、医疗卫生财政支出占 GDP 比重 4 个三级指标来体现地区医疗卫生公共服务供给的投入水平。

（2）医疗卫生公共服务供给产出类指标。产出类指标数值越大，则当地医疗卫生公共服务供给的产出水平越高。该指标主要基于医疗卫生机构建设情况和医疗卫生人力资源情况两个指标进行加权分析。其中，医疗卫生机构建设情况下设医疗卫生机构规模和医疗卫生机构服务容量 2 个四级指标，并进一步下设 10 个五级指标。医疗卫生人力资源情况从其下设的医疗卫生人员规模和医疗卫生人员素质 2 个四级指标入手，并进一步下设 5 个五级指标。

（3）医疗卫生公共服务供给效果类指标。效果类指标数值越大，则当地医疗卫生公共服务供给的效果越好。该指标主要基于孕产妇保健水平、幼儿保健水平、疾病防控水平、医疗卫生机构门诊和住院服务情况 4 个指标进行加权分析。其中，孕产妇保健水平从其下设的孕产妇系统管理水平、孕妇产前产后保障水平和分娩保障水平 3 个四级指标入手，并进一步下设 6 个五级指标。幼儿保健水平下设围产儿死亡率、新生儿访视率和儿童健康管理水平 3 个四级指标，并进一步下设 2 个五级指标。疾病防控水平下设甲乙类法定报告传染病发病率和甲乙类法定报告传染病死亡率 2 个四级指标。医疗卫生机构门诊和住院服务情况下设急症抢救成功率和住院病死率 2 个四级指标。

（二）各省级医疗卫生公共服务供给指数测算

根据表 2 - 13 的医疗卫生公共服务供给指标体系的设计框架，结合上述省级层面单项基本公共服务供给指数的测算公式测得 2009 ~ 2018 年各省级医疗卫生公共服务供给指数如表 2 - 14 所示。其中，各基础指标的数据来源于历年的各省级地方统计年鉴以及《中国财政年鉴》《中国统计年鉴》《中国社会统计年鉴》《中国卫生和健康统计年鉴》等相关统计年鉴，个别缺失值采用线性插值法进行补充处理。

表 2 - 14　　　　　　2009 ～ 2018 年各省级医疗卫生公共服务供给指数

地区	2009 年	2010 年	2011 年	2012 年	2013 年	2014 年	2015 年	2016 年	2017 年	2018 年
北京	0.606	0.621	0.665	0.649	0.669	0.739	0.769	0.798	0.841	0.911
天津	0.393	0.447	0.470	0.477	0.510	0.566	0.611	0.612	0.596	0.621
河北	0.548	0.614	0.670	0.688	0.748	0.803	0.835	0.842	0.903	0.963
山西	0.480	0.499	0.552	0.580	0.602	0.678	0.727	0.744	0.760	0.785
内蒙古	0.465	0.477	0.525	0.558	0.590	0.629	0.640	0.653	0.734	0.721
辽宁	0.521	0.483	0.508	0.520	0.545	0.596	0.591	0.631	0.671	0.679
吉林	0.475	0.476	0.511	0.532	0.559	0.587	0.618	0.658	0.659	0.682
黑龙江	0.513	0.515	0.551	0.532	0.549	0.601	0.619	0.620	0.603	0.647
上海	0.461	0.487	0.514	0.435	0.493	0.566	0.581	0.671	0.720	0.778
江苏	0.545	0.590	0.670	0.740	0.788	0.850	0.885	0.935	1.002	1.033
浙江	0.525	0.572	0.631	0.663	0.705	0.784	0.789	0.838	0.887	0.915
安徽	0.481	0.494	0.593	0.656	0.716	0.776	0.802	0.791	0.891	0.905
福建	0.460	0.500	0.545	0.571	0.614	0.695	0.732	0.753	0.792	0.822
江西	0.496	0.543	0.579	0.602	0.645	0.724	0.752	0.799	0.849	0.935
山东	0.545	0.607	0.693	0.742	0.802	0.889	0.913	0.969	1.023	1.071
河南	0.525	0.597	0.663	0.731	0.802	0.896	0.961	0.978	1.037	1.111
湖北	0.483	0.519	0.590	0.611	0.661	0.736	0.810	0.868	0.908	0.864
湖南	0.522	0.538	0.607	0.643	0.695	0.778	0.825	0.854	0.908	0.938
广东	0.544	0.579	0.676	0.727	0.768	0.901	0.956	1.082	1.194	1.252
广西	0.439	0.505	0.560	0.550	0.602	0.692	0.707	0.770	0.785	0.815
海南	0.378	0.383	0.440	0.501	0.527	0.551	0.603	0.632	0.654	0.692
重庆	0.379	0.415	0.464	0.501	0.558	0.629	0.689	0.707	0.723	0.751
四川	0.552	0.589	0.678	0.740	0.801	0.888	0.940	0.997	1.038	1.048
贵州	0.450	0.521	0.549	0.612	0.650	0.737	0.755	0.779	0.827	0.866
云南	0.544	0.585	0.625	0.639	0.663	0.711	0.759	0.802	0.864	0.896
西藏	0.363	0.453	0.424	0.439	0.511	0.562	0.659	0.705	0.824	0.848
陕西	0.527	0.565	0.585	0.614	0.660	0.728	0.766	0.777	0.828	0.856
甘肃	0.449	0.487	0.572	0.588	0.611	0.680	0.734	0.767	0.787	0.827
青海	0.370	0.407	0.431	0.497	0.527	0.580	0.647	0.650	0.766	0.808
宁夏	0.383	0.432	0.453	0.476	0.514	0.555	0.579	0.612	0.664	0.690
新疆	0.425	0.454	0.482	0.508	0.521	0.577	0.600	0.607	0.621	0.598

根据各省级医疗卫生公共服务供给指数可以发现：广东、北京、山东和四川的医疗卫生公共服务供给指数位居前列，且均呈现波动上升的趋势。海南和宁夏的医疗卫生公共服务供给指数始终处于倒数，其在 10 年间呈现稳步上升的趋势，其余大部分地区的医疗卫生公共服务供给指数也均呈现出上升趋势。但是，辽宁的医疗卫生公共服务供给指数在 10 年间呈现先下降后上升的趋势，湖北、新疆和内蒙古的医疗卫生公共服务供给指数呈现先上升后下降的趋势。

（三）全国医疗卫生公共服务供给指数测算

根据全国层面单项基本公共服务供给指数的测算公式，并结合上述已测算得到的各省级医疗卫生公共服务供给指数加权计算得到 2009～2018 年全国医疗卫生公共服务供给指数如表 2 – 15 所示。

表 2 – 15　　　　　　2009～2018 年全国医疗卫生公共服务供给指数

指数	2009 年	2010 年	2011 年	2012 年	2013 年	2014 年	2015 年	2016 年	2017 年	2018 年
投入类指数	0.351	0.405	0.527	0.559	0.642	0.821	0.906	0.985	1.101	1.175
产出类指数	0.374	0.391	0.405	0.429	0.457	0.475	0.499	0.523	0.555	0.582
效果类指数	0.713	0.748	0.759	0.785	0.798	0.803	0.807	0.805	0.799	0.791
综合指数	0.479	0.515	0.564	0.591	0.632	0.699	0.737	0.771	0.818	0.849

为更直观分析我国医疗卫生公共服务供给指数 10 年间的变化趋势，根据表 2 – 15 绘制得到 2009～2018 年全国医疗卫生公共服务供给指数变化趋势图（如图 2 – 5 所示）。

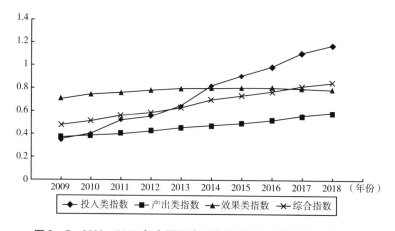

图 2 – 5　2009～2018 年全国医疗卫生公共服务供给指数变化趋势

结合表 2-15 和图 2-5 可以发现，从全国医疗卫生公共服务供给投入类指数来看，历年我国医疗卫生公共服务供给投入类指数呈现加速上升的趋势，由 2009 年的 0.351 上升至 2018 年的 1.175。从全国医疗卫生公共服务供给产出类指数来看，其在历年基本呈现直线上升的趋势，由 2009 年的 0.374 升至 2018 年的 0.582。从全国医疗卫生公共服务供给效果类指数来看，其在 2009~2018 年比较稳定，总体小幅度先上升后下降，由 2009 年的 0.713 上升 2015 年的 0.807，后降至 2018 年的 0.791。从全国医疗卫生公共服务供给综合指数来看，我国医疗卫生公共服务供给水平在 2009~2018 年总体上呈现直线上升的趋势，由 2009 年的 0.479 上升到 2018 年的 0.849。

六、环境保护公共服务供给指数测算

(一) 环境保护公共服务供给指标体系设计

根据环境保护公共服务本身的特点，同时考虑指标数据的真实性与可得性，最终构建的环境保护公共服务供给指标体系包括 5 个级次。一级指标为环境保护公共服务，二级指标分为投入类指标、产出类指标和效果类指标，下设三个级次的子指标。具体的指标设计框架如表 2-16 所示。

表 2-16 　　　　　　　　　　环境保护公共服务供给指标体系

一级指标	二级指标	三级指标	四级指标	五级指标
环境保护公共服务指标	投入类指标	环境保护财政支出		
		人均环境保护财政支出		
		环境保护财政支出占财政总支出比重		
		环境保护财政支出占GDP比重		
	产出类指标	环境保护公共服务人力资源情况	水利、环境和公共设施管理业从业人员数	
		生活环境保障情况	废水、废气处理规模	废水治理设施数
				污水管道长度
				污水处理厂数
				废气治理设施数

一级指标	二级指标	三级指标	四级指标	五级指标
环境保护公共服务指标	产出类指标	生活环境保障情况	城市环卫设施建设情况	城市市容环卫专用车辆设备总数
				每万人拥有公厕数
				生活垃圾无害化处理厂数
			农村环境保障情况	累计使用卫生厕所户数
				太阳能热水器数
		生态环境保护情况	城市园林绿化情况	年末公园绿地面积
				人均公园绿地面积
			自然保护基本情况	自然保护区个数
				自然保护区面积
	效果类指标	生活环境保障效果	废水处理效果	污水年处理量
				污水处理率
			废气处理效果	人均工业二氧化硫排放量
				人均工业氮氧化物排放量
				人均工业烟（粉）尘排放量
			城市环卫工作效果	日均清扫街道面积
				生活垃圾处理量
				生活垃圾无害化处理率
			农村环境保障效果	卫生厕所普及率
				每万人太阳能热水器数
		生态环境保护效果	城市绿化覆盖率	
			森林覆盖率	

如表 2-16 所示，环境保护公共服务二级指标下设子指标的选取内容及原因如下：

（1）环境保护公共服务供给投入类指标。该指标主要反映政府对当地环境保护公共服务供给投入的财政经费情况，其数值越大则当地环境保护公共服务供给的投入水平越高。从绝对量和相对量的角度出发，本研究共选取了环境保护财政支出、人均环境保护财政支出、环境保护财政支出占财政总支出比重、环境保护财政支出占 GDP 比重 4 个三级指标来体现地区环境保护公共服务供给的投入水平。

（2）环境保护公共服务供给产出类指标。产出类指标数值越大，则当地环境保护公共服务供给的产出水平越高。该指标主要基于环境保护公共服务人力资源情况、生活环境保障情况和生态环境保护情况 3 个三级指标进行加权分析。其中，鉴于数据的可得性，选取水利、环境和公共设施管理业从业人员数作为衡量环境保护公共服务人力资源情况的四级指标。生活环境保障情况下设废水、废气处理规模、城市环卫设施建设情况和农村环境保障情况 3 个四级指标，并进一步下设 9 个五级指标。生态环境保护情况从其下设的城市园林绿化情况和自然保护基本情况 2 个四级指标入手，并进一步下设 4 个五级指标。

（3）环境保护公共服务供给效果类指标。效果类指标数值越大，则当地环境保护公共服务供给的效果越好。该指标主要基于生活环境保障效果和生态环境保护效果两个指标进行加权分析。其中，生活环境保障效果从其下设的废水处理效果、废气处理效果、城市环卫工作效果和农村环境保障效果 4 个四级指标入手，并进一步下设 10 个五级指标。生态环境保护效果下设城市绿化覆盖率和森林覆盖率 2 个四级指标。

（二）各省级环境保护公共服务供给指数测算

根据表 2 - 16 的环境保护公共服务供给指标体系的设计框架，结合上述省级层面单项基本公共服务供给指数的测算公式测得 2009 ~ 2018 年各省级环境保护公共服务供给指数如表 2 - 17 所示。其中，各基础指标的数据来源于历年的各省级地方统计年鉴以及《中国财政年鉴》《中国统计年鉴》《中国社会统计年鉴》《中国环境统计年鉴》等相关统计年鉴，个别缺失值采用线性插值法进行补充处理。

表 2 - 17　　　　　2009 ~ 2018 年各省级环境保护公共服务供给指数

地区	2009 年	2010 年	2011 年	2012 年	2013 年	2014 年	2015 年	2016 年	2017 年	2018 年
北京	0.458	0.462	0.537	0.581	0.653	0.809	0.962	1.083	1.260	1.170
天津	0.168	0.224	0.246	0.266	0.298	0.313	0.361	0.349	0.478	0.357
河北	0.466	0.516	0.473	0.508	0.572	0.607	0.714	0.689	0.817	0.907

地区	2009 年	2010 年	2011 年	2012 年	2013 年	2014 年	2015 年	2016 年	2017 年	2018 年
山西	0.360	0.386	0.364	0.380	0.426	0.425	0.436	0.488	0.510	0.587
内蒙古	0.424	0.434	0.447	0.483	0.493	0.537	0.597	0.588	0.592	0.625
辽宁	0.379	0.446	0.464	0.493	0.529	0.527	0.548	0.486	0.536	0.498
吉林	0.343	0.407	0.474	0.489	0.509	0.556	0.504	0.521	0.490	0.528
黑龙江	0.388	0.458	0.458	0.476	0.501	0.499	0.586	0.523	0.650	0.590
上海	0.291	0.305	0.308	0.323	0.341	0.385	0.429	0.488	0.657	0.664
江苏	0.571	0.567	0.613	0.649	0.710	0.738	0.816	0.796	0.816	0.820
浙江	0.447	0.515	0.515	0.538	0.566	0.606	0.659	0.653	0.695	0.704
安徽	0.352	0.362	0.407	0.432	0.463	0.467	0.494	0.513	0.604	0.611
福建	0.359	0.377	0.375	0.401	0.433	0.440	0.489	0.547	0.549	0.562
江西	0.398	0.428	0.409	0.453	0.473	0.455	0.486	0.534	0.600	0.617
山东	0.494	0.553	0.556	0.621	0.721	0.682	0.755	0.780	0.803	0.878
河南	0.431	0.436	0.433	0.454	0.460	0.483	0.554	0.590	0.662	0.800
湖北	0.400	0.443	0.444	0.438	0.473	0.477	0.542	0.546	0.548	0.646
湖南	0.389	0.426	0.409	0.455	0.488	0.509	0.513	0.551	0.553	0.597
广东	0.579	0.761	0.763	0.784	0.887	0.854	0.926	0.922	1.077	1.230
广西	0.351	0.391	0.372	0.402	0.424	0.464	0.478	0.463	0.463	0.461
海南	0.385	0.346	0.403	0.378	0.399	0.386	0.405	0.444	0.443	0.550
重庆	0.349	0.402	0.471	0.538	0.513	0.486	0.552	0.552	0.583	0.594
四川	0.450	0.460	0.470	0.503	0.551	0.568	0.573	0.591	0.632	0.664
贵州	0.283	0.295	0.284	0.312	0.334	0.372	0.395	0.465	0.473	0.503
云南	0.440	0.449	0.451	0.457	0.471	0.475	0.505	0.541	0.590	0.593
西藏	0.278	0.268	0.314	0.411	0.248	0.512	0.793	0.475	0.603	0.585
陕西	0.412	0.424	0.435	0.438	0.471	0.487	0.549	0.511	0.572	0.590
甘肃	0.277	0.314	0.351	0.322	0.330	0.340	0.387	0.407	0.449	0.499
青海	0.340	0.364	0.384	0.384	0.524	0.439	0.610	0.542	0.484	0.500
宁夏	0.303	0.373	0.350	0.345	0.336	0.342	0.405	0.380	0.517	0.588
新疆	0.271	0.299	0.294	0.309	0.320	0.327	0.339	0.348	0.336	0.420

根据各省级环境保护公共服务供给指数，可以发现：广东、北京和江苏的环境保护公共服务供给指数始终位居前列。其中，广东和江苏的环境保护公共服务供给指数在 10 年间均呈现波动上升的趋势，北京的环境保护公共服

务供给指数在 2009～2017 年加速上升，但在 2018 年有所回落。天津和新疆的环境保护公共服务供给指数始终处于倒数。其中，天津的环境保护公共服务供给指数在 2009～2018 年呈现先上升后下降的趋势，新疆的环境保护公共服务供给指数在 10 年间则始终呈现稳步上升的趋势。其余大部分地区的环境保护公共服务供给指数呈现出波动上升的趋势，但辽宁、青海和吉林的环境保护公共服务供给指数呈现先上升后下降的趋势。

（三）全国环境保护公共服务供给指数测算

根据全国层面单项基本公共服务供给指数的测算公式，并结合上述已测算得到的各省级环境保护公共服务供给指数加权计算得到 2009～2018 年全国环境保护公共服务供给指数如表 2-18 所示。

表 2-18　　　　　　2009～2018 年全国环境保护公共服务供给指数

指数	2009 年	2010 年	2011 年	2012 年	2013 年	2014 年	2015 年	2016 年	2017 年	2018 年
投入类指数	0.336	0.389	0.390	0.419	0.464	0.483	0.623	0.582	0.702	0.761
产出类指数	0.337	0.362	0.391	0.411	0.437	0.459	0.477	0.482	0.498	0.501
效果类指数	0.473	0.497	0.504	0.526	0.543	0.564	0.581	0.617	0.643	0.666
综合指数	0.382	0.416	0.428	0.452	0.481	0.502	0.560	0.560	0.614	0.643

为更直观分析我国环境保护公共服务供给指数 10 年间的变化趋势，根据表 2-18 绘制得到 2009～2018 年全国环境保护公共服务供给指数变化趋势图（如图 2-6 所示）。

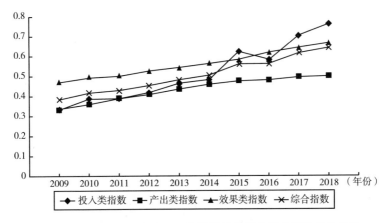

图 2-6　2009～2018 年全国环境保护公共服务供给指数变化趋势

结合表 2 – 18 和图 2 – 6 可以发现，从全国环境保护公共服务供给投入类指数来看，历年我国环境保护公共服务供给投入类指数呈现平稳上升到加速上升的趋势，由 2009 年的 0.336 升至 2014 年的 0.483，后加速上升至 2018 年的 0.761。从全国环境保护公共服务供给产出类指数来看，历年我国环境保护公共服务供给产出类指数基本呈现平稳上升的趋势，由 2009 年的 0.337 升至 2018 年的 0.501。从全国环境保护公共服务供给效果类指数来看，其 2009 ~ 2018 年始终高于同年的供给综合指数和产出类指数，总体呈现直线上升的趋势，由 2009 年的 0.473 上升至 2018 年的 0.666。从全国环境保护公共服务供给综合指数来看，我国环境保护公共服务供给水平在 2009 ~ 2018 年总体上呈现稳步上升的趋势，由 2009 年的 0.382 上升到 2018 年的 0.643。

七、交通运输公共服务供给指数测算

（一）交通运输公共服务供给指标体系设计

根据交通运输公共服务本身的特点，同时考虑指标数据的真实性与可得性，最终构建的交通运输公共服务供给指标体系包括 5 个级次。一级指标为交通运输公共服务，二级指标分为投入类指标、产出类指标和效果类指标，下设 3 个级次的子指标。具体的指标设计框架如表 2 – 19 所示。

表 2 – 19 　　　　　　交通运输公共服务供给指标体系

一级指标	二级指标	三级指标	四级指标	五级指标
交通运输公共服务	投入类指标	交通运输财政支出		
		人均交通运输财政支出		
		交通运输财政支出占财政总支出比重		
		交通运输财政支出占GDP比重		
	产出类指标	营运里程	铁路营运里程	
			公路营运里程	
			水路营运里程	
			城市公共交通营运里程	

续表

一级指标	二级指标	三级指标	四级指标	五级指标
交通运输公共服务	产出类指标	人力资源情况	铁路运输业从业人数	
			公路运输业从业人数	
			水路运输业从业人数	
			航空运输业从业人数	
		公共交通工具规模	城市年末公共交通运营车辆数	
			城市出租汽车数	
	效果类指标	运输量	客运量	铁路客运量
				公路客运量
				水路客运量
				航空客运量
				城市公共交通客运量
			货运量	铁路货运量
				公路货运量
				水路货运量
				航空货运量
		周转量	旅客周转量	铁路旅客周转量
				公路旅客周转量
				水路旅客周转量
				航空旅客周转量
			货物运输周转量	铁路货物运输周转量
				公路货物运输周转量
				水路货物运输周转量
				航空货物运输周转量

如表 2-19 所示，交通运输公共服务二级指标下设子指标的选取内容及原因如下：

（1）交通运输公共服务供给投入类指标。该指标主要反映政府对当地交通运输公共服务供给投入的财政经费情况，其数值越大则当地交通运输公共服务供给的投入水平越高。从绝对量和相对量的角度出发，本书共选取了交通运输财政支出、人均交通运输财政支出、交通运输财政支出占财政总支出比重、交通运输财政支出占 GDP 比重 4 个三级指标来体现地区交通运输公共服务供给的投入水平。

（2）交通运输公共服务供给产出类指标。产出类指标数值越大，则当地交通运输公共服务供给的产出水平越高。该指标主要基于营运里程、人力资源情况和公共交通工具规模 3 个三级指标进行加权分析。其中，鉴于数据的可得性，营运里程下设铁路营运里程、公路营运里程、水路营运里程和城市公共交通营运里程 4 个四级指标。人力资源情况包括铁路运输业从业人数、公路运输业从业人数、水路运输业从业人数和航空运输业从业人数 5 个四级指标。公共交通工具规模下设城市年末公共交通运营车辆数和城市出租汽车数 2 个四级指标。

（3）交通运输公共服务供给效果类指标。效果类指标数值越大，则当地交通运输公共服务供给的效果越好。该指标主要基于运输量和周转量两个指标进行加权分析。其中，运输量从其下设的客运量和货运量 2 个指标入手，并进一步下设 9 个五级指标。周转量从其下设的旅客周转量和货物运输周转量 2 个指标入手，并进一步下设 8 个五级指标。

（二）各省级交通运输公共服务供给指数测算

根据表 2 - 19 的交通运输公共服务供给指标体系的设计框架，结合上述省级层面单项基本公共服务供给指数的测算公式测得 2009 ~ 2018 年各省级交通运输公共服务供给指数如表 2 - 20 所示。其中，各基础指标的数据来源于历年的各省级地方统计年鉴以及《中国财政年鉴》《中国统计年鉴》《中国社会统计年鉴》《中国交通年鉴》等相关统计年鉴，个别缺失值采用线性插值法进行补充处理。

表 2 - 20　　　　2009 ~ 2018 年各省级交通运输公共服务供给指数

地区	2009 年	2010 年	2011 年	2012 年	2013 年	2014 年	2015 年	2016 年	2017 年	2018 年
北京	0.391	0.404	0.708	0.823	0.821	0.817	0.940	1.001	1.108	1.139
天津	0.147	0.133	0.194	0.183	0.174	0.181	0.179	0.190	0.175	0.177
河北	0.330	0.343	0.453	0.480	0.495	0.508	0.490	0.513	0.542	0.572
山西	0.226	0.271	0.332	0.347	0.342	0.334	0.361	0.348	0.334	0.378
内蒙古	0.321	0.319	0.743	0.798	0.804	0.805	0.861	0.890	0.963	1.062
辽宁	0.318	0.358	0.428	0.464	0.500	0.516	0.474	0.423	0.453	0.437
吉林	0.174	0.219	0.294	0.272	0.312	0.368	0.322	0.329	0.378	0.367

续表

地区	2009 年	2010 年	2011 年	2012 年	2013 年	2014 年	2015 年	2016 年	2017 年	2018 年
黑龙江	0.224	0.282	0.368	0.343	0.355	0.347	0.360	0.349	0.348	0.372
上海	0.268	0.294	0.364	0.352	0.396	0.426	0.516	0.612	0.652	0.641
江苏	0.405	0.468	0.552	0.577	0.631	0.691	0.715	0.698	0.704	0.704
浙江	0.404	0.416	0.467	0.486	0.543	0.574	0.674	0.644	0.588	0.651
安徽	0.307	0.293	0.375	0.406	0.459	0.515	0.506	0.485	0.424	0.406
福建	0.231	0.229	0.335	0.360	0.368	0.403	0.421	0.380	0.369	0.385
江西	0.215	0.207	0.301	0.269	0.293	0.357	0.312	0.299	0.316	0.318
山东	0.352	0.419	0.477	0.526	0.571	0.574	0.621	0.601	0.647	0.662
河南	0.352	0.364	0.454	0.481	0.499	0.521	0.507	0.503	0.485	0.479
湖北	0.258	0.291	0.392	0.363	0.453	0.510	0.537	0.502	0.458	0.498
湖南	0.256	0.305	0.419	0.398	0.438	0.436	0.421	0.448	0.466	0.446
广东	0.535	0.654	0.816	0.860	0.991	1.131	1.645	1.219	1.165	1.085
广西	0.197	0.200	0.363	0.354	0.341	0.320	0.338	0.329	0.357	0.377
海南	0.093	0.078	0.143	0.170	0.178	0.193	0.207	0.227	0.259	0.262
重庆	0.141	0.171	0.265	0.279	0.351	0.354	0.370	0.350	0.376	0.362
四川	0.304	0.325	0.461	0.508	0.579	0.600	0.620	0.599	0.589	0.662
贵州	0.231	0.211	0.429	0.393	0.393	0.503	0.436	0.361	0.408	0.431
云南	0.248	0.225	0.345	0.360	0.546	0.609	0.559	0.473	0.486	0.442
西藏	0.307	0.330	0.602	0.680	0.667	0.934	0.977	1.060	1.019	1.384
陕西	0.265	0.311	0.468	0.403	0.422	0.531	0.491	0.410	0.459	0.448
甘肃	0.138	0.142	0.631	0.645	0.752	0.791	0.899	0.898	0.956	1.045
青海	0.150	0.130	0.390	0.375	0.468	0.460	0.433	0.369	0.197	0.309
宁夏	0.068	0.070	0.122	0.142	0.149	0.189	0.223	0.163	0.217	0.198
新疆	0.199	0.238	0.618	0.669	0.745	0.672	0.777	0.790	0.809	0.845

　　根据各省级交通运输公共服务供给指数，可以发现：广东和北京的交通运输公共服务供给指数始终位居前列。其中，广东的交通运输公共服务供给指数在 2009～2015 年均呈现加速上升的趋势，在 2015～2018 年呈现下降趋势，而北京的交通运输公共服务供给指数在 10 年间呈现上升趋势。宁夏、天津和海南的交通运输公共服务供给指数始终处于倒数，且宁夏和海南的交通

运输公共服务供给指数呈现波动上升的趋势，天津的交通运输公共服务供给指数在 10 年间基本变动不大。此外，其余大部分地区的交通运输公共服务供给指数均呈现出波动上升的趋势。还有少部分地区呈现不同变化趋势，如安徽、辽宁、云南的交通运输公共服务供给指数呈现先上升后下降的趋势，青海的交通运输公共服务供给指数在 10 年间变化波动较大，呈现先上升后下降再上升的趋势。

（三）全国交通运输公共服务供给指数测算

根据全国层面单项基本公共服务供给指数的测算公式，并结合上述已测算得到的各省级交通运输公共服务供给指数加权计算得到 2009～2018 年全国交通运输公共服务供给指数如表 2－21 所示。

表 2－21　　　　　2009～2018 年全国交通运输公共服务供给指数

指数	2009 年	2010 年	2011 年	2012 年	2013 年	2014 年	2015 年	2016 年	2017 年	2018 年
投入类指数	0.262	0.262	0.521	0.496	0.573	0.649	0.694	0.576	0.556	0.608
产出类指数	0.309	0.342	0.359	0.392	0.431	0.450	0.467	0.487	0.505	0.507
效果类指数	0.209	0.238	0.408	0.444	0.451	0.467	0.503	0.531	0.556	0.584
综合指数	0.260	0.281	0.429	0.444	0.485	0.522	0.555	0.531	0.539	0.566

为更直观分析我国交通运输公共服务供给指数 10 年间的变化趋势，根据表 2－21 绘制得到 2009～2018 年全国交通运输公共服务供给指数变化趋势图（如图 2－7 所示）。

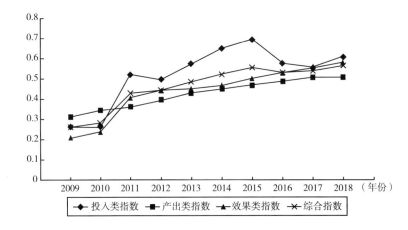

图 2－7　2009～2018 年全国交通运输公共服务供给指数变化趋势

　　结合表 2－21 和图 2－7 可以发现，从全国交通运输公共服务供给投入类指数来看，各年间我国交通运输公共服务供给投入类指数呈现波动上升的趋势，到 2018 年时我国交通运输公共服务供给投入类指数达 0.608。从全国交通运输公共服务供给产出类指数来看，历年我国交通运输公共服务供给产出类指数基本呈现平稳上升的趋势，由 2009 年的 0.309 升至 2018 年的 0.507。从全国交通运输公共服务供给效果类指数来看，其在 2009～2018 年总体呈现加速上升到平稳上升的趋势，由 2009 年的 0.209 快速升至 2011 年的 0.408，再逐步上升至 2018 年的 0.584。从全国交通运输公共服务供给综合指数来看，在 2009～2018 年我国交通运输公共服务的供给水平总体上呈现逐步上升的趋势，综合指数由 2009 年的 0.260 上升到 2018 年的 0.566。

八、基本公共服务总体供给指数测算

（一）各省级基本公共服务总体供给指数测算

　　根据省级层面基本公共服务总体供给指数的测算公式，并结合已测算得到的各省级单项基本公共服务供给指数进行加权计算得到 2009～2018 年各省级基本公共服务总体供给指数如表 2－22 所示。

表 2－22　　　　2009～2018 年各省级基本公共服务总体供给指数

地区	2009 年	2010 年	2011 年	2012 年	2013 年	2014 年	2015 年	2016 年	2017 年	2018 年
北京	0.467	0.464	0.540	0.603	0.629	0.671	0.734	0.780	0.860	0.893
天津	0.264	0.288	0.316	0.326	0.346	0.364	0.375	0.378	0.400	0.418
河北	0.446	0.471	0.504	0.534	0.559	0.576	0.600	0.608	0.665	0.719
山西	0.368	0.385	0.409	0.440	0.456	0.463	0.487	0.497	0.512	0.550
内蒙古	0.365	0.378	0.460	0.497	0.509	0.528	0.546	0.550	0.602	0.622
辽宁	0.437	0.442	0.465	0.496	0.513	0.519	0.514	0.517	0.551	0.555
吉林	0.339	0.353	0.391	0.408	0.429	0.445	0.441	0.452	0.458	0.485
黑龙江	0.379	0.396	0.419	0.437	0.445	0.445	0.467	0.461	0.493	0.499
上海	0.375	0.373	0.416	0.423	0.460	0.490	0.514	0.606	0.665	0.226
江苏	0.508	0.534	0.594	0.640	0.681	0.713	0.744	0.771	0.818	0.849

续表

地区	2009 年	2010 年	2011 年	2012 年	2013 年	2014 年	2015 年	2016 年	2017 年	2018 年
浙江	0.449	0.480	0.518	0.550	0.578	0.608	0.653	0.681	0.716	0.760
安徽	0.385	0.393	0.445	0.477	0.508	0.526	0.538	0.545	0.580	0.594
福建	0.344	0.359	0.388	0.419	0.440	0.462	0.494	0.498	0.523	0.555
江西	0.356	0.370	0.410	0.431	0.453	0.477	0.486	0.511	0.544	0.585
山东	0.510	0.551	0.592	0.646	0.694	0.705	0.738	0.768	0.814	0.862
河南	0.493	0.508	0.558	0.599	0.623	0.650	0.674	0.696	0.735	0.780
湖北	0.403	0.430	0.467	0.487	0.521	0.548	0.583	0.600	0.622	0.638
湖南	0.401	0.425	0.462	0.492	0.518	0.539	0.565	0.598	0.636	0.652
广东	0.587	0.660	0.722	0.719	0.816	0.865	0.985	0.978	1.066	1.125
广西	0.349	0.374	0.408	0.427	0.446	0.476	0.494	0.513	0.534	0.546
海南	0.277	0.276	0.312	0.327	0.339	0.341	0.358	0.354	0.359	0.424
重庆	0.297	0.315	0.372	0.413	0.427	0.440	0.469	0.474	0.496	0.524
四川	0.457	0.480	0.548	0.589	0.668	0.666	0.707	0.727	0.758	0.790
贵州	0.332	0.348	0.390	0.421	0.435	0.473	0.475	0.479	0.505	0.533
云南	0.404	0.412	0.451	0.476	0.516	0.524	0.534	0.550	0.586	0.605
西藏	0.302	0.315	0.404	0.451	0.433	0.552	0.641	0.637	0.622	0.706
陕西	0.398	0.419	0.457	0.485	0.506	0.531	0.547	0.542	0.583	0.604
甘肃	0.326	0.342	0.446	0.476	0.503	0.512	0.558	0.575	0.590	0.631
青海	0.286	0.315	0.353	0.387	0.415	0.423	0.453	0.438	0.415	0.474
宁夏	0.235	0.269	0.285	0.293	0.307	0.321	0.349	0.348	0.366	0.403
新疆	0.359	0.383	0.446	0.481	0.509	0.510	0.535	0.558	0.606	0.641

根据各省级基本公共服务总体供给指数，可以发现：从排名来看，广东的基本公共服务总体供给指数始终居第一位，江苏、山东和北京的基本公共服务总体供给指数一直位居前列，宁夏、天津、青海和海南的基本公共服务总体供给指数始终处于倒数。从变化趋势来看，除上海的基本公共服务总体供给指数在 10 年间呈现先上升后下降的趋势外，2009～2018 年其他各省级基本公共服务总体供给指数普遍呈现平稳增长的趋势。从增速来看，广东、北京和江苏的基本公共服务总体供给增速处于全国各省级地区的前 3 位，宁

夏、海南和天津的基本公共服务总体供给增速处于全国各省级地区的倒数
3 位。

（二）全国基本公共服务总体供给指数测算

根据全国层面基本公共服务总体供给指数的测算公式，并结合上述已测算得到的各省级基本公共服务总体供给指数加权计算得到 2009~2018 年全国基本公共服务总体供给指数如表 2-23 所示。

表 2-23　　　　　　　2009~2018 年全国基本公共服务总体供给指数

指数	2009 年	2010 年	2011 年	2012 年	2013 年	2014 年	2015 年	2016 年	2017 年	2018 年
投入类指数	0.310	0.337	0.421	0.471	0.517	0.569	0.628	0.653	0.730	0.781
产出类指数	0.390	0.399	0.416	0.433	0.457	0.471	0.487	0.493	0.460	0.517
效果类指数	0.451	0.474	0.514	0.533	0.544	0.544	0.556	0.566	0.618	0.565
综合指数	0.384	0.404	0.450	0.479	0.506	0.528	0.557	0.571	0.602	0.621

为更直观分析我国基本公共服务总体供给指数 10 年间的变化趋势，根据表 2-23 绘制得到 2009~2018 年全国基本公共服务总体供给指数变化趋势图（如图 2-8 所示）。

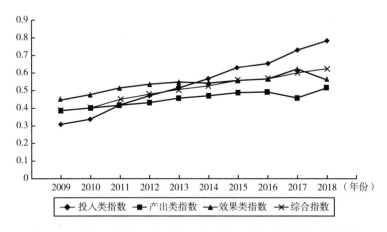

图 2-8　2009~2018 年全国基本公共服务总体供给指数变化趋势

结合表 2-23 和图 2-8 可以发现，从全国基本公共服务总体供给投入类指数来看，历年我国基本公共服务总体供给投入类指数呈现加速上升的趋势，其增速在基本公共服务总体供给的各类指数中最高，到 2018 年时我国基本公

共服务总体供给投入类指数达 0.781。从全国基本公共服务总体供给产出类指数来看，除 2017 年有所回落外，历年我国基本公共服务总体供给产出类指数基本呈现平稳上升的趋势，由 2009 年的 0.390 升至 2018 年的 0.517。从全国基本公共服务总体供给效果类指数来看，其在 2009～2017 年呈现平稳上升的趋势，由 2009 年的 0.451 上升至 2017 年的 0.618，到 2018 年时有所下降，降至 0.565。从全国基本公共服务总体供给综合指数来看，我国基本公共服务总体供给水平在 2009～2018 年总体上呈现逐步上升的趋势，由 2009 年的 0.384 上升到 2018 年的 0.621。总体上看，我国公共服务投入增加对我国基本公共服务总体供给水平提高的推动作用最大，公共服务产出增加的推动作用次之，公共服务供给效果改善的推动作用最小。上述情况说明尽管全国基本公共服务供给的投入水平在 2009～2018 年有很大的提高，但基本公共服务供给的产出水平及效果仍有很大不足，基本公共服务的供给绩效与总体供给能力有待进一步提升。

第三节　中国各省间基本公共服务均等化指数测算

一、公共安全服务均等化指数测算

根据单项基本公共服务均等化指数的测算公式，以基尼系数作为全国公共安全服务均等化的测度变量，并结合上述已测算得到的各省级公共安全服务供给综合指数进行加权计算得到 2009～2018 年省际公共安全服务均等化指数如表 2-24 所示。该指数越小，表明我国省际公共安全服务供给差距越小，则我国省际公共安全服务均等化的程度越高。

表 2-24　　　　2009～2018 年全国公共安全服务均等化指数

项目	2009 年	2010 年	2011 年	2012 年	2013 年	2014 年	2015 年	2016 年	2017 年	2018 年
基尼系数	0.078	0.081	0.084	0.076	0.081	0.080	0.089	0.113	0.186	0.331

为更直观分析我国公共安全服务均等化指数 10 年间的变化趋势，根据表 2-24 绘制得到 2009～2018 年全国公共安全服务均等化指数的变化趋势图（如图 2-9 所示）。

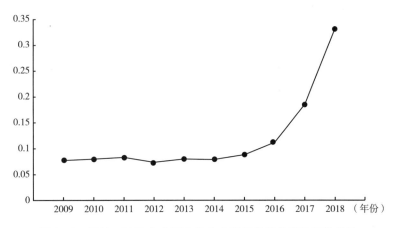

图 2 - 9　2009～2018 年全国公共安全服务均等化指数变化趋势

结合表 2 -24 和图 2 -9 可以发现，除 2012 年有所回升外，我国公共安全服务均等化水平在 2009～2016 年基本呈现下降的趋势。具体地，2009～2016 年我国公共安全服务基尼系数由 2009 年的 0.078 平稳上升至 2016 年的 0.113。随后的两年里，该基尼系数呈现指数增长的趋势，到 2018 年时达 0.331。总体上看，近 10 年来，尤其是 2016 年后，我国省际公共安全服务供给水平的差距越来越大，省际公共安全服务均等化的程度仍有很大的改善空间。

二、教育公共服务均等化指数测算

根据单项基本公共服务均等化指数的测算公式，以基尼系数作为全国教育公共服务均等化的测度变量，并结合上述已测算得到的各省级教育公共服务的供给综合指数进行加权计算得到 2009～2018 年省际教育公共服务均等化指数如表 2 -25 所示。该指数越小，表明我国省际教育公共服务供给差距越小，则我国省际教育公共服务均等化的程度越高。

表 2 - 25　　　　　　　　2009～2018 年全国教育公共服务均等化指数

项目	2009 年	2010 年	2011 年	2012 年	2013 年	2014 年	2015 年	2016 年	2017 年	2018 年
基尼系数	0.201	0.193	0.184	0.180	0.195	0.196	0.201	0.212	0.219	0.226

为更直观分析我国教育公共服务均等化指数 10 年间的变化趋势，根据表 2 -25 绘制得到 2009～2018 年全国教育公共服务均等化指数的变化趋势图（见图 2 -10）。

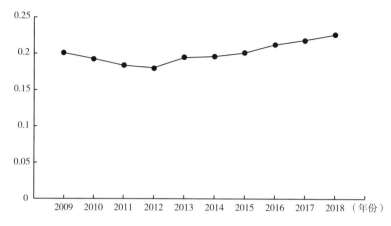

图 2 – 10   2009～2018 年全国教育公共服务均等化指数变化趋势

结合表 2 – 25 和图 2 – 10 可以发现，我国教育公共服务均等化水平在 2009～2012 年基本呈现稳步上升的趋势。具体地，全国教育公共服务基尼系数由 2009 年的 0.201 下降至 2012 年的 0.180。随后的几年里，我国教育公共服务均等化水平呈现下降趋势，到 2018 年时全国教育公共服务基尼系数达 0.226。总体上看，近 10 年来，我国省际教育公共服务供给差距先有所减小后又开始增大，这说明我国省际教育公共服务均等化水平在 10 年间波动较大，我国省际教育公共服务均等化程度有待进一步改善。

三、文化体育与传媒公共服务均等化指数测算

根据单项基本公共服务均等化指数的测算公式，以基尼系数作为全国文化体育与传媒公共服务的测度变量，并结合上述已测算得到的各省级文化体育与传媒公共服务的供给综合指数进行加权计算得到 2009～2018 年省际间文化体育与传媒公共服务均等化指数如表 2 – 26 所示。该指数越小，表明我国省际间文化体育与传媒公共服务供给差距越小，则我国省际间文化体育与传媒公共服务均等化的程度就越高。

表 2 – 26   2009～2018 年全国文化体育与传媒公共服务均等化指数

项目	2009 年	2010 年	2011 年	2012 年	2013 年	2014 年	2015 年	2016 年	2017 年	2018 年
基尼系数	0.195	0.191	0.180	0.173	0.177	0.173	0.175	0.180	0.185	0.190

为更直观分析我国文化体育与传媒公共服务均等化指数 10 年间的变化趋

势，根据表 2 - 26 绘制得到 2009 ~ 2018 年全国文化体育与传媒公共服务均等化指数的变化趋势图（见图 2 - 11）。

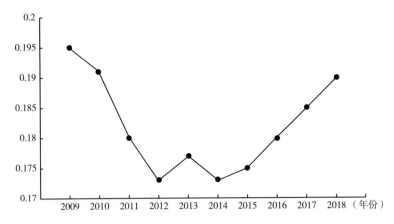

图 2 - 11　2009 ~ 2018 年全国文化体育与传媒公共服务均等化指数变化趋势

结合表 2 - 26 和图 2 - 11 可以发现，我国文化体育与传媒公共服务均等化水平在 2009 ~ 2012 年基本呈现稳步上升的趋势。具体地，全国文化体育与传媒公共服务基尼系数由 2009 年的 0.195 下降到 2012 年的 0.173。到 2013 年，我国文化体育与传媒公共服务均等化水平有所回落，基尼系数上升至 0.177。到 2014 年，该均等化水平又有所回升，基尼系数降至 0.173。随后的几年里，我国文化体育与传媒公共服务均等化水平呈现平稳下降的趋势，到 2018 年时全国文化体育与传媒公共服务基尼系数达 0.190。总体上看，近 10 年来，我国省际文化体育与传媒公共服务供给差距变化较大，省际文化体育与传媒公共服务的均等化水平虽得到一定的改善，但仍有很大不足。

四、社会保障与就业公共服务均等化指数测算

根据单项基本公共服务均等化指数的测算公式，以基尼系数作为全国社会保障与就业公共服务的测度变量，并结合上述已测算得到的各省级社会保障与就业公共服务的供给综合指数进行加权计算得到 2009 ~ 2018 年省际间社会保障与就业公共服务均等化指数如表 2 - 27 所示。该指数越小，表明我国省际间社会保障与就业公共服务供给差距越小，则我国省际间社会保障与就业公共服务均等化的程度就越高。

表 2 – 27　　　　　2009 ~ 2018 年全国社会保障与就业公共服务均等化指数

项目	2009 年	2010 年	2011 年	2012 年	2013 年	2014 年	2015 年	2016 年	2017 年	2018 年
基尼系数	0. 124	0. 146	0. 125	0. 122	0. 135	0. 127	0. 127	0. 140	0. 135	0. 132

　　为更直观分析我国社会保障与就业公共服务均等化指数近 10 年的变化趋势，根据表 2 – 27 绘制得到 2009 ~ 2018 年全国社会保障与就业公共服务均等化指数的变化趋势图（见图 2 – 12）。

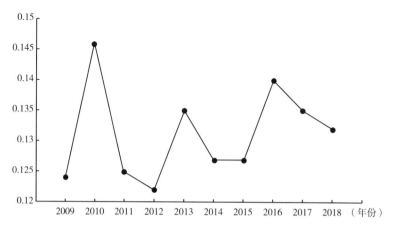

图 2 – 12　2009 ~ 2018 年全国社会保障与就业公共服务均等化指数变化趋势

　　结合表 2 – 27 和图 2 – 12 可以发现，我国社会保障与就业公共服务均等化水平在 2009 ~ 2018 年变化波动较大。具体地，全国社会保障与就业公共服务基尼系数由 2009 年的 0. 124 急剧上升至 2010 年的 0. 146，后又急剧下滑至 2012 年的 0. 122，随后的年份里基本在此范围内上下波动，到 2018 年时达 0. 132。总体上看，近 10 年来，我国省际间文化体育与传媒公共服务供给差距波动较大，省际间社会保障与就业公共服务的均等化水平所有下降，需要进一步改善。

五、医疗卫生公共服务均等化指数测算

　　根据单项基本公共服务均等化指数的测算公式，以基尼系数作为全国医疗卫生公共服务的测度变量，并结合上述已测算得到的各省级医疗卫生公共服务的供给综合指数进行加权计算得到 2009 ~ 2018 年省际间医疗卫生公共服务均等化指数如表 2 – 28 所示。该指数越小，表明我国省际医疗卫生公共服

务供给差距越小，则我国省际医疗卫生公共服务均等化的程度就越高。

表 2 – 28　　　　　　　2009～2018 年全国医疗卫生公共服务均等化指数

项目	2009 年	2010 年	2011 年	2012 年	2013 年	2014 年	2015 年	2016 年	2017 年	2018 年
基尼系数	0.075	0.072	0.081	0.088	0.087	0.090	0.088	0.091	0.096	0.099

为更直观分析我国医疗卫生公共服务均等化指数在近 10 年的变化趋势，根据表 2 – 28 绘制得到 2009～2018 年全国医疗卫生公共服务均等化指数的变化趋势图（见图 2 – 13）。

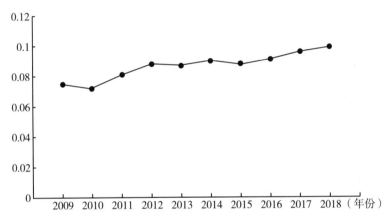

图 2 – 13　2009～2018 年全国医疗卫生公共服务均等化指数变化趋势

结合表 2 – 28 和图 2 – 13 可以发现，除 2010 年有所上升外，我国医疗卫生公共服务均等化水平在 2009～2018 年基本呈现平稳下降的趋势。具体地，全国医疗卫生公共服务基尼系数由 2009 年的 0.075 上升至 2018 年的 0.099。总体上看，近 10 年来，我国省际医疗卫生公共服务供给差距波动不大，省际医疗卫生公共服务的均等化水平所有下降，均等化水平有待改善。

六、环境保护公共服务均等化指数测算

根据单项基本公共服务均等化指数的测算公式，以基尼系数作为全国环境保护公共服务的测度变量，并结合上述已测算得到的各省级环境保护公共服务的供给综合指数进行加权计算得到 2009～2018 年省际环境保护公共服务均等化指数如表 2 – 29 所示。该指数越小，表明我国省际环境保护公共服务

供给差距越小，则我国省际环境保护公共服务均等化的程度就越高。

表 2 – 29 　　　　　　2009～2018 年全国环境保护公共服务均等化指数

项目	2009 年	2010 年	2011 年	2012 年	2013 年	2014 年	2015 年	2016 年	2017 年	2018 年
基尼系数	0.124	0.128	0.126	0.130	0.148	0.138	0.150	0.139	0.146	0.146

为更直观分析我国环境保护公共服务均等化指数在 10 年间的变化趋势，根据表 2 – 29 绘制得到 2009～2018 年全国环境保护公共服务均等化指数的变化趋势图（见图 2 – 14）。

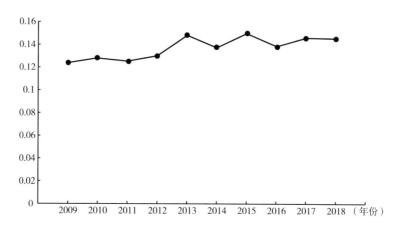

图 2 – 14　2009～2018 年全国环境保护公共服务均等化指数变化趋势

结合表 2 – 29 和图 2 – 14 可以发现，我国环境保护公共服务均等化水平在 2009～2018 年呈现波动下降的趋势。具体地，全国环境保护公共服务基尼系数由 2009 年的 0.124 上升至 2018 年的 0.146，其中峰值出现在 2015 年，为 0.150。总体上看，近 10 年来，我国省际环境保护公共服务供给差距扩大，全国环境保护公共服务供给均等化水平有所下降。

七、交通运输公共服务均等化指数测算

根据单项基本公共服务均等化指数的测算公式，以基尼系数作为全国交通运输公共服务均等化的测度变量，并结合上述已测算得到的各省级交通运输公共服务的供给综合指数进行加权计算得到 2009～2018 年省际交通运输公共服务均等化指数如表 2 – 30 所示。该指数越小，表明我国省际交通运输公

共服务供给差距越小，则省际交通运输公共服务的均等化程度就越高。

表 2 - 30　　　　　　　2009 ~ 2018 年全国交通运输公共服务均等化指数

项目	2009 年	2010 年	2011 年	2012 年	2013 年	2014 年	2015 年	2016 年	2017 年	2018 年
基尼系数	0.215	0.231	0.205	0.224	0.223	0.223	0.261	0.262	0.266	0.276

为更直观分析我国交通运输公共服务均等化指数在近 10 年的变化趋势，根据表 2 - 30 绘制得到 2009 ~ 2018 年全国交通运输公共服务均等化指数的变化趋势图（见图 2 - 15）。

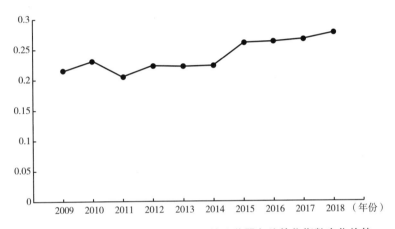

图 2 - 15　2009 ~ 2018 年全国交通运输公共服务均等化指数变化趋势

结合表 2 - 30 和图 2 - 15 可以发现，我国交通运输公共服务均等化水平在 2009 ~ 2018 年呈现波动下降的趋势。具体地，全国交通运输公共服务基尼系数由 2009 年的 0.215 上升至 2018 年的 0.276。总体上看，近 10 年来，我国省际交通运输公共服务供给差距逐渐增大，均等化水平仍有很大改善的空间。

八、基本公共服务总体供给均等化指数测算

根据基本公共服务总体均等化指数的测算公式，以基尼系数作为基本公共服务总体供给均等化的测度变量，并结合上述已测算得到的基本公共服务均等化指数进行加权计算得到 2009 ~ 2018 年我国基本公共服务总体均等化指数如表 2 - 31 所示。该指数越小，表明我国基本公共服务总体供给差距越小，

则我国基本公共服务总体均等化程度就越高。

表 2 – 31 　　　　　2009～2018 年全国基本公共服务总体供给均等化指数

项目	2009 年	2010 年	2011 年	2012 年	2013 年	2014 年	2015 年	2016 年	2017 年	2018 年
基尼系数	0.115	0.116	0.109	0.109	0.116	0.116	0.124	0.129	0.136	0.149

为更直观分析我国基本公共服务总体均等化指数在近 10 年的变化趋势，根据表 2 – 31 绘制得到 2009～2018 年全国基本公共服务总体均等化指数的变化趋势图（见图 2 – 16）。

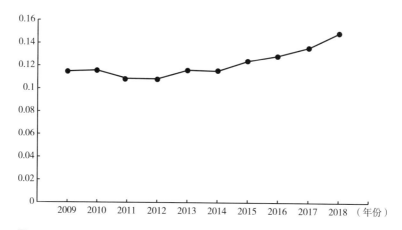

图 2 – 16　2009～2018 年全国基本公共服务总体供给均等化指数变化趋势

结合表 2 – 31 和图 2 – 16 可以发现，我国基本公共服务总体供给均等化水平在 2009～2018 年基本呈现先上升后下降的趋势。具体地，全国基本公共服务总体供给基尼系数先由 2009 年的 0.115 下降至 2012 年的 0.109，再逐步上升至 2018 年的 0.149。总体上看，近 10 年来我国基本公共服务总体供给差距较大，全国基本公共服务总体均等化程度偏低。究其原因，可能在于各项基本公共服务供给的迅速增长极大地拉升了全国公共服务供给的总体水平，但不平衡的基本公共服务投入力度与绩效管理能力造成不均衡的基本公共服务供给的差异。

第三章　居民公共服务获得感研究
——一个基于 SEM 模型的分析框架

第一节　居民公共服务获得感研究的现实基础与研究方法

一、居民公共服务获得感研究的现实基础

我国社会经济发展进入了新的历史时期，已全面建成小康社会，因此对于改善民生、提升居民获得感与幸福感有着更高的要求。而居民获得感的提升基本源于私人商品和公共服务二者的供给，私人商品一般由市场供给，公共服务一般由政府提供。因为市场这只"无形的手"难以被政府有效控制，因而从提升居民获得感的可靠性与快速性来讲，公共服务无疑是应该着力的主要一面。

居民公共服务是指通过支配一国财政支出为该国居民提供非排他性、非竞争性的一般性社会服务，以满足一国居民基本生存权和发展权的需要，并实现人的全面发展。基于马斯洛的需求层次理论，基本公共服务促进居民获得感的提升包括三个层次：一是保障居民的基本生存需要。为了实现这个目标，需要政府及社会为每个人都提供基本的就业保障、基本医疗保障、基本养老保障、公共安全服务以及公共交通服务等。二是奠定居民自我能力提升的基础。也即为了培养居民的生活、生产能力并提升作为个体的人的基本素养，需要政府及社会为每个人都提供基本的教育、文化、传媒以及体育服务。三是居民在各项基本公共服务供给过程中所感受到的公平对待。在解决了基本的生存需要并构建了居民自我能力与素养提升的体系后，作为社会群体中的一员，居民们开始追求精神层面的获得感，而其中的核心就是自己在公共

服务的供给中有没有受到公平公正的对待，如在教育与医疗等基本保障中有没有获得平等的机会与结果待遇。居民获得感的高低本身是一个客观供给与主观感受的结合，所以对居民获得感的测度，既要考虑公共服务在硬件上的供给，也要考虑公共服务在政策设计与服务态度等软件上的供给。

居民公共服务对提升居民生活幸福感和获得感发挥着巨大的作用，也对于全面决胜小康社会起着重要的推动作用。随着社会经济的发展，一个国家基本公共服务供给的数量与范围会逐步扩展，公共服务水平也会逐步提高。一方面，政府是公共服务提供者，改善公共服务提高居民获得感是政府职能所在；另一方面，居民对于所获得的公共服务有监督与批评的权利。因此，基于政府对公共服务的提供及居民对于公共服务的反馈机制，构成本书公共服务获得感的研究基础。本章致力于从居民获得感的视角，通过研究居民公共服务中的短板及优势所在，为政府公共治理尤其是公共服务的提供提出优化建议。

二、居民公共服务获得感研究方法

（一）居民公共服务评价指标

居民公共服务评价指标分为六大类基本公共服务，分别为教育、医疗卫生、文化体育与传媒、社会保障与就业、公共安全和公共交通。将居民公共服务获得感知内容划分为平等公正性、理想预期性、实际情况性、心理满足性、实际利益性、负面效用性和存在必要及发展期待性，采取打分制的方式调查研究对象获得公共服务的实际情况、受益程度、存在缺陷、心理满足以及对公共服务的未来展望及发展期待。本书采取五级测度表，分别用 1~5 来进行测量，并分别表示"非常同意、同意、一般同意、不同意、非常不同意"。调查对象可根据自己获得公共服务实际情况及感受回答问卷，其中对于负面效应性评价指标与其他指标不同，其数值越小，意味着被调查对象对居民公共服务感受越差，而其他 6 个公共服务获得感数值越小，则意味着调查对象对于公共服务感受更好，而数值越大，则表明评价效果越差，正面效应越弱。

（二）调查方法

本书基于问卷调查的形式获得数据并进行分析。问卷调查法是通过书面形式，设计严格的问题和表格，收集研究对象的资料并对资料结果进行研究的方法，是研究者在实证中经常使用的调查方法，相比较其他方法，具有获取数据便利性、及时性、简易性、误差小等优良特征。该份问卷将六类公共服务细化，并结合了研究对象自身情况，删除了无效以及错误信息问卷后，有效问卷为 422 份，该问卷覆盖范围较广，涉及不同年龄、不同行业、不同社会阶层、不同经济水平、不同地区等调查对象，避免调查问卷出现地域性或者统一性等问题，基本保证了问卷的真实性和公平性，让数据更加准确可靠。本书采用了线性回归模型来分析居民公共服务获得感与政府提供的各项服务之间的关系。

（三）实证方法

本章使用 SEM 模型进行实证分析，SEM 模型即结构方程模型，是一种融合了因素分析和路径分析的多元统计技术。SEM 模型大量应用于社会科学及行为科学的领域里，并在近几年开始逐渐应用于市场研究中。在 SEM 模型中包括两类变量：一类为观察变量，是可以通过访谈或其他方式调查得到的，用长方形表示；另一类为结构变量，又称为潜变量，是无法直接观察的变量，用椭圆形表示。潜变量所衡量的指标通过观测变量的描述来表示。本章通过使用 SEM 模型研究居民公共服务获得感，并使用路径图加以描述。通过对上述两类变量、七个维度进行数量分析，得出每个变量影响每项基本公共服务的方向与程度，从而梳理出基于居民获得感提升公共服务供给优化的着力点。

（四）调查对象

表 3 – 1 是调查对象的基本信息，将不同对象的基本信息以数据形式加以归类区分，探讨居民不同身份信息对于公共服务获得感是否存在一定的影响。

表 3 – 1　　　　　　　　　调查对象基本信息

变量	平均值	标准差	最小值	最大值	总量
地区	3.550	1.370	1	6	447
户籍所在地	4.110	1.480	1	6	447
性别	1.540	0.500	1	2	440
民族	1.850	2.280	1	9	447
政治面貌	3.200	1.080	1	5	446
年龄	39.76	11.77	18	80	438
最高学历	3.750	1.470	1	16	441

续表

变量	平均值	标准差	最小值	最大值	总量
家庭月收入	11696	14778	1000	150000	428
就业单位性质	9.310	6.080	1	16	407
子女个数	1.550	0.670	1	4	390
家庭所在地经济发展水平	2.810	0.720	1	4	445
家庭所处社会地位	2.340	0.800	1	4	445

具体变量设定为：

1. 地区变量的设定。设定为 1 代表直辖市，2 代表省会城市，3 代表地级城市，4 代表县城，5 代表镇区，6 代表农村。地区最小值为 1 即表示调查对象来自直辖市，最大值为 6 即表示调查对象来自农村，地区有效数据为 447 个，平均值 3.55，根据数据显示，调查对象大部分集中在地级城市和县城，分别为 142 人和 110 人。

2. 户籍所在地变量的设定。设定为 1 代表直辖市，2 代表省会城市，3 代表地级城市，4 代表县城，5 代表镇区，6 代表农村。所在地最小值为 1 即调查对象来自直辖市，最大值为 6 即调查对象来自农村，平均值 4.11，跟变量"地区"相比，调查对象户籍所在地数值与所在地区不一致，说明人口是由县城、镇区流入城市，符合当今城市化的发展趋势。

3. 性别变量的设定。设定为 1 代表男性，2 代表女性。调查均值为 1.54，调查对象性别比例较均衡。

4. 民族变量的设定。设定为 1 代表汉族，2 代表壮族，3 代表回族，4 代表维吾尔族，5 代表彝族，6 代表苗族，7 代表满族，8 代表蒙古族，9 代表其他少数民族。有效数据 447 个，均值 1.85，调查对象以汉族为主。

5. 政治面貌变量的设定。设定为 1 代表中共党员，2 代表民主党派，3 代表共青团员，4 代表群众。均值为 3.2，调查对象大部分为中共党员、共青团员和群众，分别为 74 人、130 人和 238 人。

6. 年龄变量的设定。调查对象中年龄均值为 39 岁，最大值为 80 岁，最小值为 18 岁，样本分布跨度较大，主要集中在 40～50 岁之间。

7. 最高学历变量的设定。设定为 1 代表小学及以下，2 代表初中，3 代表高中/职高/中专/技校，4 代表大专，5 代表本科，6 代表硕士，7 代表博士。均值为 3.75，主要集中在 3 和 5，分别有 103 个和 171 个。

8. 家庭月收入变量的设定。调查对象收入集中在 4000～10000 元，最小值为 1000 元，最大值为 150000 元，均值为 11696 元。

9. 就业单位性质变量的设定。设定为 1 代表党政机关（包括党委/政府/人大/政协/公检法/武装部队），2 代表国家和集体的事业单位，3 代表民办企事业单位，4 代表国有独资企业，5 代表国有控股企业，6 代表集体独资企业，7 代表集体控股企业，8 代表私营独资企业，9 代表私营控股企业，10 代表外资独资企业，11 代表外资控股的合资企业，12 代表国有控股的合资企业，13 代表集体控股的合资企业，14 代表私营控股的合资企业，15 代表个体，16 代表其他企业。数据集中在 2、15 和 16，分别为国家和集体的事业单位、个体和其他单位，均值为 9.3。

10. 子女个数变量的设定。最大值为 4，最小值为 1，均值为 1.5，数据集中在 1 和 2，大部分调查对象的孩子数量为 1~2 个。

11. 家庭所在的经济发展水平变量的设定。设定为 1 代表经济发达，社会发展很好的地区，2 代表经济比较发达、社会发展比较令人满意的地区，3 代表经济发展水平一般、社会发展差强人意的地区，4 代表贫困、社会发展落后的地区。均值为 2.8，数据集中在 2 和 3，分别有 135 个和 230 个，大部分调查对象处于经济发展较为良好的地区。

12. 家庭所处社会地位变量的设定，设定为 1 代表最低社会阶层，2 代表中下社会阶层，3 代表中间社会阶层，4 代表中上社会阶层，5 代表最高社会阶层。数据集中在 2 和 3，大部分调查对象处于社会分层的中间，基本代表了社会经济发展的平均水平。

第二节　各类基本公共服务获得感的测度

一、教育公共服务获得感的测度

（一）教育公共服务基本情况

公共教育服务是实现人终身发展的基本前提和基础。我国《教育规划纲要》提出，到 2020 年要形成惠及全民的公平教育，建成覆盖城乡的基本公共教育服务体系，逐步实现基本公共教育服务均等化，缩小区域差距。

表 3-2 为衡量居民公共服务获得感的 7 个方面，这 7 大因素为影响居民获得感的潜变量，观察变量用于衡量潜变量的影响因素。

表 3-2　　　　　　　　　　　　教育公共服务模型变量

潜变量	观察变量	平均值
X1：平等公正性	x11：您家庭所享受的公共教育资源数量和质量与他人无差别	2.746606
	x12：您家人的义务教育入学机会与他人无差别	2.558824
	x13：您家人的高等教育入学机会与他人无差别	2.66287
	x14：您家人享受公共教育资源时受到同等对待	2.530752
X2：理想预期性	x21：公共教育应该针对不同群体制定政策	1.977376
	x22：公共教育提供的硬件设施应该满足您的需求	1.85
	x23：公共教育提供的师资力量应该满足您的需求	1.660592
	x24：公共教育应该对您的身心健康和道德素养的提高有帮助	1.829157
	x25：公共教育应该对您的未来收入的提高有帮助	1.830802603
	x26：公共教育应该对您的生活质量的提高有帮助	1.718614719
X3：实际情况性	x31：您接受的义务教育质量较高	2.715517241
	x32：您接受的义务教育师资较好	2.776572668
	x33：您接受义务教育阶段所在学校硬件设施较好	2.980519481
	x34：您接受的高等教育质量较高	2.611607143
	x35：您接受高等教育阶段所在学校师资较好	2.59375
	x36：您接受高等教育阶段所在学校硬件设施较好	2.697986577
	x37：您接受义务教育阶段所在学校课程设计较全面	2.975824176
	x38：您接受高等教育阶段所在学校专业和课程设计较合理	2.738636364
X4：心理满足性	x41：您对就读学校校园环境满意度高	2.545454545
	x42：您对就读学校硬件设施满意度高	2.75161987
	x43：您对就读学校教学质量满意度高	2.646551724
	x44：您对当地公共教育服务部门教育补助满意度高	2.758099352
	x45：您对当地公共教育服务部门服务态度满意度高	2.768898488
	x46：您对当地公共教育教学结果满意度高	2.676025918
X5：实际利益性	x51：公共教育有利于提高收入	2.288172043
	x52：公共教育有利于减轻家庭负担	2.313978495
	x53：公共教育有利于提高认知能力	1.995698925
	x54：公共教育有利于提高创新能力	2.31827957
	x55：公共教育有利于丰富精神生活	2.094827586
	x56：公共教育有利于提高社交能力	2.135483871
	x57：公共教育有利于增加幸福感	2.139784946
	x58：公共教育投资具有较高价值	1.810752688

续表

潜变量	观察变量	平均值
X6：负面效用性	$x61$：您曾经对公共教育有过投诉的想法	2.881465517
	$x62$：您曾经抱怨过公共教育服务	2.584946237
	$x63$：您对公共教育服务评价较低	2.997844828
X7：存在必要及发展期待性	$x71$：您愿意继续让子女享受公共教育服务	1.673866091
	$x72$：您认为提供公共教育是有价值的	2.051612903
	$x73$：您愿意继续支持公共教育服务	1.683870968
	$x74$：您对未来公共教育服务具有信心	1.83

（二）教育公共服务数据分析

根据表 3 - 2 数据可知，公众对于公共教育公平正义性感受介于满意与一般之间，其中对于义务教育公平正义性获得感高于高等教育。接受公共教育服务实际情况低于居民理想预期，接受高等教育服务实际情况高于义务教育，但调查对象仍然对于公共教育服务未来充满信心，同时认同公共教育具有提高认知能力等优势，认为投资于公共教育是值得的。对于公共教育是否存在负面现象大多数持中立态度，但是部分人群仍然对公共教育有过抱怨想法。

用 SEM 模型衡量教育公共服务 7 个方面对于公共服务获得感的影响。如图 3 - 1 所示，居民教育公共服务评价主要与公共服务实际情况性、公共服务心理满足性和公共服务实际利益性相关。其中教育公共服务实际情况性路径系数为 0.906，心理满足性路径系数为 0.692，实际利益性路径系数 0.466。

在教育公共服务实际情况性中，居民对于高等教育师资力量较为满意，对于义务教育阶段学校硬件设施较不满意，但总体上，高等教育评价高于义务教育评价。在教育公共服务心理满足性中，居民普遍认为投资教育是十分必要的，但是认为教育对于个人创新能力提升有限。在公共服务实际利益性中，居民对于就读校园环境较为满意，但是对于有关部门服务态度较不满意。在教育服务负面效用性中，居民对于教育公共服务有较大意见。在公共教育服务存在必要及发展前景中，居民表示愿意支持公共教育未来发展，但是目前对于公共教育服务信心有待提升。

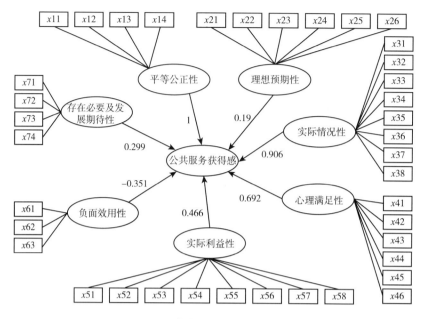

图 3 - 1　教育公共服务 SEM 模型

在居民个人信息方面，可以发现调查对象所处社会地位以及家乡富裕程度对教育公共服务满意度影响最大。调查对象所处社会地位越高，与教育公共服务满意度成正相关。这可以解释为调查对象所处社会地位越高，对于教育投资能力更高，公共教育服务的需求相较不高，因此教育公共服务满意度较高。另外，家乡富裕程度越高，对于教育公共服务满意度越低，二者呈现负相关关系。

提升公共教育服务获得感应该软硬件设施共同提升。目前，居民对公共服务发展前景产生一定的怀疑，主要是由公共教育师资力量较为缺乏相关，同时高等教育得分高于义务教育，可能是因为高等教育处于教育中较高水准，能够集聚较优秀的社会教育资源，因此公共教育服务更需要的是引进优质教师队伍提升教育水平。此外调查中对于公共教育服务中基础设施满意度较低，因此未来公共教育应该软件和硬件共同发展，才可以提振公众对于公共教育的信心。同时应该重点关切高等教育的入学公平正义性问题，保障高等教育门槛一视同仁，杜绝教育中招生不公乱象。

调查对象认为教育公共服务对于提升创新能力功能有限，主要与公共教育中教育水平不高、缺乏开拓式、启发式课程相关。目前大部分人都认为投资教育是十分有必要的，但是现实情况中较为落后的公共教育与居民庞大的教育需求矛盾突出。对未来公共教育的优化应该创新教育方式，更多地培养学生的动手实践能力和创新探索能力，由应试教育向素质教育逐步转变，提升公共教育的深度，并让公共教育更多地惠及广大人民群众。另外，对于富裕地区的调查对象，其对教育程度要求越高，越希望政府提供质量优良的教育服务。同时由于富裕地区对政府提供的教育公共需求高，导致调查对象对于政府提供的教育公共服务的评价度较低，这也督促发达地区的教育公共服务应该进一步改进，提升教育的深度。而对于经济发展较差的地方，应该从提升教育公共事业的广度以及扩大基础教育覆盖面的方向改进。

二、医疗卫生公共服务获得感的测度

（一）医疗卫生公共服务基本情况

医疗卫生服务与民生息息相关。目前我国医患矛盾严重与医疗卫生服务供给不足以及医疗卫生服务存在缺陷有关，因此改善医疗卫生公共服务既是提高居民身体健康的重要因素，也是缓解社会矛盾的解决方向之一。

（二）医疗卫生公共服务数据分析

根据表3-3数值分析，被调查对象对于医疗卫生服务平等公正性各项得分高于其他变量。在公众医疗卫生理想预期性中，各项均值较低，反映大众对于医疗卫生服务期望值较高。在实际情况性中，公众对于所在地区药品质量满意度最高，对于当地医疗卫生设备评价较低。在心理满足性中，相较于其他因素，居民对于医院基础设施满意度较低。在医疗卫生实际利益性中，居民对于医疗服务及时性问题最为不满，就医等待时间不满意度较高，这主要是由于居民的就医需求不断增长与医疗卫生资源短缺的矛盾导致的。对于医疗卫生存在必要及发展期待性中，居民对于医疗卫生服务未来发展期望值和发展信心较高，大部分调查对象也愿意继续享受医疗卫生公共服务，并愿意继续支持未来公共医疗卫生服务的开展。

表3-3　　　　　　　　　　医疗卫生公共服务模型变量表

潜变量	观察变量	平均值
$X1$：平等公正性	$x11$：您享受的医疗服务与他人无差距	2.684807
	$x12$：您享受医疗卫生服务的机会与他人均等	2.61678
	$x13$：您在享受医疗卫生服务时受到了平等对待	2.673469

续表

潜变量	观察变量	平均值
*X*2：理想预期性	*x*21：医疗卫生服务部门提供的医疗设备应该满足您的需求	1.929705
	*x*22：享受医疗卫生服务的程序应该便利	1.881818
	*x*23：医疗卫生服务部门提供的医疗人员数量和能力应该满足您的需求	1.879819
	*x*24：医疗卫生服务提供的药品质量应该过关	1.687075
	*x*25：医疗卫生部门提供的药品及诊疗费用应该合理	1.784091
	*x*26：当地政府提供的医疗卫生服务应该能够提高您的健康水平	1.863326
*X*3：实际情况性	*x*31：您所在地区医院的医疗设备完善	2.647727
	*x*32：您所在地区医疗设备先进	2.759091
	*x*33：您所在地区医院看病程序合理	2.562642
	*x*34：您所在地区医院药品质量可靠	2.120729
	*x*35：您所在地区医院药品价格合理	2.350797
	*x*36：您所在地区医院医生诊断结果准确	2.159453
	*x*37：您所在地区医院治疗效果较好	2.550228
*X*4：心理满足性	*x*41：您对当地医院的基础设施和环境较满意	2.45
	*x*42：您对当地医院的医疗设施完备性和先进性较满意	2.615909
	*x*43：您对医护人员就诊时的服务态度较满意	2.609091
	*x*44：您对医院医生护士的医术医德较满意	2.537757
	*x*45：您对医护人员护理过程较满意	2.55
	*x*46：您对医院科室布局较满意	2.511364
	*x*47：您对医院药品价格制定较满意	2.831818
	*x*48：您对医院就医程序较满意	2.565909
*X*5：实际利益性	*x*51：就医等候时间较为合理	2.041002
	*x*52：在就医时得到了应有的尊重	2.429545
	*x*53：公共医疗服务减轻了您的家庭负担	2.284091
	*x*54：公共医疗服务提高了您的身体健康水平	2.264237
	*x*55：公共医疗服务提高了您的就医主观感受	2.334852
	*x*56：医院的医疗服务较及时	2.672727
	*x*57：公共医疗服务提高了您的生活质量	2.384966
	*x*58：公共医疗投入具有较大价值	1.879545

续表

潜变量	观察变量	平均值
X6：负面效用性	x61：您曾经对公共医疗卫生服务有过投诉的想法	2.584091
	x62：您周围的公众对公共医疗卫生服务的评价普遍较低	2.727273
	x63：您的家人和朋友曾经向您抱怨过公共医疗卫生服务	2.411364
X7：存在必要及发展期待性	x71：您对未来医院的治疗有信心	2.429545
	x72：您愿意继续享受公共医疗卫生服务	2.013636
	x73：您对公共医疗卫生服务的未来有信心	2.072727
	x74：您愿意继续支持公共医疗卫生服务的开展	1.836364

图 3-2 描绘了医疗卫生指标对于居民公共服务获得感的影响。影响医疗卫生公共服务获得感最大的是公共服务心理满足性、实际情况性以及理想预期性。其中医疗卫生公共服务心理满足性路径系数为 0.931，实际情况性路径系数为 0.74，理想预期性路径系数为 0.569。

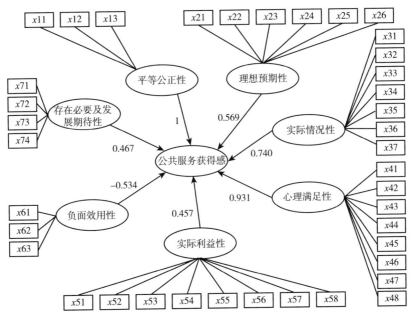

图 3-2　医疗卫生公共服务 SEM 模型

根据调查数据，在医疗卫生公共服务心理满足性中，调查对象对于公共医疗服务中医院布局较为满意，对于医院药品价格较不满意。除此之外，总体上对于医疗卫生公共服务实际情况评价较好。在公共服务理想预期性中，居民认为医疗卫生部门提供药品质量较好，但是存在着医疗设备难以满足需要的情况。在公共服务负面效用性中，居民表示周围群体都对医疗服务抱怨较少，总体上比较满意。在对医疗卫生服务未来存在必要及发展期待中，调查对象表示对公共医疗服务未来发展较有信心，认为医疗卫生公共服务是满足居民就医需求的重要渠道，但也表示未来公共医疗卫生服务仍然有较大提升空间。

在居民个人信息中，居民所处城市还是乡村、居民社会地位和居民家庭所处经济发展水平较大程度影响居民医疗卫生公共服务获得感。第一，居民所处城市还是乡村对于居民医疗卫生公共服务获得感影响较大，城市所享受到的医疗卫生服务远高于乡村地区，因此调查对象是否处于城市地区影响着其对获得感的评价。第二，居民所处的社会地位较高，则能够获得较优质的医疗服务，可以拥有更良好的医疗资源，因此对于医疗卫生服务的获得感较强，而社会地位较低的人群，缺乏充足的收入、人脉等必要因素，所以对于公共医疗卫生服务的需求更强。第三，医疗卫生行业属于经济能力与所获得的资源成正比的行业，相比较而言，经济条件优越能享受到的医疗卫生是较好的，所以当经济实力越强时，对于公共医疗卫生服务的获得感较强，而经济实力较弱时，享受的医疗卫生服务也较差，所以公共服务获得感也较差。

根据调查结果，人民对医疗卫生公共服务较信任，对其未来发展抱有信心。但是目前最大的问题是医疗卫生资源不足、医疗支出较大，尤其是普遍认为药品太贵。在未来，应该提高医疗卫生行业设备数量，提升医疗卫生效率与医疗卫生服务的覆盖率，满足更多人的就医需求。让居民看得起病是提升居民获得感的重要因素，政府应该着重将医疗资源向低收入者倾斜，更多地照顾经济实力较差的人群，保证公共医疗卫生的公平性，降低看病的难度。并且加强医疗社保等保障措施，降低看病的费用，加强基层医疗卫生服务，保障弱势群体的医疗保健，提高居民的获得感。另外，加强医疗卫生公共服务的平等化管理，使优质医疗服务让更多的普通人群享受到；加强医疗卫生药品管理与操作流程控制，避免出现医疗安全上的隐患，让广大人群放心看病；政府应该加强医疗卫生基础设施建设，将财政收入用在实处。同时要加强医患管理，提高医护人员的待遇，减轻患者的就医压力，构建良好的医患关系，让医生和患者和谐相处。

三、文化体育与传媒公共服务获得感的测度

文化体育公共服务是对居民提供有关文化及体育活动的服务，而传媒服

务是指对居民提供信息传播等服务。文化体育服务提供居民文娱活动，传媒服务为居民提供社会信息，保证居民的基本知情权。文化体育与传媒服务的高质量提供是提高居民身心素质的重要举措。在本次调查中，文化体育服务与传媒服务作为一项服务的两个分支进行研究。

（一）文化传媒公共服务获得感的测度

1. 文化传媒公共服务基本情况（见表 3－4）

表 3－4　　　　　　　　文化体育与传媒公共服务模型变量

潜变量	观察变量	平均值
X1：平等公正性	x11：您享受的文化体育与传媒服务的质量与他人无差异	2.656751
	x12：您享受的文化体育与传媒服务的多样性与他人无差异	2.679634
	x13：您享受文化体育与传媒服务的机会与他人无差异	2.656751
	x14：您在享受文化体育与传媒服务时受到了同等对待	2.594966
X2：理想预期性	x21：文化体育与传媒服务的基础设施应该满足您的需求	1.963387
	x22：文化体育与传媒服务的服务人员素质应该满足您的需求	1.97254
	x23：文化体育与传媒服务部门提供的服务项目应该满足您的需求	1.951945
	x24：文化体育与传媒服务提供的文化活动应该能够丰富您的精神生活	1.91762
	x25：文化体育与传媒服务应该能够提高您的身心素质	1.933638
X3：实际情况性	x31：您所在地区文化体育与传媒的基础设施较好	2.723112
	x32：您所在地区举办的文化活动较丰富	2.748284
	x33：您所在地区举办的文化培训多样化	2.906178
	x34：您所在地区组织的体育健身活动丰富	2.795872
	x35：您所在地区从事文化体育与传媒服务的工作人员素质较高	2.741419
	x36：您所在地区从事文化体育与传媒服务的工作人员服务态度较好	2.693364
	x37：您所在地区文化体育服务场所整体环境较好	2.683486
	x38：您所在地区提供的文化与传媒产品丰富多样	2.713303

潜变量	观察变量	平均值
X4：心理满足性	x41：您对文化体育与传媒服务的体系建设满意度高	2.597254
	x42：您对当地文化体育与传媒服务基础设施的满意度高	2.649886
	x43：您对当地文化与传媒服务部门提供的公共文化读物与影片满意度高	2.716247
	x44：您对文化体育活动个性化服务的满意度高	2.816934
	x45：您对当地体育健身活动举办频率满意度高	2.757437
	x46：您对当地文化体育与传媒活动的场地满意度高	2.768879
	x47：您对当地传媒活动举办频率的满意度高	2.787185
X5：实际利益性	x51：公共文化体育服务提高了您的身体素质	2.313501
	x52：公共文化体育与传媒服务丰富了您的精神生活	2.272311
	x53：公共文化体育与传媒服务提高了您的生活质量	2.318078
	x54：公共文化体育与传媒服务提升了您的主观感受	2.263158
	x55：公共文化体育与传媒服务的投入是有价值的	2.009153
X6：负面效用性	x61：您曾经有过因对文化体育与传媒服务不满意而要投诉的想法	3.002294
	x62：您周围的公众普遍对文化体育与传媒服务评价较低	2.922018
	x63：您身边的亲戚或朋友向您抱怨过文化体育与传媒服务	2.901602
X7：存在必要及发展期待性	x71：您经常参加当地举办的公共文化传媒活动	2.947368
	x72：您经常参加当地组织的体育健身活动	2.940367
	x73：您愿意继续参加文化体育与传媒服务部门组织的活动	2.437071
	x74：您认为提供文化体育与传媒服务的部门是值得信任的	2.487414
	x75：您愿意支持文化体育与传媒服务的开展	2.146453
	x76：您对文化体育与传媒服务的未来有信心	2.201373

注：对文化体育与传媒公共服务的调查结果都放在该表内，但具体数据分析分文化体育以及传媒服务两部分进行。

2. 文化传媒公共服务数据分析

由表3-4可知，在影响政府文化传媒服务的变量中，居民对于政府提供的文化传媒服务实际情况性和实际利益性获得感较一般，但对于文化传媒服务理想预期性较高，因此未来政府文化传媒服务仍然存在较大的改进空间。公众对于文化传媒服务存在必要及发展期待性不高，也反映公众对于文化传媒服务未来发展重要性意识程度不高，因此政府应该提升居民对于公共文化传媒的重视程度，在提高居民身体素质的同时提升心理素质。

如图 3 - 3 所示，最影响政府文化传媒公共服务获得感的指标是公共服务实际情况性、公共服务心理满足性和公共服务实际利益性。其中文化传媒公共服务实际情况性路径系数为 1.35，心理满足性路径系数为 1.321，实际利益性路径系数为 0.926。

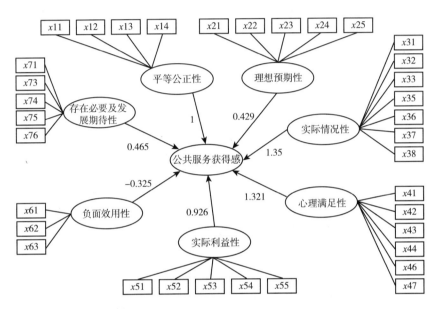

图 3 - 3　文化传媒公共服务 SEM 模型

在文化传媒公共服务实际情况性中，调查对象认为当地文化传媒服务场所整体环境令人满意，但是文化培训效果较差。在文化传媒公共服务心理满足性中，调查对象认为公共文化传媒体系建设较好，但是文化活动个性化服务不足。在文化传媒公共服务心理满足性中，调查对象认为公共文化传媒服务投入是有价值的，但对于提升生活质量作用有限。在文化传媒公共服务负面效用性上，调查对象表示存在着对公共文化传媒服务不满而想要投诉的想法。在对文化传媒公共服务存在必要及发展期待上，调查对象表示支持公共传媒体育服务未来发展，但自身较少参与当地文化传媒服务。

文化传媒服务既是提供居民精神生活的重要方式，也是传播一个社会核心价值观的重要渠道，总体来讲有利于提高居民道德素质。根据数据显示，相比较文化传媒服务实际情况性，居民获得的文化传媒服务心理满足性均值更高，更突显出居民对于政府提供的文化传媒服务的认同感，所以政府对于文化服务的提供在调查对象的口碑较好，可以在一定程度上满足居民的实际需求。另外，根据居民文化传媒服务实际获益情况以及居民从文化传媒服务中的收获与感受来修正政府的文化服务供给是未来提升文化服务供给效能的重要反向。

对于政府未来提供的文化服务中仍然存在着需要改进的地方。第一，需要拓宽文化传播的渠道，让更多的人受益于文化公共服务，满足人民基本文化服务需求。第二，要满足人民多样化的文化需求，随着我国经济发展水平的提高，我国社会主要矛盾已经转化为人民日益增长的美好生活需要和不平衡不充分的发展之间的矛盾。因此对于人民美好生活的需要更应该重视，满足人民对于精神文化的需要，让精神文明建设与社会发展相匹配。第三，大力发展文化事业，提高国民素质，发挥社会核心价值观对国民教育、精神文明创建、精神文化产品创作生产传播的引领作用，把社会核心价值观融入社会发展各方面，并转化为人们的情感认同和行为习惯。着眼未来，文化建设将在人民生活中占有更重要的地位，而且将成为一个人自身素养提升的重要渠道。因此政府在未来要逐步优化文化传媒服务，提高人民对于公共文化传媒服务的认同感和获得感，做到文化建设与经济建设相平衡，满足人民对于美好生活的需要，增强人民在精神层面的幸福感。

（二）体育公共服务获得感的测度

1. 体育公共服务基本情况

体育公共服务调查详情反映如表 3 - 4 所示。

2. 体育公共服务数据分析

由表 3 - 4 数据可知，调查对象认为体育服务在平等公正性上实际获得感一般，但是普遍认为公共体育服务提高了身体素质。公共体育活动举办频率仍然有提高的必要性，在公共体育基础设施上更待加强。

由图 3 - 4 的 SEM 模型可知，体育公共服务获得感主要受到体育公共服务实际情况性、心理满足性以及实际利益性影响。其中体育公共服务实际情况性路径系数为 1.284，心理满足性路径系数为 0.963，实际利益性路径系数为 0.913。

总体上，根据调查结果，在体育公共服务实际情况性评价中，调查对象认为体育环境较好，但其所在地区关于组织体育活动能力一般。在公共服务心理满足性方面，调查对象认为体育场地在未来仍然需要继续改进。在公共服务实际利益性上，调查对象普遍认为投入公共体育事业是十分有价值的，但是公共体育对于提升自身身体素质有限。在公共服务负面效用性上，有一定比例的调查对象有过对公共体育服务抱怨的经历。在公共体育服务未来存在必要及发展期待上，调查对象对于未来公共体育服务发展具有很强的信心，但是自身较少参与公共体育服务。

对于体育公共服务，政府首先应从基础设施建设入手，完善公共体育设施，如体育场馆、健身房等，为居民提供体育活动场所。其次，政府应该加强宣传体育活动，鼓励居民更多参与体育活动，开展多种形式的体育活动，提高自身组织活动的能力，通过体育活动增强居民身体素质。同时，提高体育公共服务人员服务意识，给予公众更好的获得感。所以，在未来，政府若想延续体育服务良好评价，应该进行加大体育设施投入，呼吁全民健身，加强社会宣传，提高公共体育服务水平。

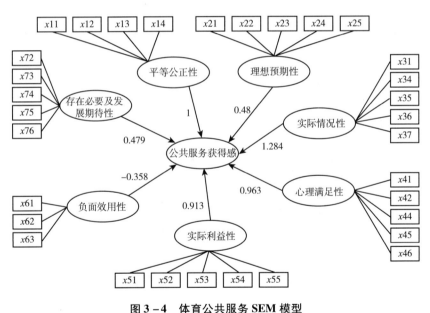

图 3 – 4 体育公共服务 SEM 模型

四、社会保障与就业公共服务获得感的测度

社会保障是以国家或政府为主体，依据法律，通过国民收入的再分配，对公民在暂时或永久丧失劳动能力以及由于各种原因而导致生活困难时给予

物质帮助，以保障其基本生活的制度。社会保障本质是追求公平，责任主体是国家或政府，目标是满足公民基本生活水平的需要，同时一般以法律、法规为依据。我国社会保障制度主要包括社会保险、社会救助、社会优抚和社会福利等内容。就业服务是针对工作及未来工作人群提供的一种社会服务。就业服务在不同地区可能由于情况不同具有不同政策，但本质上是促进就业，同时保障就业者及失业者的合法权益。社会保障和就业服务都是保证居民基本生活需要的重要因素。以下将社会保障与就业服务分为社会保障服务和就业服务两个分支进行研究。

（一）社会保障公共服务获得感的测度

根据表 3 - 5 调查数据，被调查人群对社会保障理想预期较好，对于当地社会保障实际情况总体上差强人意，并认为社会保障相关政策应该加大宣传，保障公众对社会保障相关政策充分了解。在社会保障心理满足性上，公众认为社会保障服务应该加强个性化服务，根据参保人实际情况进行不同程度的保障。在对社会保障实际利益性上，公众十分认同社会保障的存在价值，认为政府对于社会保障投入是有价值的，未来仍然需要继续加大投入来保障人民基本权益。在社会保障存在必要性上，较多调查对象愿意参与社会保险，对于其未来服务有信心。

表 3 - 5   **社会保障与就业公共服务模型变量**

潜变量	观察变量	平均值
X1：平等公正性	$x11$：您所享受的社会保障和他人无差异	2.529817
	$x12$：您所享受的就业服务与他人无差异	2.657471
	$x13$：您享受社会保障的机会与他人是均等的	2.543578
	$x14$：您享受就业服务的机会与他人是均等的	2.665899
	$x15$：您在享受社会保障和就业服务时受到了同等待遇	2.615207
X2：理想预期性	$x21$：社会保险政策制定应该考察参保人的实际需要	1.743119
	$x22$：对于特定人群应该制定不同的社会保障政策待遇	1.809633
	$x23$：社会保障应该满足您的基本生活需要	1.825688
	$x24$：针对不同的群体应该提供不同的就业服务	1.811927
	$x25$：就业公共服务应该满足您的实际就业需要	1.855505
	$x26$：就业公共服务应该对您实现就业有一定帮助	1.917431

续表

潜变量	观察变量	平均值
X3：实际情况性	x31：您所在地区社会保险覆盖程度较高	2.451835
	x32：您所在地区社会保障政策体系较完善	2.516055
	x33：您所在地区社会保障申请程序合理	2.550459
	x34：您所在地区社会保障和就业服务符合您的个人要求	2.557339
	x35：您所在地区社会保障和就业政策信息权威、公开、清楚、充分	2.672018
	x36：您所在地区社会保障和就业部门的政策宣传力度较大	2.793578
	x37：您所在地区社会保障和就业部门的服务态度较好	2.681193
	x38：您所在地区公共就业服务措施完善	2.763218
	x39：您所在地区就业服务项目设置全面	2.825287
	x310：您所在地区提供的就业服务质量较高	2.78211
X4：心理满足性	x41：您对所在地区社会保障覆盖程度较为满意	2.511468
	x42：您对当地社会保障体系较为满意	2.545872
	x43：您对当地社会保障和就业服务申请程序较为满意	2.590805
	x44：您对当地社会保障和就业部门服务人员的服务态度较为满意	2.642202
	x45：您对当地社会保障和就业服务个性化程度较为满意	2.746544
	x46：您对当地就业服务内容较为满意	2.655172
	x47：您对就业服务部门人员素质和服务质量较为满意	2.607798
X5：实际利益性	x51：社会保障制度减轻了您的家庭负担	2.190367
	x52：社会保障制度提高了您的生活质量	2.263761
	x53：社会保障服务提高了您的主观感受	2.309633
	x54：公共就业服务对您实现就业有所帮助	2.31867
	x55：公共就业服务提高了您的收入水平	2.544828
	x56：公共就业服务缓解了您的就业压力	2.542529
	x57：社会保障与就业公共服务投入是有价值的	1.96092
X6：负面效用性	x61：您曾经有过因对社会保障和就业服务不满意而要投诉的想法	2.974771
	x62：您周围的公众普遍对社会保障和就业服务评价比较低	2.892202
	x63：您身边的亲戚或朋友向您抱怨过社会保障和就业服务	2.758621

续表

潜变量	观察变量	平均值
	$x71$：您愿意继续参加社会保险	1.908257
	$x72$：您愿意继续参加就业服务部门提供的就业培训或就业指导	2.170115
$x7$：存在必要及发展期待性	$x73$：提供社会保障和就业服务的部门是值得信任的	2.220183
	$x74$：您愿意支持社会保障与就业服务的开展	1.908257
	$x75$：您对社会保障和就业服务的未来有信心	1.93578

注：对社会保障与就业公共服务的调查结果都放在该表内，但具体数据分析分社会保障以及就业服务两部分进行。

由图3-5可知，社会保障服务评价主要受到公共服务心理满足性、公共服务实际利益性及公共服务实际情况性影响。其中居民社会保障公共服务心理满足性路径系数为1.2，实际利益性路径系数为1.14，实际情况性路径系数为0.91。

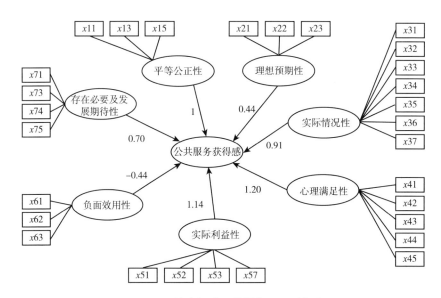

图3-5　社会保障公共服务 SEM 模型

根据调查，社会保障公共服务心理满足性中，调查对象对于社会保障覆盖程度表示较为满意，但是对社会保障个性化定制满意度不高。在社会保障实际利益性中，调查对象认为社会保障投入是非常有价值的，但是社会保障对于居民幸福感提升程度有限。在社会保障实际情况性中，被调查对象认为当地社会保障部门宣传力度较弱，但是对社会保障覆盖范围表示基本肯定。在社会保障负面效用性中，被调查对象及其周围人群多次有过因对社会保障服务不满而想要投诉的经历。在社会保障存在必要及未来发展期待上，被调查对象表示在未来会十分支持社会保障的继续发展，但是对于社会保障部门信任不足。

在日常生活中，居民社会保障服务覆盖度上值得肯定，大部分调查对象都对社会保障覆盖度表示落实较好，居民从社会保障服务中能够有所收获。根据调查数据发现，居民对社会保障服务评价均值较低，普遍认为社会保障服务一般，主要是对社会保障部门及相关人员服务不满；同时，社会保障对于提升居民真正生活幸福感能力有限，这与社会保障领取金额较低相关，对于居民实际生活改善有限，因此大部分调查对象认为社会保障服务仍然有进一步改善的空间。

改革开放以来，我国居民社会保障服务一直在不断完善，通过多种途径对不同人群社会保障进行更大层面的覆盖。根据调查结果，我国社会保障体制建设对居民的生产生活起到了一定的保障作用，初步具有成效，但仍然不能满足人民需求，仍存在社会保障力度较小、社会保障服务较差等现实问题。社会保障力度较小与我国庞大的人口基数相关，现行社会保障的主要职能是保持最低生活水平，在未来，社会保障需要更深入覆盖各种群体，为不同年龄、性别、职业等对象提供个性化的社会保障，让社会保障成为人民生活的"安全网"。此外，社会保障应该做到保障适度、受保障人信息真实可靠以及提高社会保障运行的透明度，以便提高社会保障财政资金的使用效率。

（二）就业公共服务获得感的测度

由图 3-6 的 SEM 模型所示，居民就业公共服务满意度主要受到就业公共服务心理满足性、实际利益性和实际情况性等因素共同影响。就业公共服务心理满足性路径系数为 1.21，实际利益性路径系数为 1.15，实际情况性路径系数为 0.9。

根据调查数据，总体上，与社会保障服务相比，就业服务获得感低于社会保障服务。在就业公共服务心理满足性中，调查对象表示就业申请程序服务较好，但是就业服务个性化定制效果较差。在公共服务实际利益性上，结果显示就业服务对于调查对象是有价值的，但是对于提升收入水平有限。在公共服务实际情况性中，调查对象认为就业服务能基本满足自身要求，但就业服务项目不够全面。在就业服务负面效用性中，部分调查对象认为就业服务水平和方式仍然需要进一步改进，并对就业服务效果存在一定的抱怨。在就业服务存在必要性及发展期待性上，调查对象表示了对于就业服务未来的支持和对就业服务部门信任度不高。将居民年龄和就业服务评价对比发现，调查人均年龄为 40 岁的中年人总体对就业服务评价较好，其次筛选出年纪小于 25 岁的调查群体，此类群体就业需求较大，对政府就业服务评价低于人均，因此仍需提升针对年轻群体的就业公共服务。

总体来说，调查对象对政府提供的就业服务评价较好，认为可以基本满足居民基本需要。政府应继续完善就业服务方式，并重视年轻群体就业情况，将更多政策向年轻人倾斜，尽量帮助年轻人获得稳定的就业岗位，从而使就业服务成为维护社会稳定的重要举措。另外，政府应将就业服务和社会保障相结合，将就业收入对社会保障收益的替代维持在一个合理的水平，以达到既不纵容懒惰、又让困难群众能维持基本生活的目的。同时，对于就业中雇佣双方之间的摩擦，应该在厘清事实情况的基础上，保障就业者的合法权益。另外，要加强对就业部门人员的培训，提高就业部门人员的专门知识水平和服务态度，以做到对不同人群的精准服务。

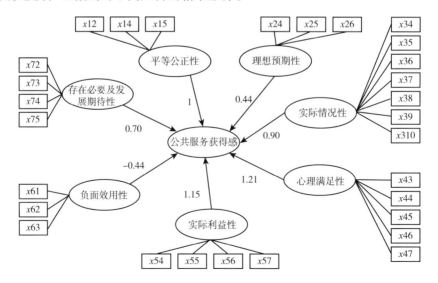

图 3 - 6　就业公共服务 SEM 模型

五、公共安全服务获得感的测度

(一) 公共安全服务基本情况

公共安全服务是指政府以维护社会的公共安全秩序、保障公民的合法权益及社会各项活动的正常进行为目的而提供的各项公共服务。公共安全服务涉及居民个人安全以及全社会总体环境，对于提升居民公共服务获得感具有不可或缺的作用。公共安全服务模型变量如表 3 – 6 所示。

(二) 公共安全服务数据分析

由表 3 – 6 可知，调查群体对于公共安全总体获得感较好，在公共安全服务实际利益性中，居民明确表示公共安全服务是有价值的，可以减轻人身安全的担忧。但在心理满足性中，公共安全部门对违法犯罪行为惩处力度满意程度及信息公开的满意程度获得感不高，因此居民更渴望安全部门加大对于违法犯罪行为的打击，并希望更多的信息公开，做到政府安全服务更加公开、透明。在公共安全服务存在必要及发展期望性中，大部分调查对象都表示公共安全服务继续开展是十分必要的，可以切实改善社会治安。

表 3 – 6　　　　　　　　　公共安全服务模型变量

潜变量	观察变量	平均值
X1：平等公正性	x11：您享受的公共安全服务与他人是均等的	2.233945
	x12：您享受公共安全服务的机会与他人是均等的	2.229358
	x13：您在享受公共安全服务时受到了同等对待	2.272936
X2：理想预期性	x21：公共安全服务应该有效预防犯罪	1.691076
	x22：公共安全服务应该减少犯罪行为	1.729977
	x23：公共安全服务应该有效提高公民人身和财产安全	1.627002
	x24：公共安全服务应该有效提高社会治安	1.646342
	x25：公共安全服务应该提高食品安全和交通安全	1.688787
X3：实际情况性	x31：公共安全服务效果良好	2.338673
	x32：公共安全服务人员能力与素质较高	2.505721
	x33：公共安全服务部门对公共安全宣传力度较大	2.478261
	x34：公共安全服务治理力度较大	2.514874
	x35：公共安全服务政策较为完善	2.540046

续表

潜变量	观察变量	平均值
X4：心理满足性	x41：您对公共安全服务部门人员服务态度满意度高	2. 530892
	x42：您对公共安全服务部门治理力度满意度高	2. 440451
	x43：您对公共安全服务部门宣传力度满意度高	2. 367518
	x44：您对公共安全服务部门治理效果满意度高	2. 549199
	x45：您对公共安全部门对违法犯罪行为惩处力度满意度高	2. 604119
	x46：您对公共安全服务部门信息公开的满意度高	2. 670481
X5：实际利益性	x51：公共安全服务让您的生活和工作安全得到了有效的保障	2. 071101
	x52：公共安全服务减轻了您对个人人身安全的担忧	2. 071264
	x53：公共安全服务提升了您的主观感受	2. 123853
	x54：公共安全服务是有价值的	1. 809633
X6：负面效用性	x61：您曾经有过因对公共安全服务不满意而想要投诉的想法	2. 894495
	x62：您周围的公众对公共安全服务的评价普遍比较低	3. 029817
	x63：您的亲戚朋友曾经向您抱怨过公共安全服务	2. 901376
X7：存在必要及发展期待性	x71：您相信公共安全服务可以改善我们的社会治安	1. 775229
	x72：您相信公共安全服务可以改善我们的食品安全	2. 073394
	x73：您相信公共安全服务可以有效保障我们的人身安全	1. 866972
	x74：您认为提供公共安全服务的部门是值得信任的	2. 006881
	x75：您愿意继续支持公共安全服务的开展	1. 65977

图 3-7 为公共安全服务 SEM 模型。由图可知，公共安全服务受到公共服务实际情况性、公共服务心理满足性和公共服务实际利益性等因素的较大影响。其中公共安全服务实际情况性路径系数为 1. 182，心理满足性路径系数为 1. 127，实际利益性路径系数为 0. 934，公共安全服务受以上 3 个维度影响最大。

根据调查数据，在公共安全服务实际情况性中，调查对象对安全服务实际效果表示肯定，但是认为安全服务体系需要进一步改善。在公共安全服务心理满足性上，调查对象觉得公共安全服务治理能力较好，但是信息公开程度不够。在公共服务实际利益性上，调查对象认为公共安全服务涉及人身与生命安全，是提升居民幸福感的基础。在公共服务负面效用性上，调查对象对于安全服务有过抱怨和想投诉的经历。在公共安全服务存在必要及发展期待上，调查对象认为公共安全服务的存在十分有必要，但是认为像食品安全等民生重大关切做得还不够。

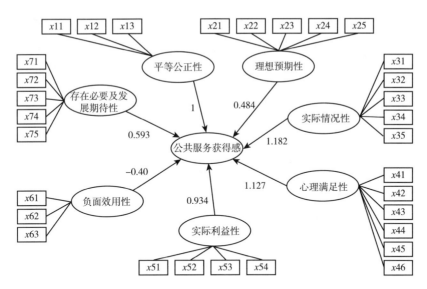

图 3 - 7　公共安全服务 SEM 模型

居民公共安全服务成效总体上令调查对象较为满意，大部分调查群体都对安全服务表示支持和理解，认为安全服务是十分必要的，存在的不足主要在于安全服务中的个人信息保护以及食品安全。在个人信息方面，安全服务改善应重点保障居民个人信息安全，减少个人信息泄露以及个人信息被非法利用等事件发生。在食品安全方面，由于食品安全事件频发，居民对食品安全缺乏信心，因此安全服务更应该着重监察食品行业，提高社会群体安全感。另外，应普及公民安全意识，提高大众自我保护意识，并且要加强安全部门人员服务意识，丰富安全服务的方式，规范安全服务执法行为。

六、公共交通服务获得感的测度

（一）公共交通服务基本情况

公共交通服务是指面向大众开放的交通运输服务，该服务作为基本的基础设施服务之一，关系居民生活便利性，是居民对于政府提供公共服务获得感的重要影响因素。

（二）公共交通服务数据分析

根据表 3 - 7 数据分析，调查对象对于公共交通服务总体感觉较为良好。

其中，对于公共交通理想预期性期望较大，从实际交通运行情况来看，居民对于当地道路状况较为不满，从而意味着当地政府应通过着重完善当地路况来提升居民公共服务获得感。在交通服务实际利益性上，居民对公共交通服务使生活更便利方面有共识。对于公共交通服务未来发展，居民普遍持支持态度，认为公共交通是改善未来通行效率的重要方式。

表 3 − 7 公共交通服务模型变量

潜变量	观察变量	平均值
X1：平等公正性	x11：您享受的公共交通服务与他人无差异	2. 311778
	x12：您享受公共交通运输服务的机会和他人是均等的	2. 30485
	x13：您在享受公共交通运输服务时受到了同等待遇	2. 249423
X2：理想预期性	x21：公共交通运输服务应该满足您的出行需求	1. 771363
	x22：公共交通运输服务提供范围应该全面，覆盖面应该广泛	1. 699769
	x23：公共交通运输服务应该使您的生活更加便利	1. 65127
	x24：公共交通运输服务应该制定合理的票价	1. 618056
	x25：公共交通运输服务应该改善交通状况	1. 595843
X3：实际情况性	x31：公共交通运输服务部门提供的交通工具舒适	2. 56713
	x32：公共交通运输服务部门提供的交通工具便利	2. 422633
	x33：公共交通运输服务部门提供的交通工具安全	2. 310185
	x34：公共交通运输部门制定的票价合理	2. 489607
	x35：当地公共交通运行情况良好	2. 625866
	x36：当地道路状况良好	2. 720554
	x37：当地公共交通运输服务全面	2. 628176
X4：心理满足性	x41：您对当地公共交通运输服务人员素质满意度高	2. 56582
	x42：您对当地公共交通运输服务人员的服务态度满意度高	2. 572748
	x43：您对公共交通运行状况满意度高	2. 60739
	x44：您对公共交通工具满意度高	2. 461894
	x45：您对当地公共交通服务制定的票价满意度高	2. 448037
X5：实际利益性	x51：公共交通运输服务使您的生活更加便利	1. 930716
	x52：公共交通运输服务节约了您的时间	2. 106236
	x53：公共交通运输服务减轻了您的负担	2. 090069
	x54：公共交通运输服务提高了您的生活质量	2. 099307
	x55：公共交通运输服务提升了您的主观感受	2. 118056

续表

潜变量	观察变量	平均值
X6：负面效用性	x61：您曾经因对公共交通服务不满意而想要投诉	2.78291
	x62：您周围的公众对公共交通服务的评价普遍不高	2.944573
	x63：您的亲戚朋友曾经向您抱怨过公共交通服务	2.736721
X7：存在必要及发展期待性	x71：您愿意乘坐公共交通工具出行	1.923788
	x72：您觉得公共交通运输部门值得信任	2.016166
	x73：您相信公共交通服务可以改善我们的交通环境	1.82448
	x74：您愿意继续支持公共交通运输服务的开展	1.637413

　　由图 3-8 可知，公共交通安全受到公共服务心理满足性、公共服务实际利益性和公共服务实际情况性等影响。其中公共交通服务心理满足性路径系数为 1，实际利益性路径系数为 0.73，实际情况性路径系数为 0.68。

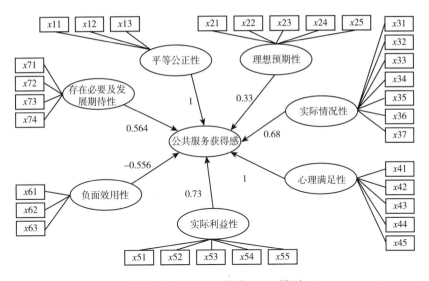

图 3-8　公共交通服务 SEM 模型

　　在公共服务心理满足性中，调查对象评级较高，但对于公共交通运输人员素质存在不满。在公共服务实际利益性中，调查对象普遍认为公共交通服务便利生活、节约时间以及减轻经济负担，但是居民在公共交通中幸福感相较而言不高。在公共服务实际情况性中，公共服务效果低于公共服务心理满足性和实际利益性，认为公共交通道路一般，运行情况不理想。关于公共服务负面效用性上，很多调查对象反映周围人群对于交通道路抱怨较多，评价较低。在对公共交通存在必要及发展期待上，调查对象对于我国未来交通发展和规划都期望较高，但是乘坐公共交通出行的意愿较低。

调查对象对于公共交通服务表示总体上满意，最大的不足在于交通道路的缺陷以及公共交通服务人员素质不高。在未来，我国交通服务应该大力改善我国公共道路，加强基础设施建设，为人民群众出行创造更加良好的环境，从而提升居民公共交通满意度。另外，在未来驾驶资格考试中，应加强被考试人员的素质教育，并在道路交通秩序管理中寓教于罚，尽量提高驾驶人员的素质与安全意识，并以此来提升道路交通安全程度。同时，应提高公众乘坐公共交通的意识和比率，加强居民在交通运输中的环保意识，为打造资源节约型、环境友好型城市贡献自己的力量。

第三节　居民公共服务获得感结论分析与启示

根据上述调查数据可以得出，除个体与区域差异等客观因素，居民公共服务获得感主要与公共服务心理满足性、公共服务实际情况性和公共服务实际利益性相关。具体而言，公共服务获得感未来改善主要与公共服务供给与需求的匹配、公共服务基础设施建设、公共服务部门专业度、公共服务供给的公平与透明、公共服务供给过程中机会均等与结果均等的结合、公共服务的差别化供给六个维度相关。

一、公共服务供给与需求的匹配

居民对于公共服务的需求是一个客观存在，而居民获得感的提升又是一个主观感受，而这二者的结合就在于公共服务供给能否精准地满足居民的需求。所以在公共服务供给与需求这一二元对立的整体中，尽管需求是核心，但作为政策能动性实施着力点的却是供给侧。公共服务需求是否得到满足主要在于公共服务供给的规模、结构、方式等是否符合居民们的要求。而在现实中，经常存在公共产品供给不足与供给过度并存的情况，从而导致了有限资源的巨大浪费。比如医疗卫生服务中，高端、昂贵检查设备的过度配置以及一般医疗服务的短缺。所以问题的关键点就转化到了公共服务供给决策机制的优化。而决策机制确定的核心在于如何准确的获得居民的需求信息。在私人市场中，需求信息的获得可以借助价格机制作用下的货币投票，从而决定市场中私人商品的供给数量与种类。在公共产品的供给中，蒂布特模型提供了一种"用脚投票"的机制，来调整一个社区公共产品供给的规模与结构。但蒂布特模型受限于许多前提条件，如地方税以财产税为主，辖区内居民可以自由迁徙且迁徙成本接近于零。在可供借鉴的现实操作经验中，应对公共选择机制进行认真的研究，设计出一种交易成本较低的能较完整地获得居民公共需求信息的表达机制。在这一机制的构建中核心要解决的问题是"搭便车"、投票交易以及官僚行为。上述三种现象的存在都会导致公共资源的错配，引起资源配置的效率损耗，从而导致公共服务供给不能精准地满足居民需求，并进而影响居民的获得感。

二、公共服务基础设施建设

公共服务基础设施是社会经济发展的支撑与必备条件，因为其所具有的基础性与强烈的正外部性，所以基础设施的建设与完善离不开财政支出的支持，同时也是提高人民公共服务获得感的重要因素。在财政收入大力支持公共服务基础设施时，需要在基础设施建设过程中注意数量和质量的齐头并进。在调查中，教育公共服务、医疗公共服务和交通公共服务均反映了基础设施供给不到位导致居民公共服务获得感不足。我国仍处于发展的初、中级阶段，基础设施数量的不足仍是一个重要矛盾，所以仍要大力提高基础设施的覆盖度，让人人能享受到基本的基础设施。在社会经济持续发展，基础设施的覆盖达到一定程度后，基础设施质量的改善便成为居民获得感提升的重要途径。通过加强基础设施建设，可以提升教育环境、医疗基础设备以及交通道路的可及性、完善度、安全性与便利度，从而提升居民获得感。

三、公共服务部门专业度

公共服务部门专业度也是提升公共服务获得感的重要因素。在实际调查中社会保障服务普遍反映对公共服务部门缺乏信任，暴露出公共服务部门服务态度、专业技能和政策宣传不到位等问题。为了提升公共服务部门人员的专业度，首先，公共服务部门应该加大考核，建立服务部门惩戒机制，对公共服务人员工作情况尤其是工作态度进行监督，并鼓励人们及时反映公共服务相关问题。其次，公共服务部门应该加强培训，提升公共服务人员专业知识和专业技能，提高办事效率。最后，通过多种方式加大政策宣传力度，让居民清楚地知晓公共部门所提供服务的内容、种类及方式，让公共服务政策红利可以惠及广大人民。

四、公共服务供给的公平与透明

居民源自公共服务的获得感一方面来自公共服务的数量，如学校的数量、公共医疗人员人数、社会保障投入金额以及公共交通道路通车里程，也即硬公共服务；另一方面来自公共服务的质量，如公共服务的公平、公正性、公共服务人员的专业化水平与服务意识、公共服务的人文关怀，也即软公共服务。而其中对于获得感的提升来说，公共服务供给过程中的公平透明起着至关重要的作用。公共服务的公平性意味着在公共服务的供给过程中相同群体所享受到的服务应是无差别的，所有人没有受到歧视性对待。公平性原则不仅影响居民在公共服务过程中所获得的物质享受，更影响在公共服务过程中的心理感受。而根据社会心理学的分析，每个人都希望获得社会的尊重与非歧视性对待，上述心理感受也是一个人幸福感的重要来源。在罗尔斯的无知之幕理论中，当一个社会制定制度时，每个人都可能是这个制度的承受者，因此都希望自己在这个制度下受到公平的对待，这也是制度公平的原始动力之一。而透明化是制度公平的辅助机制，只有在公共服务过程中做到各种信息充分公开，每个人才能知道各项公共服务政策的具体内容，也才能知道自己在这一过程中的权利和义务以及自己是否受到了歧视性的对待。

五、公共服务供给过程中机会均等与结果均等的结合

公共服务的均等化是居民公共服务获得感提升的重要渠道，也是公共服务供给公平性的一个量化测度。在以往我国基本公共服务的供给实践中，城乡差距、省市差距巨大，存在地域性差别对待与歧视现象，从而影响了低供给水平地区居民的获得感。所以公共服务供给侧的优化不仅包括供给规模的扩大，也应包括均等化水平的提升。在均等化的一般性认知中，经常强调的是结果均等，如每个人所享受的社会保障水平、义务教育阶段的生均拨款应该保持一致。结果均等往往更容易被观测到，也更容易实施，所以经常被用

作一个国家测度公共服务均等化的主要指针。而结果均等的片面性也是显而易见的，它更多体现的是一个制度的被动性公平，经常体现为一种兜底和"输血"的救济制度性质。

但为了体现公共服务的主动性和创造性，公共服务业应着力于提升居民的自我"造血"与自我提升能力，而这就体现了公共服务过程中机会均等的重要性。机会均等的含义在于每个人在享受教育、就业等基本公共服务时，不会因为自己的性别、出身、居住地或民族的不同而受到差别性对待。如果说结果均等保障了每个居民的生存权，机会均等则保障了居民的自我发展权。而平等的自我发展权的实现是促进代际流动与社会公平的主要渠道。为了保障每个居民的生存权与发展权，并促进居民的自我发展能力、提升整个社会的自我演化能力，应该在公共服务供给过程中使机会均等与结果均等尽量有机结合。

六、公共服务的差别化供给

公共服务的差别化供给并不是意味着对相同的群体提供不同的服务，而是对不同的群体提供有差别的服务，也即是为不同群体通过提供量身定做的个性化服务来更好地精准满足人民群众的需求。从宏观层面来讲，我国幅员广阔、人口众多，地区间社会经济发展差异巨大，如果无视这种差异在全国提供表面公平的统一公共服务，反而会导致巨大的不公平，并带来资源配置的效率损耗。从微观层面来看，个人由于先天资源禀赋的差异与后天努力程度的不同，导致个体的社会经济条件千差万别，也导致了对公共服务需求的差异。

从前文对于调查数据的分析可以发现：在就业服务中，25 岁左右的被调查对象对于就业服务满意度低于其他年龄人群，对于该适龄就业群体，更需要政策倾斜和照顾。因此出台政策时应该根据需求度不同，针对性的制定政策，使政策发挥出最大效益。另外，在文化服务中，被调查对象反映文化服务缺乏个性化服务。对此，文化部门应调查广大人民群众喜闻乐见的文化服务，并对不同文化偏好群体提供差别化服务，提高公共服务满意度。又如，在公共交通供给服务中，飞机、高铁等高消费的交通方式往往是高收入人群的首选，但对于低收入人群来说，物美价廉的普通列车也许是他们解决出行方式的最好方式。

第四章 中国基本公共服务供给侧
存在的问题及原因分析

第一节 我国基本公共服务供给规模存在的
问题与原因

要论证基本公共服务供给是否不足，首先应该对基本公共服务的社会最优供给规模进行分析。本节将首先构建一个多地区、多级政府（中央政府和地方政府）的数理理论模型，分析不同视角下基本公共服务供给的最优规模、影响因素及其影响机制。然后，探究我国基本公共服务供给不足的原因。这些工作将有助于提出合理的、可操作的政策建议，以提升基本公共服务供给规模及居民获得感。

一、公共服务最优供给规模的一般理论分析

本书考虑一个静态的多级政府、多个地区的经济。假定存在 N 个地区，每个地区有一个地方政府。任一地区 i 的市场是完全竞争市场，并对经济的总产出函数作出如下假定：

第一，基本公共服务作为生产要素之一，与传统的生产要素诸如物资资本、人力资本、生产技术等一道，直接影响产出。并且基本公共服务与传统生产要素通过 C - D 形式结合，并采取规模报酬不变的形式。这一设定表明基本公共服务不仅将会直接影响居民效应，也会通过影响生产而间接影响居民福利。

第二，各类传统生产要素之间本身采取规模报酬不变的 C - D 函数形式结合在一起作为一个综合的生产要素指数。

第三，影响一个地区的产出的不仅是本地区所提供的基本公共服务，其他地区的基本公共服务也会对本地区的产出产生重要影响，这体现了基本公共服务在区域之间的生产正外部性。不同的基本公共服务所带来的生产的区域正外部性大小不同。

根据以上假定，并借鉴魏福成（2020），经济的总产出由式（4-1）给出：

$$Y_i = (K_t^{\alpha'} H_t^{\beta'} (\tilde{A}_t L)^{1-\alpha'-\beta'})^{1-\alpha} \prod_{j=1}^{J} (G_{i,j} + \theta_j G_{-i,j})^{\alpha_j}$$

$$\equiv A^{1-\alpha} \prod_{j=1}^{J} (G_{i,j} + \theta_j G_{-i,j})^{\alpha_j} \qquad (4-1)$$

其中，K 为物资资本，H 为人力资本，L 为劳动力数量，$\tilde{A}$ 为技术水平或生产率水平，并且令 $A \equiv K_t^{\alpha'} H_t^{\beta'} (\tilde{A}_t L)^{1-\alpha'-\beta'}$，以及令 $\alpha \equiv \sum_{j=1}^{J} \alpha_j$。假定基本公共服务的种类为 J，而 $G_{i,j}$ 为地区 i 的地方政府提供的第 j 种基本公共服务的数量或供给水平，$G_{-i,j}$ 为除了地区 i 之外所有其他地区的地方政府提供的第 j 种基本公共服务的数量加总或供给水平加总。

在每一个地区，居民的效用取决于私人消费及基本公共服务，并假定私人消费即等于其税后收入，不存在储蓄和借贷。因此居民效用函数可设置如下：

$$u_{i,m} = [(1-\tau_i) w_{i,m}]^{1-\beta} \prod_{j=1}^{J} (G_{i,j} + \rho_j G_{-i,j})^{\beta_j} \qquad (4-2)$$

其中，$(1-\tau_i) w_{i,m}$ 为地区 i 第 m 个居民或消费者的税后收入，也是该消费者所消费的私人产品数量。τ_i 为地区 i 的宏观税负率（包括税收和非税收入）。尽管税收的法定税率由中央政府制定，但是实际税率、非税收入在地区间存在巨大差异，因此宏观税负率在不同地区存在较大差异。令 $\beta \equiv \sum_{j=1}^{J} \beta_j$，则 $1-\beta$ 反映了私人消费品在居民效用函数中的重要性或弹性。由式（4-2）可知：

第一，基本公共服务会直接对居民的效用产生重要影响，影响程度或影响的弹性大小由 β_j 刻画（对于第 j 类基本公共服务而言）。同时，私人商品、各类基本公共服务以规模报酬不变的 C-D 形式结合带来效用。

第二，影响本地居民效用的不仅是本地政府所提供的各类基本公共服务的数量，也包括外地政府和地区的基本公共服务供给水平。换言之，基本公共服务存在消费的区域正外部性，并且这种正外部性的大小由 $\rho_j \geqslant 0$ 进行刻画和体现。

第三，结合式（4-1）和式（4-2）可知，基本公共服务不仅直接影响居民效用，而且通过影响生产和产出，进而影响居民的收入和私人消费，从而最终间接影响居民消费。换言之，基本公共服务会通过影响产出从而影响私人消费对居民效用产生影响，也会通过影响公共商品消费的数量而直接对居民效用产生影响。

由于存在中央政府和多个地方政府，以及由于基本公共服务或公共商品可能存在生产和消费的区域正外部性，因此由地方政府进行基本公共服务供给的自主决策，会导致各地区所提供的基本公共服务供给水平小于整个社会的最优规模。

假定任一地区 i 的地方政府的目标是最大化该地区的社会福利函数：

$$U_i = \sum_{m=1}^{M_i} u_{i,m} \qquad (4-3)$$

其中，M_i 为第 i 个地区的人口规模。式（4-3）意味着地方政府将不同个体的权重视为相同，在地方政府的目标函数或地区的社会福利函数中赋予不同个体相同的权重。

同时假定中央政府的效用函数中给予了每个地区的每个个体相同的权重，因此中央政府或社会整体的福利函数采取如下形式：

$$U = \sum_{i=1}^{N} U_i = \sum_{i=1}^{N} \sum_{m=1}^{M_i} u_{i,m} \qquad (4-4)$$

我们假定无论产出是多少，每个个体的收入与总产出成一固定比例，即：

$$w_{i,m} = \lambda_{i,m} Y_i \qquad (4-5)$$

其中，$\lambda_{i,m}$ 为第 i 个地区第 m 个个体的收入占该地区收入的比重。

政府支出通过税收或收费进行融资，并且为分析方便，假定不存在政府借贷，则任一地区 i 的政府预算约束为：

$$T_i = \tau_i Y_i = \sum_{j=1}^{J} g_{i,j} = \sum_{j=1}^{J} \gamma_i^{-1} G_{i,j} \qquad (4-6)$$

其中，$g_{i,j}$ 为地区 i 在第 j 种基本公共服务方面的财政支出，而 $\gamma_i \in (0,1)$ 为该地区将财政支出转化为基本公共服务的效率。

以上 6 个公式即为有关基本公共服务对生产和消费影响的基本设定。地

方政府作为地区基本公共服务、区域外溢基本公共服务的提供主体，在式
（4-6）的约束下对式（4-3）进行最大化，以得到地方政府对各类基本公
共服务供给规模的决定式：

$$G_{i,j} + \theta_j G_{-i,j} - \alpha_j G_{i,j} - \alpha_j \sum_{j' \neq j}^{J} G_{i,j'}$$

$$= \left[(G_{i,j} + \theta_j G_{-i,j})^{\alpha_j} E - G_{i,j} - \sum_{j' \neq j}^{J} G_{i,j'} \right] \left(\alpha_j + \frac{\beta_j}{1-\beta} \cdot \frac{G_{i,j} + \theta_j G_{-i,j}}{G_{i,j} + \rho_j G_{-i,j}} \right)$$

$$(4-7)$$

其中，$E \equiv \gamma_i A^{1-\alpha} \prod_{j \neq j'}^{J} (G_{i,j'} + \theta_{j'} G_{-i,j'})^{\alpha_{j'}}$。对于任意 $i = 1,2,\cdots,N$ 和 $j \in J$，式
（4-7）即决定了均衡时使得地方政府或者地方社会福利最大化所要求的基
本公共服务最优规模 $G_{i,j}$。

　　然而，在实践中政府及其相关部门很少根据式（4-7）所揭示的社会最
优规模和影响因素来提供基本公共服务。以民生性财政支出为主要方向的基
本公共服务，长期以来都难以满足人民群众的需求。无论是从基本公共服务
支出占财政总支出的比重来看，还是从基本公共服务支出绝对规模来看，我
国各地基本公共服务都呈现出供给不足的情形，这不仅是已有文献所强调和
认同的，也是人民群众的普遍感受。实际上，诸多影响社会最优供给规模的
因素没有在实践供给决策中得到充分考虑。政府部门在决定各类基本公共服
务的财政投入资金时，通常采用基数预算法确定预算年度的资金投入规模，
即在基数的基础上再来考虑总的财政收入、人口规模等因素的变化，而不是
根据以上模型中影响社会最优水平的各类因素的变化来确定每类基本公共服
务的投入规模。进一步地，各类基本公共服务供给的实际决策中，政府相关
部门很少会对居民的相关需求（偏好）及其变化进行调查和研究，这就意味
着政府部门所提供的基本公共服务很难与居民的需求相匹配。因此，基本公
共服务供给的实际决策的非科学性等原因，导致基本公共服务供给的不足。

二、基本公共服务最优供给规模的影响因素

　　根据式（4-7）可知，诸如基本公共服务的区域外溢性、基本公共服务
在生产和消费函数中的弹性、各类生产要素的规模等因素，均会影响基本公
共服务的社会最优供给规模。影响基本公共服务的相关因素以及影响机制主

要有以下几个方面。

第一，基本公共服务存在生产和消费的区域正外部性时，意味着其他地区的基本公共服务供给水平对本地基本公共服务的最优水平会产生重要影响。以生产为例，当其他地区交通运输基本公共服务供给水平较高时，意味着本地的产品运输到外地后，能够更方便并以更低的运输成本进行售卖，这会导致本地交通运输服务带来的边际产出的上升，从而导致本地交通运输基本公共服务最优规模上升。再以公共服务的消费为例，当其他地区环境保护基本公共服务供给水平较高时，其他地区空气污染较轻从而对本地的污染治理具有正外部效益，而这会降低本地区空气污染治理的边际效用，意味着本地环境保护基本公共服务的最优供给水平应该下降。因此，一个地区的基本公共服务供给的最优水平，可能是其他地区基本公共服务供给规模的增函数或者减函数，其函数类型取决于具体的基本公共服务种类。

第二，辖区内一种基本公共服务的边际产出会影响另一种基本公共服务的边际效用，从而导致其最优规模的变动，而变动的方向取决于前者对后者影响的方向，这可称为基本公共服务边际产出的结构效应。以教育基本公共服务和文化体育与传媒基本公共服务为例，如果由于效率的改进致使教育的边际产出增加，则居民的个人素质将上升，社会对于文化体育与传媒的需求将上升，从而文化体育与传媒的最优规模将上升。而以环境保护与医疗卫生基本公共服务为例，如果由于技术的改进致使环境保护的边际产出增加，则居民的健康状态将得到较大改善，社会对于医疗卫生基本公共服务的需求将下降，从而医疗卫生基本公共服务的最优规模将下降。

第三，辖区内一种基本公共服务边际产出的增加将提升经济的整体增长潜力，从而提升税基与财政收入，并进而提高其他基本公共服务的最优供给水平，这可称为基本公共服务边际产出的规模效应。比如一般说来，教育是涵养人力资源的主要途径，如果在既有财力投入水平的约束下能依靠产出效率的提高而提升教育的边际产出，则作为核心生产要素的人力资源规模将有较大程度的提升，从而导致在其他资源禀赋约束下的经济的较快增长，并使得政府有更多的财政资金投入到各项基本公共服务中去，基本公共服务的最优规模也随之提升。

第四，基本公共服务供给的最优规模，会随着其自身在效用函数中的重要程度（即 β_j）、在生产函数中的重要性或产出弹性（即 α_j）的上升而上升。给定其他条件不变，如果某种基本公共服务在居民效用函数中的重要性或弹性越大，说明提高该基本公共服务的供给规模将导致居民效用函数会有较大幅度的上升，因此最大化全体居民的效用意味着该基本公共服务的最优规模应该上升。比如公共安全基本公共服务是生存和发展的前提和保障，其对居民效用具有重要影响。在治安环境较差的地区，公共安全基本公共服务通常在居民效用函数中具有更大的弹性或重要性，因此通过降低其他类型基本公共服务的供给规模或提高税率从而提升整体财政资金，以提升该地区的公共安全基本公共服务，将使得居民总效应上升。类似地，给定其他条件不变，如果某种基本公共服务在生产中更为重要，则应通过提高税率或降低其他类型基本公共服务供给水平的方式，提高该基本公共服务的可用财政资金，以提高该基本公共服务的供给规模。比如在经济发展的初期阶段，交通运输基本公共服务对生产非常重要，因此增加税负、压缩和控制民生开支规模以提高交通运输基本公共服务的财政投入，提高该基本公共服务的供给水平，便成为了政府和社会的主要任务之一。在我国的发展历程中，我国各地的实践较好地印证了这一点：宏观税负上升，以基础设施为主的交通运输基本公共服务支出占比大幅上升。

第五，基本公共服务提供效率越高或成本越低，则该类基本公共服务的最优供给规模越大。当公共品的生产效率不同时，相同的财政资金会产生不同规模的基本公共服务水平。给定某类基本公共服务带给居民的边际效用水平，则生产基本公共服务的边际成本（即 $\frac{1}{\gamma_i}$）越低或效率越高，则意味着需提高该类基本公共服务的供给水平才能使得该基本公共服务的边际成本与边际收益相等，即只有提高该类基本公共服务供给水平才能使得居民效用达到最大化。这意味着即使其他方面均相同，不同地区或同一个地区不同部门由于在生产基本公共服务方面存在效率差异或成本差异，则各基本公共服务最优供给规模应该不同。

第六，物资资本、人力资本与技术等生产要素规模越大，则基本公共服务的最优供给规模就应该越大。当资本与技术等生产要素数量较高，则基本公共服务的边际产出越大，这将会使得最优的基本公共服务供给规模上升。这意味着，生产要素数量的提高将使得政府可能通过提高税率的方式提高财政收入，为基本公共服务支出的上升提供资金。尽管提高税率将使得当期的私人消费下降但是却提高了当前基本公共服务规模，因此当前的效用可能上升。进一步地，从长期来看，基本公共服务的上升有助于提升未来时期的产出，从而提高长期的私人消费和效用。资本等生产要素的提高导致基本公共服务供给水平上升，并将提高社会整体的总效用。因此，为最大化社会福利，最优的基本公共服务供给规模应该随着技术水平、生产要素投入规模的变化而同向变化。

从以上的分析可知，各类基本公共服务的最优供给规模的影响因素较多，包括区域间的正外部性、不同类型基本公共服务的相互影响、基本公共服务在生产中或效用函数中的重要性、基本公共服务的供给效率或生产成本以及生产要素规模等因素均会对基本公共服务的最优供给规模产生重要影响。因此，只有充分、综合考虑以上诸因素的影响、诸因素的实际水平和变化，以此来确定各类基本公共服务供给规模，才能实现基本公共服务的实际供给与社会最优供给相同或趋近。

三、我国基本公共服务供给规模存在问题的产生原因

根据上述分析可知，我国基本公共服务供给规模存在的问题主要是供给不足，公共服务的供给水平难以满足社会生产与人们追求美好生活的需要。要优化和完善基本公共服务供给状况、提高供给水平，以满足人民群众的需要，促进经济社会的健康发展，前提是要识别和剖析基本公共服务供给不足的影响因素与可能原因。基本公共服务供给不足的原因是多方面的，我们可以从地方政府动力、地方政府能力、中央和地方政府目标激励不相容等方面进行分析和考察。

（一）政府目标与居民和社会目标的不一致性，导致基本公共服务供给不足

由于观念、短期与长期的权衡差异以及偏好的不同，国家或政府对于经济社会的发展目标、理念，可能在某些方面不同于居民或社会群体，导致某些类型的基本公共服务的供给水平低于居民的需求。比如在经济发展的初期和中期阶段，某些基本公共服务的充分供给并不是地方政府或国家的主要目标。在经济发展初期，经济增长是政府和社会的主要目标，因此基本公共服务重点在于能促进经济增长的领域，比如交通运输服务等基础设施建设方面，而对于社会保障、医疗卫生以及文化体育与传媒基本公共服务等方面的供给则没有作为重要任务之一，这就导致这些基本公共服务的供给水平较低。随

着经济社会的发展，政府与居民的偏好和目标会可能越来越近，基本公共服务的供给水平会向更有利于满足居民的偏好和需求的方向变动，因而基本公共服务供给不足的情况将会得到缓解。

（二）信息不对称使得地方政府政绩考核体系难以充分考虑基本公共服务供给情况，导致地方政府倾向于生产性公共服务的供给

由于在基本公共服务供给数量、质量及其与人民群众的偏好是否匹配等方面缺乏公认的标准，存在信息不对称和信息不充分，因此难以直接将基本公共服务的实际供给水平及其对最优水平的偏离程度作为地方政府的主要政绩考核指标。由于中央政府或上级政府远离各个地方辖区，对于地方辖区居民的偏好和对各类基本公共服务供给水平的需求信息掌握不充分，无法准确判断各个地方辖区基本公共服务的实际供给及其对最优规模的偏离程度，这意味着将基本公共服务实际供给水平及其对最优水平的偏离作为地方政府政绩考核指标的契约是难以有效实施的。在此情况下，我国地方政府绩效考核体系中主要指标是经济增长指标，使得各地方政府有动力将财力用于能直接、短期内能带来经济增长的生产性公共服务等领域，而对间接、长期内带来经济发展的民生性基本公共服务不够重视，因此对地方辖区政府的政绩考核体系难以激励、引导或鞭策地方政府去提供充分的或社会最优规模的各类基本公共服务。

（三）地区间经济发展不平衡，导致"用脚投票"机制难以在基本公共服务的提供中充分发挥作用

根据"用脚投票"理论，在迁徙成本较低和没有制度性限制的情况下，居民会将各地提供的基本公共服务供给水平作为其选择居住地的主要考虑因素，各地方政府为了吸引劳动力及资本等生产要素，会争相为本地居民提供较为优良和充分的基本公共服务。然而，尽管我国整体经济发展水平快速上升，政府财力整体上不断提高，但是地区间经济发展不平衡导致地区财力差异较大，经济落后地区由于财力的限制将使得基本公共服务的实际供给水平和最优供给水平存在较大差异。另外，在地区经济发展差距较大的情况下，经济发展水平较高地区的地方政府通过提升基本公共服务来竞争劳动力等生产要素的动力会下降，可能导致该地区的基本公共服务没有达到应有的水平。如此一来，地区间经济发展的不平衡所导致的财力不平衡和"用脚投票"机制的失灵使得所有地区的基本公共服务供给水平均难以达到各地区最优的供给水平。

（四）中央与地方、地方上下级政府间事权与支出责任划分不合理或划分不清晰，使得地方政府或下级地方没有能力或动力为某些基本公共服务提供最优的规模

我国中央与地方的分工在很多方面没有理顺，比如医疗卫生基本公共服务中的传染病（特别是较为严重的传染病）防治，中央和地方的支出责任划分是不太明晰的，导致地方政府不清楚哪些事项是自己需要承担的，因而没有动力在传染病防治方面进行充分的供给。传染病防治的支出责任划分也不合理，对于具有严重区域负外部性的传染病，地方政府承担了过多的防治责任，导致地方政府在医疗物资储备、传染病治疗的研发、医护人手等方面投入不足。2020 年新冠疫情暴发初期武汉市应对混乱、医疗物资和医护人员严重短缺等现象的发生，一个重要原因就是传染病防治这一公共品主要落在地方政府头上。地方不同层级政府间也存在类似的问题，比如省级政府与地市级政府间、地市级政府与县级政府之间，同样存在支出责任划分不合理或划分不明晰的问题，导致下级政府没有动力去提供相应的基本公共服务。政府间事权和责任划分不明、关系没有理顺，一方面会使各个政府不清楚自己相应的职责，在相关基本公共服务的供给方面无所适从；另一方面也导致政府间的相互推诿，不用担心基本公共服务供给不足带来的后果和需要承担的责任。这两方面的结合将导致相关政府将把资金优先用于生产性的公共产品或者说职责明确的基本公共服务上面，从而导致政府间职责不清、关系不明的基本公共服务供给不足。

（五）政府机构之间关系没有充分厘清、职责划分不清晰，政府机构设置不合理、部门之间缺乏协调

我国政府内部不同机构之间存在职责划分不够清晰、关系没有理顺等问题，如渣土车扰民、交通事故频发现象和问题较为严重，影响了环境、公共治安等基本公共服务的质量和居民的获得感，主要原因在于城建部门、交管部门和环保部门职责划分不清晰，导致出现责任推诿等现象频发。而渣土车的管理不明晰、管理不严格等，最终降低了环境和公共治安等基本公共服务的供给水平。不同部门之间、同一部门不同单位或处室之间的职责划分不清、

关系不明，一方面会导致部门或处室在基本公共服务的供给方面没有可以严格遵行的章程，不清楚自己的职责、不清楚如何与其他部门或处室进行协调；另一方面会导致出现问题时的相互推诿、为避免责任而不愿积极作为，这两种情况都将导致政府机构和部门所提供的基本公共服务水平达不到社会最优，导致各项基本公共服务供给不足。政府管理部门已深刻意识到该问题的严峻性和紧迫性，因此中央政府开始不断提出要深化党和国家机构改革，推进国家治理体系和治理能力的现代化，这将有助于理顺机构之间的职责，提高各项基本公共服务供给水平。

（六）政府统揽基本公共服务的供给，社会资本参与基本公共服务供给的广度和深度不足

基本公共服务的供给需要大量资金，但是在政府财力不足、政府偏好生产性财政支出的情况下，可用于基本公共服务供给的财政资金非常有限，所提供的基本公共服务难以满足居民的需要。地方政府的观念还没有真正转变，角色定位还是管理者而不是服务者，这样的定位和观念导致在基本公共服务的供给方面，政府没有动力和能力去引导与鼓励社会资本参与到基本公共服务的供给中来。我国近几年在基础设施领域加大了引入社会资本（即 PPP 模式），有力地提升了交通运输等部分类型的基本公共服务供给水平。然而，一方面很多基础设施建设等基本公共服务虽然采取了 PPP 模式，但是很多项目是国企参与或者政府作出了保证社会资本收益的承诺，这相当于政府的隐性负债，这种 PPP 模式实际上是政府借债进行基础设施建设，不是真正引入社会资本；另一方面，真正采用 PPP 模式等引入社会资本的基本公共服务的提供的种类、规模都非常小，没有从实质上改变我国政府和财政资金承担绝大部分基本公共服务供给的现状。社会资本缺乏参与基本公共服务供给的渠道和保障机制，使得我国基本公共服务的供给缺乏充分的资金，导致基本公共服务供给不足。

（七）财政资金使用效率和基本公共服务供给效率偏低

基本公共服务效率偏低有多方面的表现和原因，至少包括财政资金管理体制比较落后、非政府组织等社会力量在基本公共服务的供给中参与度不高、公共服务供给的监督机制不完善等。首先，财政资金管理体制还不完善，跟不上社会经济发展的步伐。我国在预算管理体制和财政资金使用体制方面仍

存在诸多问题，这些问题影响了财政资金使用效率的提高，在可用财政资金有限的情形下，这无疑会降低公共服务的产出，从而降低了基本公共服务供给的规模。另外，基本公共服务财政资金存在截留、挪作他用的情况，特别是在三四线市级层面和县乡（镇）级地区，导致原本用于基本公共服务供给的资金得不到落实和保障。其次，非政府组织等社会力量较少参与到基本公共服务供给中，政府既提供基本公共服务的资金，又低效率地直接生产基本公共服务。政府在许多基本公共服务的生产方面没有比较优势，比如交通运输基本公共服务中的道路建设、公交车等公共交通的运输服务，相比于政府，企业等非政府组织在这方面更有效率、能以更低成本生产更多产品和服务。如果根据基本公共服务的类型，将更适合社会企业进行生产的基本公共服务交给社会企业等非政府组织进行生产，将有力地提高资金使用效益，在相同资金投入情况下取得更大的基本公共服务的产出。但是在我国各地基本公共服务供给的实践中，大部分的基本公共服务是由政府相关部门直接进行生产，从而导致基本公共服务供给不足。最后，对基本公共服务的生产和提供没有建立一个完善的约束与激励兼顾的监督机制。由于基本公共服务供给过程不透明，并且基本公共服务的生产和供给中没有充分引入监督机制，没有提供渠道和保障机制去鼓励非政府组织和其他社会主体监督基本公共服务的生产和提供，导致豆腐渣工程或违规违法行为频发，基本公共服务供给效率低下。比如，虽然开支了较高的成本去建设道路桥梁等交通运输基本公共服务，但是质量较差，这些交通设施过不了多久就出现质量问题而无法正常使用。财政资金使用不透明和基本公共服务供给不透明，使得人民群众无法从整体上获知基本公共服务供给的具体数量，也无法获知财政在各类基本公共服务供给方面的投入水平、资金使用和管理是否合规合法等信息，从而使得人民群众和社会媒体难以对基本公共服务供给及相应的财政资金进行监督，导致基本公共服务的供给得不到外部约束和激励。

第二节　我国基本公共服务供给结构存在的问题与原因

我国基本公共服务供给不但总体上存在不足，而且在结构上也存在不合理的问题，供给结构没有根据人民群众的偏好和经济发展的需要而得到优化。

现有文献发现我国基本公共服务供给数量虽然存在总体不足，但是也存在局部供给过剩、分布不合理的问题，基本公共服务供给在地区间或人群间存在着较大的差距（黄莹，2012；李红霞，2014）。李华和董艳玲（2020）研究发现我国基本公共服务供给结构存在明显的梯度效应，其中科技、教育、环保表现最为明显，尤其是科技服务供给水平最低。除基本公共服务整体供给结构不均衡外，每一大类基本公共服务中可能也都存在供给不足或覆盖面较窄的领域，导致一些基本公共服务在某些领域出现供给过剩和闲置浪费的问题（辛冲冲和陈志勇，2019）。如，在公共交通基本公共服务中，有些高新区、开发区、新城区等辖区投入大量财政资金建设过宽的交通道路，而实际使用这些道路的人口和车辆则较少，导致很大的闲置和浪费；一些老城区、人口密集的区域则道路拥堵、崎岖不平，道路设施供给严重不足。可见，我国基本公共服务供给结构存在很大问题，有必要对该问题及其产生的原因机理进行研究。具体地，本节拟通过综合运用委托代理理论、博弈论、地方政府行为理论等多种理论和方法分析基本公共服务供给结构存在问题的影响因素及其影响机制，并据此针对性总结我国基本公共服务供给结构存在的问题及原因，进而为优化我国当前基本公共服务供给结构提供理论指导和改进方向。

一、基本公共服务供给结构的决策分析

我国教育、医疗卫生、公共安全、环境保护、社会保障与就业、交通运输、文化体育与传媒等七大类基本公共服务的供给通常由地方政府负责和组织实施，并被纳入地方政府的政绩考核体系中。假定某个地方政府将总额为 R 的财政资金用于这七大类基本公共服务。用 $A = \{a_1, a_2, \cdots, a_i, \cdots, a_n\}$ 表示各类基本公共服务的集合，其中 a_i 表示第 i 类基本公共服务的数值或得分（$i = 1, \cdots, n$）。

假定上级政府对地方政府的七大类基本公共服务供给的考核目标函数如式（4-8）：

$$W = \sum_{i=1}^{n} \beta_i a_i^{\delta} \qquad (4-8)$$

其中，$\delta \in \{0,1\}$ 表示任一类基本公共服务在考核目标函数中是边际递减的，β_i 为第 i 类基本公共服务考核情况在政绩考核中的权重，式（4-8）表明政

绩考核目标函数是各类基本公共服务的加权平均值。

如前所述，各类基本公共服务纳入政绩考核中，有些基本公共服务和指标很容易被上级部门观察到和证实，但有基本公共服务指标则不容易被证实或存在信息不充分。假定第 j 类基本公共服务存在信息不充分或信息不对称，此时提供基本公共服务的地方政府部门或机构知道第 j 类基本公共服务真实的公共服务数值 $\hat{a}_j$，但是上级政府政绩考核部门不知道 $\hat{a}_j$，只知道其分布。假定上级政府政绩考核部门对第 j 类基本公共服务的观察值为 $a_j = \hat{a}_j \varepsilon$。其中，$\varepsilon$ 为连续型随机变量，且均值为 1，方差为 ρ^2。

假定该地方政府符合经济人的一般假设，则可令其效用函数如下：

$$V = \lambda \sum_{i \neq j}^{n} \beta_i a_i^{\delta} + \lambda \beta_j \hat{a}_j^{\delta} - \lambda \rho^2 \hat{a}_j^{2\delta} + (1 - \lambda) \sum_{i \neq j}^{n} \gamma_i a_i^{\delta} + (1 - \lambda) \gamma_j \hat{a}_j^{\delta}$$

$$(4-9)$$

其中，λ 为上级政府政绩考核在地方政府效用函数中的权重，γ_i 为地区第 i 类基本公共服务基于个人偏好带给该地方政府效用的权重。比如，相对于其他基本公共服务，地方政府更喜好教育基本公共服务，则地方政府会更加注重提高当地教育基本公共服务的供给，从而更大程度地提高其效用值。由于我们假定地方政府是理性的，因此效用函数中需要将风险考虑进去，而式（4-9）中 $-\rho^2 \hat{a}_j^{2\delta}$ 部分即为第 j 类基本公共服务供给水平的测量误差风险带来的负效应。第 j 类基本公共服务供给水平的测量误差的方差越大（即不确定性越大），则该地方政府面临的风险也就越大。

假设地方政府需要满足的约束如下：

$$R = \sum_{i \neq j}^{n} \theta_i a_i + \theta_j \hat{a}_j \tag{4-10}$$

其中，$\theta_i a_i$ 为用于第 i 类基本公共服务方面的支出，而 θ_i 为第 i 类基本公共服务的每单位成本。需要说明的是，式（4-10）表明该笔资金全部被用于各类基本公共服务的供给，不考虑公款贪污、截留和挪用的情况。

根据以上的设定，我们可以容易得到地方政府在各个基本公共服务方面的投入和各类基本公共服务最优化决策由下面一阶条件及式（4-10）共同决定：

$$\frac{\lambda \beta_i + (1 - \lambda) \gamma_i}{\lambda \beta_k + (1 - \lambda) \gamma_k - D \cdot 2\lambda \rho^2 \hat{a}_j^{\delta}} = \frac{\theta_i a_i^{1-\delta}}{(1 - D) \theta_k a_k^{1-\delta} + D \cdot \theta_j \hat{a}_j^{1-\delta}}$$

$$(4-11)$$

其中，a_k 表示各类基本公共服务中的第 k 类基本公共服务（$k = 1, \cdots, n$），γ_k 表示地区第 k 类基本公共服务基于个人偏好带给该地方政府效用权重。D 为虚拟变量：当 $k = j$ 时，$D = 1$；当 $k \neq j$ 时，$D = 0$。由式（4–11）可知，第 k 类基本公共服务供给水平 a_k 是各参数（$\lambda, \theta_i, \theta_k, \beta_i, \beta_k, \gamma_i, \gamma_k, \delta$）及第 i 类基本公共服务供给水平 a_i 的函数，并且如果 $k = j$，第 k 类基本公共服务供给水平 a_k 还是其自身测量误差方差 ρ^2 的函数。

二、基本公共服务供给结构的影响因素分析

下面剖析基本公共服务实际供给的影响因素、供给不足和供给过度的内在机理。根据式（4–11），可以得到如下命题。

【命题4.1】给定第 i 类基本公共服务合理供给规模 a_i 及其他条件不变，对于任意的 $k \neq i$，在以下情况下，第 k 类基本公共服务的实际供给水平会下降：

（1）第 k 类基本公共服务边际成本 θ_k 上升、第 k 类基本公共服务在政绩考核中的相对权重 β_k 下降、第 k 类基本公共服务基于个人偏好带给地方政府效用权重 γ_k 下降；

（2）对于任意的 $k \neq j$ 和 $\dfrac{\gamma_k}{\gamma_i} > \dfrac{\beta_k}{\beta_i}$ 情形，或者对于任意 $k = j$ 情形，政绩考核在地方政府效用函数中的权重 λ 上升；

（3）对于 $k = j$，即第 k 类基本公共服务存在测量误差风险，其不确定性即方差 ρ^2 上升。

命题4.1给出了影响第 k 类基本公共服务的实际供给水平的相关因素及其影响方向。假定第 k 类基本公共服务的社会最优规模为给定的 a_k^*。由此可以得到第 k 类基本公共服务实际供给规模 a_k 是否高于或低于社会最优规模 a_k^*，即供给过度或供给不足的内在机理与影响因素。

第一，给定其他条件不变，第 k 类基本公共服务边际成本的上升，会使得每单位第 k 类基本公共服务的产出下降，从而降低政绩考核得分、降低地方政府从第 k 类基本公共服务基于个人偏好获得的效用值，导致地方政府有动力去降低第 k 类基本公共服务的产出或供给。因此，当第 k 类基本公共服务边际成本充分高时，将使得其实际供给小于社会最优即 $a_k < a_k^*$，导致供给不足。反之，当其边际成本充分低时，供给将过度。

第二，给定其他条件不变，第 k 类基本公共服务在政绩考核中的权重下降时，会使得每单位第 k 类基本公共服务的政绩考核得分下降，从而降低地方政府的效用，这导致地方政府会降低第 k 类基本公共服务的产出或供给。因此当第 k 类基本公共服务在政绩考核中的权重充分低时，将使得其实际供给小于社会最优即 $a_k < a_k^*$，导致供给不足。反之，当其在政绩考核中的权重充分高时，供给将过度。

第三，第 k 类基本公共服务基于个人偏好带给地方政府效用的权重 γ_k 下降时，同样会降低其每单位带给地方政府的效用，导致地方政府降低第 k 类基本公共服务的产出或供给。因此当第 k 类基本公共服务基于个人偏好带给地方政府效用的权重充分低时，将使得其实际供给小于社会最优即 $a_k < a_k^*$，导致供给不足。反之，当第 k 类基本公共服务基于个人偏好带给地方政府效用的权重充分高时，供给将过度。

第四，对于任意的 $k \neq j$，在 β_k 充分小或 γ_k 充分大的情况下，政绩考核在地方政府效用函数中的权重 λ 上升，会导致地方政府降低第 k 类基本公共服务的产出或供给。因此，在一定条件下，当政绩考核在地方政府效用函数中的权重上升时，将使得第 k 类基本公共服务实际供给小于社会最优即 $a_k < a_k^*$，导致供给不足。反之，当第 k 类基本公共服务的政绩考核的边际效用相对充分大时，或者第 k 类基本公共服务基于个人偏好带给地方政府效用的权重相对充分小时，政绩考核在地方政府效用函数中的权重上升将导致供给过度。

第五，在 $k = j$ 情况下，第 k 类基本公共服务存在度量或评估的不确定性，这使得生产第 k 类基本公共服务会导致地方政府在政绩考核中面临风险和不确定性。那么一方面，政绩考核在地方政府效用函数中的权重 λ 上升，意味着生产第 k 类基本公共服务带来的政绩考核的边际效用下降，也意味着 $1-\lambda$ 下降从而降低第 k 类基本公共服务基于个人偏好带给地方政府的边际效用。另一方面，作为理性的经济人，地方政府会通过减少第 k 类基本公共服务的产出而降低风险。因此，当政绩考核在地方政府效用函数中的权重 λ 上升，或者第 k 类基本公共服务的风险（即方差 ρ^2）充分大时，其实际供给水平将小于社会最优即 $a_k < a_k^*$，导致供给不足。反之，当政绩考核在地方政府效用函数中的权重下降，或者第 k 类基本公共服务的风险充分小时，供给将可能过度。

因此，给定其他条件不变，基本公共服务的边际成本、基本公共服务在政绩考核中的权重、基本公共服务基于个人偏好带给地方政府效用的权重、基本公共服务是否存在度量或评估的不确定性，存在度量不确定性的基本公共服务在评估其实际规模时的风险大小、政绩考核在地方政府效用函数中的权重均会影响该基本公共服务的供给水平。

三、我国基本公共服务供给结构存在的问题

面对民众快速扩张的公共服务需求，民生类"软性"公共服务供给不足等公共服务供给不均且结构失衡的问题日渐突出，已经逐渐成为制约经济社会健康、和谐发展的重要因素。基本公共服务供给结构主要涵盖三个维度：第一，基本公共服务供给内容结构，即公共安全、教育、社会保障与就业、医疗卫生、交通运输等公共服务之间和内部的比例配置情况；第二，基本公共服务供给的空间分布结构，即基本公共服务在地区间、城乡间的供给情况；第三，基本公共服务供给的人群结构，即公共服务在不同年龄、不同社会阶层的人群间的供给情况。以下内容将主要围绕上述基本公共服务供给结构三个维度所存在的问题进行分析。

（一）基本公共服务供给内容结构不均衡

基本公共服务供给结构不均衡，主要是指公共服务供给在硬件和软件等不同部分之间供给不均衡，存在"重设施建设，轻管理利用"问题。随着经济社会发展和地区财政能力提升，基本公共服务硬件设施供给较多，甚至供给过剩。无论是东部沿海地区，还是中西部地区，学校教学楼、医院病房、公共交通等设施建设日趋完善。然而，与之配套的基本公共服务软件财政投入不足，进而导致供给不足，比如学校师资培养、医院医疗水平、公共交通设施维护管理等仍然比较落后。以义务教育公共服务供给为例，作为一项保证教育公平的基本公共服务，义务教育在地方政府的重视下较快发展。城乡义务教育公办学校标准化建设取得明显成效，农村地区中小学的办学条件有了显著改善，符合条件的流动人口随迁子女也能够在当地接受良好教育。但义务教育公共服务供给仍然存在矛盾，教育公共服务硬件投入较为充分，与之配套的软件服务尚有差距，主要表现在乡村中小学的师资力量短缺、师资水平不高。医疗卫生公共服务在整体供给不足、不均衡的情况下，也存在硬件与软件服务的不匹配，一般表现为大型医疗设备供给过剩，医疗服务与医疗水平却难以满足需求。

（二）基本公共服务供给结构存在明显的地区差异和城乡差异

大量研究表明，我国不同地区的基本公共服务供给结构存在着明显差异。由于经济发达地区的经济发展水平较高、财政能力较强，其基本公共服务实际保障能力强，人均公共服务支出较高。对于教育、医疗卫生、交通运输等基本公共服务，虽然有中央均衡性的转移支付进行区域间的调节，但相比经济欠发达地区，经济发达地区有更充足的财力投入到上述领域，从而导致上述基本公共服务在区域间的差异呈现扩大的趋势。教育是提高人力资源素质的主要途径，从而是推动经济增长的核心因素，同时教育也是缩小收入分配差距的重要手段，虽然中央政府在不断地推进义务教育的标准化以缩小地区差距，但由于高中以上的教育阶段中央财政保障力度较小，而且各阶段师资力量受到区位优势、收入水平的影响很大，导致教育基本公共服务在地区间的差距巨大。医疗卫生公共服务的供给和教育类似，统计分析发现，国内领先的医学院、医疗研究机构、大型医院等优势医疗资源主要位于中、东部，从而造成了区域间人们的健康权和生命权保障的不均等。在交通运输方面，除了中西部由于自然条件所限缺少水运力量和大型港口以外，公路网和铁路网的密度也远不及东部。

教育、医疗卫生、交通运输、文化体育与传媒等基本公共服务在城乡间也呈现出严重的失衡状态。农村义务教育，尤其是偏远地区农村的义务教育在校舍等硬件设施上都往往达不到国家的最低标准，在师资力量、师资素质上的差距就更加明显。农村中医疗卫生供给水平和城市的差距不仅没有缩小反而呈现扩大的趋势，乡镇卫生院和村卫生所没能夯实作为公共医疗卫生的基础。近 10 年来尽管国家在努力推"村村通"，但也只是基本能做到道路能通达村里，等级水平不高，由于维修不到位路况也较差。由于农村人口外流严重，留守人员基本是老人和小孩，留守人员素质偏低，农村的文化体育活动难以开展，农村成了文体活动的荒芜之地。

（三）基本公共服务供给结构不能满足不同群体的需求偏好

由于人口结构的多元化，不同群体对基本公共服务有差异化的需求。老年人口更关注医疗卫生、社会保障、文体设施等基本公共服务，青壮年人口重点关心住房、教育、就业等基本公共服务，流动人口关心如何获得与户籍人口相同的基本公共服务。在当前政府主导的公共服务供给模式下，公共服务供给结构往往同质化，而忽视了对不同群体需求偏好的考察，导致基本公共服务供给与不同群体需求之间存在结构错位，进而降低了民众的基本公共服务效用。尤其是随着我国人口老龄化日益加剧，城市社区中的老年人口占比越来越高，但由于地方政府的"建设性财政"偏好，地方财政资金更倾向于投向能促进经济增长的领域而不是像养老设施等"消耗性"支出。另外，国际公认的准则是应根据辖区常住人口的数量来配备公共服务，但在我国的实践中，财政资金的分配与公共服务的供给往往只考虑户籍人口，从而使得公共服务的供给和需求在不同辖区出现严重错配，即在人口流出地某些公共服务可能过剩，而在人口流入地某些公共服务可能不足，从而导致严重的资源错配与浪费。

四、基本公共服务供给结构问题产生的原因

我国基本公共服务供给在结构上存在着不均衡、不合理的问题，要优化我国基本公共服务供给体系、促进我国经济与社会的健康发展，就必须进一步完善我国基本公共服务的供给结构。而优化基本公共服务供给结构的前提是要能够识别其存在的问题及原因，并以此作为方向进行有针对性的完善。根据上述理论分析，总结我国基本公共服务供给结构不合理的原因如下：

（一）我国规模庞大的一般性行政管理支出对其他财政支出形成了挤出效应

根据一般的经济学理论，公共支出中维持政府部门运转的一般行政管理支出越低，则用在社会经济发展与民生保障方面的财政资金就会越多，从而财政资金的经济效率越高，民众从中获得的效应也越高。但我国相对世界各国的平均水平而言，多达五级的政府层级是最多的，政府规模也很大，从而导致财政供养人口数量巨大，大量的财政资金被用于政府的维持性支出，而其中的不少资金又被用于接近纯消费性质的"三公"支出。由于一国的整体经济产出和可用财力是有限的，当大量的资金被用于一般行政管理支出时，用于交通运输等的生产性支出与用于教育、医疗卫生、社会保障与就业等的民生性支出就会越低，从而使财政支出的结构无法达到最优。当促进社会经济发展的生产性支出比例降低时，整体社会经济的发展潜力也将随之下降，从而使得二者陷于一个恶性循环。另外，更多的政府官员除了要耗费正常的供养资金外，官员们也会有冲动进行权力寻租并把自己的私利掺杂进公共决

策中去，从而进一步扭曲公共服务供给结构并降低社会产出。根据《2020 年全国一般公共预算支出决算表》，2020 年全国维持性支出为 20061.10 亿元，占全国一般公共预算支出的 8.17%；民生性支出为 154984.98 亿元，占全国一般公共预算支出的 63.08%；生产性支出为 70632.95 亿元，占全国一般公共预算支出的 28.75%。① 从纵向比较来看，2010 年全国维持性支出为 9337.16 亿元，占全国一般公共预算支出的 10.39%；2015 年全国维持性支出为 13547.79 亿元，占全国一般公共预算支出的 7.70%。在过去十年中，维持性支出占全国一般公共预算支出的比重一直维持在 7.50% ~ 10.50%，呈现先降后升的"V"字形趋势。②

（二）财政纵向失衡导致了基本公共服务供给结构失衡

从 1994 年的分税制改革到近几年实施的"营改增"，我国财政收入日趋向中央集中，财政纵向失衡逐渐加剧，中央对地方转移支付的规模越来越大。自 1994 年分税制改革以来，中央财政收入占全国财政收入的比重保持在较高水平，2019 年，全国财政预算收入 19.04 万亿元，其中，中央一般公共预算收入 8.93 万亿元，中央财政收入占全国财政收入的比重高达 46.9%。③ 中央财政收入集中度处于较高水平，制约了地方政府的财政能力，进而导致地方政府基本公共服务供给面临预算约束问题。在基本公共服务供给中，对于中央负责的事项，由于有较好的财力保障，其供给的规模和质量往往处于较高水平。而对于那些由地方政府负责的事项，由于地方政府财力有限且不稳定，其供给的规模和质量经常难以得到有效保障。

（三）财政横向不均衡加剧了区域间基本公共服务供给结构失衡

根据事权和支出责任划分，医疗卫生、教育、社会保障与就业等基本公共服务通常是由地方政府提供，因此其公共服务供给水平与地方政府财政能力密切相关，即地方政府财政能力越强，相应基本公共服务供给水平较高。由于自然资源禀赋、区位优势以及发展基础的差别，当前我国不同地区之间经济发展水平差异巨大，地方财政收入差距明显，导致地方政府之间的基本公共服务供给能力千差万别，进而造成了基本公共服务供给水平和供给结构

---

① 维持性支出主要包括一般公共服务支出，民生性支出主要包括文化、教育、科学、医疗卫生支出等，生产性支出主要包括农林水事务、交通运输、资源勘探等事务支出等。

②③ 数据来源：中华人民共和国财政部预算司官网，http://yss.mof.gov.cn/caizhengshuju/。

的地区差异。一般说来，经济发达地区基本公共服务财政投入总量较高，人均财政投入较大，因此基本公共服务供给结构相对健全和均衡。与之相比，经济欠发达地区的基本公共服务供给结构经常还处于保必须的状态，供给结构不健全和不均衡，基本公共服务供给中硬公共服务较多而软性公共服务偏少。在经济发展与基本公共服务供给结构的地区差异影响下，民众选择"用脚投票"流向经济发达地区，这不仅进一步扩大了经济发达地区和欠发达地区的经济发展，拉大了地方政府税源差距，而且更加扭曲了人口流入地和人口流出地的基本公共服务供给结构。

（四）城乡二元经济导致了基本公共服务供给结构的城乡失衡

按照制度伦理，城乡居民在基本公共服务的供给上应该享受同样的国民待遇，即城乡之间的基本公共服务供给应该大致均等。但从新中国成立至今，我国由于国情所限，经历了漫长的优先发展重工业以及城市经济的阶段，作为弱势方的农村反过来需要向城市提供各种资源，这种逆向输血的政策导向导致了不均衡的城乡二元经济发展模式。长期的不均衡发展，导致了城乡社会经济发展的失衡扩大化。尤其是随着改革开放以来的城镇化的不断推进，农村人口大量向城镇转移，农村日益空心化。随着人口的大量流失，农村土地的弃耕率不断攀升，各种水利设施年久失修，农村经济增长的动力不断下降，很多农村呈现凋敝的景象，许多公共活动失去了开展的依托。单纯从效率上讲，也许农村公共服务的投入产出比较低，而这将降低政府在农村地区的财政投入激励。然而，这将陷入一个恶性循环，即降低的公共服务投入又将降低人们留在农村的意愿与农村经济发展的潜力，从而进一步拉大城乡间在教育、医疗卫生、基础设施等领域的供给能力与供给差距。

（五）供给导向型的基本公共服务供给模式造成了供需结构失衡

一般说来，公共服务的供给模式主要有两种，即供给导向型与需求导向型。在供给导向型模式下，政府根据自身财政能力大小提供公共服务（即以收定支），并由政府决定公共服务供给结构。在需求导向型模式下，政府根据公众对公共服务的需求规模来筹集财政资金（即以支定收），并根据民众偏好来决定公共服务供给结构。目前我国是供给导向型模式占主导地位，这种"自上而下"的供给模式造成了基本公共服务供给结构失衡。在决定基本公共服务供给结构的过程中，政府偏好占据主导地位。

（六） 公共服务的差异化需求难以表达加深了供需结构失衡的程度

在商品的最优供给中，一般要求供给方根据个体或群体的偏好与需求来组织生产与供给。对于私人商品而言，在市场机制下，消费者的需求表达机制是货币选票，生产者根据货币选票所透露出来的信息确定生产的数量与结构，从而实现商品供给的最优。由于社会阶层和地区差异的存在，民众的公共服务需求偏好同样存在差异，并随着贫富差距扩大而变得复杂。基本公共服务的需求偏好存在差异，决定着政府要针对不同地区和不同群体提供差异化的基本公共服务才能像私人商品那样实现供给最优，这也意味着标准化的基本公共服务供给结构必然不符合要求。然而，由于我国人口基数大、民族众多、地域辽阔，地理环境、气候、社会经济发展水平差异巨大，在技术上对公众的需求偏好进行精准测量存在很大难度。尤其是在我国"用手表达"机制不健全、"用脚表达"机制成本高昂且存在不少障碍的情形下，公共选择中固有的"搭便车"问题难以得到有效解决。从而，当公共服务的差异化需求难以得到有效表达，公共服务的供给自然难以和需求精准匹配，从而出现公共服务的结构性偏差。

第三节　我国基本公共服务供给决策机制存在的问题与原因

随着中国特色社会主义进入新时代，我国社会主要矛盾已经转化为人民日益增长的美好生活需要和不平衡不充分的发展之间的矛盾。人民群众迫切希望基本公共服务供给决策机制能够更好反映人民群众的真实需求。在公共服务供给决策的过程中，政府应当准确了解民生需求和公众偏好，作出精准的公共服务供给决策，高质量地提供公共服务，以满足社会公共需要。并在此基础上提升财政资源的配置效率，最大化居民获得感和社会整体效用。然而，我国现阶段的公共服务供给决策机制存在不少问题，总结这些问题并剖析其产生的原因有利于对现有决策机制进行改进。一般而言，基本公共服务供给决策机制有以下四种：用手投票、用脚投票、舆论参与和政府偏好。四种基本公共服务供给决策机制各有优势，也都存在不足。本部分将分析四种决策机制的实现路径和作用效果，并指明存在的问题和原因。

一、公共服务供给决策的一般理论分析

（一）用手投票的公共服务供给决策机制的一般理论分析

奥茨（1972）比较了由中央政府集中供应和地方政府分散供应公共产品的效率，提出了财政分权定理。根据奥茨分权定理，如果一个国家只由中央政府提供公共产品，那么满足居民需求偏好的途径只有直接民主制或代议制，也就是"用手投票"。"用手投票"是指人们在公共服务供给决策的过程中，运用手中的选票，表达对地方公共产品的需求，并将个体需求整合并转换为公共需求。相比于西方国家的直接民主制，我国实行的是人民代表大会制度，以代议制的方式行使国家权力，对政府公共支出行为产生影响。根据我国宪法的制度设计，地方各级人民代表都由民主选举产生，对人民负责，受人民监督，人大代表及其工作机构具有收集社情民意、代表所在辖区居民表达公共需求偏好的内在职责。人大代表制度的本意是通过履职行为有效反映选民利益，通过"用手投票"来搭建汇集个体偏好并开展集体决策的平台和载体。

随着社会开放度的提高和公民民主意识的增强，人大代表在民意传递与实际作用发挥上存在的问题被社会广泛关注。在社会风险不断增加、矛盾逐渐凸显的新时期，地方政府利用人大代表了解社情民意的动机增强。针对人大代表制度的改革和完善相继在各地展开，各地积极探索实现居民选举权便利化的措施，并逐渐建立形成一套激励代表充分履职的机制。为了确保人大代表议案或意见建议能够得到有效办理，各地大力推进人大代表意见建议办理结果公开，通过评选优秀议案、先进办理单位的措施，人大议案或意见建议越来越受到当地政府部门的重视。

本节沿用伯切丁和迪肯（Borcherding and Deacon，1972）、伯格斯特龙和古德曼（Bergstrom and Goodman，1973）、米恩斯和梅海（Means and Mehay，1995）以及特恩布尔和米迪亚斯（Turnbull and Mitias，1995）基于中位投票人假设而开发的公共支出需求函数模型，在辖区公共服务①的供给量由中位收入居民的需求量决定的前提假定下（Bergstrom and Goodman，1973），推导出符合中国国情的"用手投票"机制下的公共服务需求函数方程。在现实中

---

① 此部分分析的"公共服务"指市政服务（municipal services），是由政府提供的服务，包含纯公共产品和准公共产品。

只有极少数公共商品是纯公共商品，其他大量的都是准公共商品，这些商品随着消费人数的增加而具有拥挤性，此时消费公共商品的边际成本将不断上升，进而每个人从公共服务中获得的效用将降低。基于上述分析，如果辖区公共服务数量和中位收入居民的需求量为 G，则中位收入居民公共服务的消费量为 $G_m = G/N^r$，其中，N 为辖区总人口；r 为公共服务的消费拥挤系数。如果 $r = 0$，则公共服务为萨缪尔森式纯公共产品；$0 < r < 1$ 表明公共服务为准公共产品。中位收入居民的效用表示为 $U_m = U_m(X_m, G_m)$，其中，X_m 为中位收入居民消费的私人商品数量，G_m 为中位收入居民消费的公共服务数量。中位收入居民的公共服务消费量是其支付的税收价格和收入水平的函数，即 $G_m = G(\tau_m q N^r, Y_m)$，其中，$\tau_m$ 为中位收入居民的税收份额，将私人商品的单位成本标准化为1，而将公共服务的单位成本设为常数 q，Y_m 为中位收入居民的收入。根据公共支出需求函数的做法（Bergstrom and Goodman，1973；Denzau and Mackay，1976；Gramlich and Rubinfeld，1982），可假定中位收入居民的效用函数采取柯布—道格拉斯形式（即 C - D 形式），α 为私人商品的消费支出占收入的份额，β 为公共服务的消费支出占收入的份额，则中位收入居民效用最大化问题如下：

$$\text{Max } U_m = U_m(X_m, G_m) = X_m^\alpha G_m^\beta \tag{4-12}$$
$$\text{s. t. } X_m + \tau_m q G_m N^r \leqslant Y_m$$

则中位收入居民的最优消费量可表示为：

$$G_m = \frac{\beta Y_m}{\tau_m q N^r(\alpha + \beta)} \tag{4-13}$$

由公式 $G = N^r G_m$，可以间接确定"用手投票"决策下中位收入居民的公共服务需求量，也即最优的公共服务需求量 G。

$$G = \frac{\beta Y_m}{\tau_m q(\alpha + \beta)} \tag{4-14}$$

由式（4-14）可知，最优的公共服务需求量受到多变量影响，包括中位收入居民的收入 Y_m、公共服务消费支出占收入的比例 $\beta/(\alpha + \beta)$、中位收入居民的税收份额为 τ_m、公共服务单位成本 q。

（二）用脚投票的公共服务供给决策机制的一般理论分析

蒂布特（1956）论证了居民通过"用脚投票"机制间接地选择地方税收与

财政支出的机理。蒂布特模型指出，在同时有多个社区提供不同的公共产品组合、个人能够通过在不同地区间迁移来表达公共产品偏好、人口流动不受限制、存在大量辖区政府、各辖区政府税收体制相同、辖区间无利益外溢、信息完备等假设条件下，人们将根据各辖区政府提供的公共产品和税负组合来自由选择最能满足自己偏好的地方定居。蒂布特分权模型说明政府层级对公共产品供给具有显著影响，由地方政府分散提供公共产品不仅可行而且有效，因为用脚投票的结果使具有相同偏好的居民聚集到了同一辖区内，实现了公共资源的最优配置。此外，居民的迁徙向辖区政府发出了信任与否的信号，尽管任何一个地方政府因为公共服务低效而失去所有居民信任从而导致全部居民迁出的可能性微乎其微，但是这种"用脚投票"的机制将促使各辖区竭力提供最佳的公共支出与税负组合，以避免那些具有较高税收负担能力的居民和掌握经济发展所需资本的投资者离开，从而吸引发展本地经济所需的各种资源。

随着我国资本、劳动力要素的放开，人员跨地区流动越来越频繁，地方居民离开户籍所在地，到异地工作、生活的数量越来越多，人口老龄化的到来也加剧了各地对劳动力资源的竞争。为了吸引高素质人才以提高地区经济竞争力，各地纷纷降低落户门槛，以及出台吸引高层次人才的政策。当前，公共服务水平成为了影响人口跨地区流动的重要因素之一，人口流动在一定程度上反映出居民对公共服务供给水平的需求偏好。随着人口跨地区流动的自由进一步提升，这不仅会带来流入地的公共产品供给压力，也会间接影响到流出地公共财政资源的配置。

（三）舆论参与的公共服务供给决策机制的一般理论分析

在专业媒体和自媒体日益发达的今天，"舆论参与"也能有效地影响公共服务供给的决策。当公众的自身诉求无法通过用手投票和用脚投票机制得到有效满足时，公众可以通过在新闻媒体、网络社群等平台发声的舆论参与方式表达需求。国外研究提出了类似的"呼吁"机制，"呼吁"的概念由赫希曼在1976年提出，是一种个人或集体直接表达需求的方式。传统上，公众一般通过纸质媒体或街头聚会来制造舆论，从而达到吸引社会和政府关注公众需求的目的。随着社会进步和网络技术的普及，传统的舆论参与渠道面临深刻变革，新的表达手段和方式纷纷出现，自媒体逐渐成为新时期舆论参与的重要形式。以微博、微信、微视频和客户端为代表的"三微一端"，以及以豆瓣、知乎和贴吧等为代表的专业网络社群高速发展，已经成为公众舆论的主要平台。互联网成为民意汇集、反映民意的重要通道，成为表达诉求、意见的重要途径。借助专业网络社群这一平台，庞大的用户群使"舆论参与"具有很大的规模效应，能够较好地表达群体的需求。民众的重大关切得以借助网络平台在短时间获得极大的关注，最终获得有关部门的高度重视和及时解决。同时，公众通过在网络上表达诉求能促使地方政府更加重视民生问题，对过分注重经济增长的发展方式进行纠偏。因此，"舆论参与"成为了影响政府公共服务决策的一股重要力量。

舆论参与决策机制作用有三个重要条件：动机、能力和信息。其中，动机指公众通过制造舆论参与供给决策的意愿，与公民意识的强弱正相关，但往往会受到所在群体的影响；能力指公众有通过表达需求偏好从而改变政府或其他公共服务供给者决策的能力，基本公共服务供给恰好满足公众的需求偏好是能力强的重要标志；信息指舆论参与所需要的信息资源，信息获取是否便捷和充分直接影响舆论参与的效果。如果信息不对称甚至信息不完全，公众表达需求偏好的机制受到阻碍，舆论参与供给决策的机制无法实现。公共服务供给决策中舆论参与机制的构成如图4-1所示。

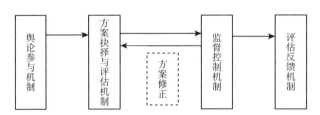

图4-1　公共服务供给决策中舆论参与机制的构成

（四）政府偏好的公共服务供给决策机制的一般理论分析

在公共服务供给决策的过程中，政府偏好有着重要的作用。在我国借助"用手投票"、人口流动机制来有效表达公共服务供给需求的能力有限。由于特殊的国情，我国的政府偏好及其形成并非自上而下的"集中关怀"，也非自下而上的"民意表达"，而是介于两者之间的"民主集中制"（丁菊红等，2008）。我国政府偏好的形成与财政分权程度紧密相关，财政分权程度不同会导致政府偏好程度不同，从而影响基本公共服务供给。本部分将分析不同财政分权程度下的政府偏好。政府偏好可细分为中央政府偏好和地方政府偏好，二者都对公共服务的供给产生了直接的影响。

财政分权度越高则地方政府越有可能偏好非民生性公共服务供给，抑制民生性公共服务供给。财政分权度高也意味着地方政府的财政支配权大，地方政府财政支出倾向于发展经济领域，造成对民生性公共服务支出的挤出。因此，财政分权程度越高，政府往往偏好短期内能见效、外部性较弱的非民生性公共服务，而民生性公共服务占比将可能走低。

为了从理论上分析政府偏好对于公共服务供给决策的影响。本节构建一个在政府既定财政能力下，基于政府偏好的公共支出选择模型。模型的前提条件如下：（1）将公共服务分为两大类，民生性公共服务 PPS 和非民生性公共服务 NPS；（2）公共服务仅由政府提供，私人不提供公共服务；（3）政府的支出偏好在一定范围内波动；（4）公共服务的供给量由经济发展水平、政府财力水平、政府对公共服务供给的偏好决定。构造公共服务的供给函数为：

$$PS = f(Y, F, T) \tag{4-15}$$

其中，Y 为经济发展水平；F 为财政收入占经济总量的比重；T 为政府对民生性公共服务的偏好程度。T 受到财政分权程度的影响，当财政分权程度越高时，地方政府会倾向于提供非民生性公共服务，T 也越小。假设政府对民生性公共服务的偏好程度 T 在 $[\underline{T}, \overline{T}]$ 之间，在图 4-2 中表现为政府偏好无差异曲线随着 T 的增加越来越陡峭。图 4-2 中 CD 曲线表示政府在最高财政收入预算条件下提供民生性公共服务和非民生性公共服务的最优支出组合，CD 曲线以内的支出组合是非最优的。在既定经济发展水平和财政能力下，政府能够提供的民生性公共服务数量一般情况下在 PPS_{min} 到 PPS_{max} 之间。

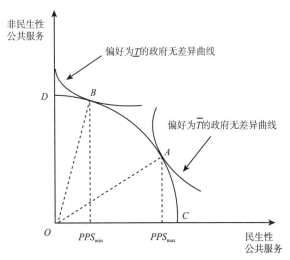

图 4-2　基于政府偏好的公共支出选择模型

二、基本公共服务供给决策机制存在的问题

（一）用手投票未能充分有效反映民众需求

在公共服务供给中，用手投票决策机制起作用的重要前提是民众能够通过选票准确且客观地表达自身的真实需求，并且地方政府能够按照选民的偏好提供合适的公共服务。我国实行人民代表大会制度，由各级人大代表反映民众的真实需求。各级人大代表应尽责履职，成为基层民众的传声筒，保证用手投票决策机制能较好地成为公众表达自身真实需求的有效手段。

（二）用脚投票受到户籍制度和人口流动成本约束

在公众能够自由流动和自主选择居住地的理想状态下，用脚投票决策机制是表达公众偏好的有效途径。然而，我国当前的户籍制度对用脚投票决策机制起着重要的抑制作用。当前我国的户籍制度并未完全放开，外来人口想要获得大城市尤其是一线城市的户籍仍然存在门槛。在任何一个地方，只有拥有当地户籍的居民才能完全享有当地的公共服务和公共设施，非户籍常住人口想要享受同等水平的公共服务将面临较高经济成本。比如，非户籍人口在小孩入学时可能需要缴纳高昂的择校费。此外，一些城市的高房价和较高生活成本提高了公众自由流动的成本，实质上的租售不同权又使得租房居民无法充分享受所在城市公共服务带来的便利。以上多种因素综合作用，导致用脚投票决策机制表达民意的能力较弱，在现实中未能成为民众表达公共服务诉求的有效途径。

（三）舆论参与只能表达部分社会群体的需求

舆论参与是公众通过新闻媒体、专业网络社群等平台直接表达诉求的途径，从作用机制来看是最直接的公共服务供给决策方式，理论上也应当能准确表达公众对公共服务的诉求。互联网为公众提供了便捷的政府相关信息，方便公众进行信息互动和及时反馈。然而，舆论参与只能针对少数事件发声，政府公开信息有限，能起到监督作用的非政府组织规模较小，这些均降低了舆论参与决策机制的有效性和充分性。以往研究表明，舆论参与能够显著增加大部分民生性公共服务的供给规模，尤其是关系大部分家庭的教育和社保就业类公共服务，但对具有需求异质性的医疗卫生类公

共服务供给的影响较弱。此外，舆论参与往往是个体表达公共服务需求的重要途径，难以形成表达群体公共服务需求的合力，因此，有时对地方政府决策的影响有限。

相比其他公共服务供给决策机制，舆论参与决策机制也可能产生一些负面影响，不同阶层的社会群体对公共服务有不同的认知和需求，而这些需求不一定会和整个辖区的整体公共服务需求相一致。公众也可能会通过媒体等舆论渠道表达超出地方财政能力的公共服务需求，某些特殊利益集团也可能通过掌控的媒体资源进行带有倾向性的舆论引导，由于信息不对称某些舆论表达可能误判公共服务的供给，上述情况都可能扭曲公共服务供给的规模与结构，进而降低公共服务供给的整体效率。

（四）政府偏好导致公共服务供给规模和结构扭曲

在不同财政分权程度下，政府偏好与民众真实偏好之间会有不同程度的偏差。在较高的财政分权程度下，基于我国以经济指标为核心的政绩考核机制，政府偏好将增加促进地方经济增长的非民生性公共服务供给，然而没有充足动力提供科教文卫等民生性公共服务。这意味着地方政府会在财政能力范围内最大限度提供非民生性公共服务，比如交通运输类等基础设施公共服务，而在民生性公共服务领域则倾向于满足基本标准。即使中央制定了规范公共服务供给的制度，但在较高的财政分权程度下，地方政府提供公共服务往往是根据地方政府的偏好而非民众的需要，最终导致了政府偏好与民众真实偏好的背离。

三、基本公共服务供给决策机制问题的产生原因

（一）用手投票决策机制问题的产生原因

用手投票决策机制的问题表现在民意表达不准确和监督功能不强。产生问题的原因主要有三点。第一，当前代表的结构欠合理。人大代表和政协委员中社会权威人士较多而底层民众占比相对偏少，导致人大代表的议案和政协委员的提案较多地反映社会中高阶层的需求，对底层民众的真实需求反映较少。第二，传递民意的过程中存在表达民意能力不足或是信息失真。人大代表文化程度和社会地位差异较大，体现在不同代表社会调研和准备议案的能力存在较大差异，以及社会地位高的代表的议案更容易被接受和采纳。因

此，底层民众关切的民生问题可能由于议案表达不够精确或是代表影响力较弱而无法得到解决。此外，由于民众表达诉求能力不足或是代表调研不够充分，信息从民众向代表传递的过程中可能存在信息失真。第三，公共服务监督机制不够完善。人大、政协的专题质询等监督方式对被监督者缺乏效力，属于非强制性，这反映了用手投票机制对公共服务供给决策过程的监督功能不强。

（二）用脚投票决策机制问题的产生原因

用脚投票决策机制的作用效果受到严格的户籍制度、城市高房价和农村土地制度的制约。第一，中国严格的户籍制度使得用脚投票机制受到很大的限制。尽管近些年大中城市纷纷出台人才引进政策，人才流动已经有了较大的自由度，但是用脚投票的作用机制仍然存在较大约束。城乡分割的户籍制度使进入城市的农民难以在城市立足，部分城市落户有较高的门槛，达不到落户要求的流动人口无法真正成为城市的主人，外来务工人员难以获得和城市其他居民同等的公共服务。户籍制度产生的不平等对待导致了对非户籍人口的身份歧视，而且阻碍了非户籍人口表达需求、融入主流社会的步伐。

第二，城市高房价对用脚投票机制产生了负面影响。在目前的土地制度下，政府控制土地供给，政府可以将土地用于建设住宅和公共设施，也可以用于工商业用地。在土地财政最优的目标导向下，中国政府有缩减住宅用地供给抬高地价的倾向。当住宅用地供给不足，且与进城人口数量之间不匹配时，房价会持续增长。我国城市住宅不仅具有居住属性，也是户籍制度下居民获得当地公共服务的重要"凭证"，较高的房价提高了外来人口定居的门槛，进而影响了民众"用脚投票"表达需求的效果。

第三，当前农村土地制度及其实施效果未能有效盘活农村闲置土地与住宅。2020年1月1日开始实施的新《中华人民共和国土地管理法》破除了集体经营性建设用地进入市场的法律障碍，但由于集体经营性建设用地入市涉及政府、集体、农民等多方利益关系的调整，且地方政府基于土地财政利益、产业用地效益、存量用地规模、增值收益分配等因素考量，推动农村集体经营性建设用地入市的积极性并不高，因此实践中农村集体经营性建设用地入市难以有效增加农民的财产性收入，导致有意愿用脚投票的农民缺乏足够资本进城安家。此外，宅基地流转改革进展缓慢，农村宅基地和住宅闲置浪费问题日益突出。在现有制度安排下，农民只拥有宅基地的有限使用权和住宅的所有权，农民难以增强宅基地使用权的流通性和实现宅基地与住宅的财产价值，从而抑制了农村居民转化为城市居民的步伐。

（三）舆论参与决策机制问题的产生原因

在舆论参与决策机制的实际运行中，公众有时难以准确表达自身真实需求，这可归因于个人意愿、可获信息和自身能力的欠缺。首先，受到传统文化明哲保身思想的影响，以及考虑到在网络或媒体上制造舆论的附带成本相对较高而效果较弱，公众往往不愿意借助舆论表达需求，或是只关心与自身利益密切相关的公共决策。其次，公众掌握的政策信息不充分，难以预见经济资源配置及其运行的后果，从而导致公众借助舆论参与方式表达自身诉求的效果大打折扣。再者，科学技术迅猛发展并渗透到社会生活的各个领域，公共政策制定和执行的科学含量越来越高，增加了公民理解公共政策及其后果的难度。

另外，舆论参与决策机制的人群结构影响了其实际作用效果。中等收入群体是主要群体，具有中等收入、高学历、价值观多元的特点。他们往往会根据自身的学识经验，对医疗和教育类公共服务形成自己的认知和需求，从而形成需求表达的系统性偏误。与之相比，中低收入等弱势群体借助舆论参与手段表达需求的能力较弱，并且难以诉诸社会帮助，最终导致舆论参与只能代表部分社会群体的公共服务需求，也难以形成合力影响地方政府的决策。

（四）政府偏好决策机制问题的产生原因

政府偏好决策机制存在的问题主要源于以经济指标为主的政绩考核机制、较高的财政分权程度。第一，在政绩考核机制的压力下，地方政府一般会倾向于提供交通运输类等非民生性公共服务，而对于教育、环境保护等具有长期效用的民生性公共服务则积极性不足。

第二，中国式财政分权在很大程度上扩大了地方政府的财政自由裁量权，从而为政府偏好主导公共服务决策提供了机制保障。我国财政分权的特点是事权不断下放，但财权不断上收，即公共支出权不断归地方，但收入权却逐渐向中央集中。

第四节　我国基本公共服务供给方式存在的问题与原因

"十三五"时期以来，我国一直在实践探索建立"政府主导、社会参与、公办民办并举"的基本公共服务供给模式①。尽管基本公共服务的供给制度框架和供给体系已初步形成，但人民日益增长的公共服务需求与不平衡不充分的公共服务供给之间的矛盾仍然突出。较为单一且低效率的公共服务供给方式降低了公共服务供给的质量，增加了无效和低端供给，有效供给严重不足。一方面，无效和低端供给不但占用了大量的公共资源，造成了巨大的浪费和低效率，而且挤占了经济可持续的发展空间。另一方面，只有扩大有效供给，才能化解供给结构滞后与需求结构不断升级的矛盾，切实满足人民群众的公共服务需求，增强经济增长的内生性动力。因此，必须从公共服务供给侧入手，尽快建立高效的公共服务供给方式，丰富多元化供给主体，从而提升供给的质量和效率。而找出公共服务供给方式存在的问题，并对其产生原因进行深入剖析有助于我们调整和改良现有的供给方式。

一、基于效率的基本公共服务供给方式的一般理论分析

政府供给的公共服务是公共服务投入量的函数，而居民消费的公共服务又是公共服务供给量的函数。在不同公共服务供给方式影响下，居民将政府供给的公共服务转化为个人效用的能力和意愿存在差异（Bradford，1969；龚锋，2010）。公共服务的需求在多大程度上得到满足反映了公共服务供给效率（Savas，1978）。

本节借鉴施瓦布和赞佩利（Schwab and Zampelli，1987）以及海耶斯（Hayes，1998）等的模型来研究公共服务供给效率问题，假定居民的公共服务受益水平 G 取决于政府的基本公共服务供给量 P，以及居民将公共服务转化为个人效用的能力，以居民收入 I 作为代理变量。函数 G 满足 $G_P > 0$，$G_{PP} \leq 0$；$G_I \geq 0$，$G_{II} \geq 0$。$G_P > 0$ 意味着公共服务供给数量的增加可以增加居民公共服

---

① 引自《"十三五"推进基本公共服务均等化规划》。

务受益水平；$G_I \geqslant 0$ 意味着居民将公共服务转化为个人效用的能力对提高居民公共服务受益水平有促进作用，居民收入对促进作用有正向激励。公式表达如下：

$$G = G(P, I) \qquad (4-16)$$

同时，本节假定政府的目标是实现公共服务的实际支出与公共服务最低可行成本的差额最小化。公共服务的实际公共支出与公共服务最低可行供给成本的差额定义为 R。设定 ω 是单位支出，ωP 即政府向代表性居民供给公共服务的实际支出，$C(P)$ 是公共服务最低可行供给成本，假定最低可行供给成本函数是递增的凸函数，即 $C_P > 0$，$C_{PP} > 0$。公式表达如下：

$$R = \omega P - C(P) \qquad (4-17)$$

进一步假定政府通过选择公共服务供给量 P 来最小化式（4-17）中的 R。此时，面临三个约束。

一是政府预算平衡约束：

$$\omega P = T \qquad (4-18)$$

二是居民预算平衡约束：

$$x + T = I \qquad (4-19)$$

三是居民的参与约束：

$$V(x, G) \geqslant \bar{V}(I) \qquad (4-20)$$

其中，T 为政府向居民征收的财政收入；x 为居民的私人消费，其价格标量化为 1，则居民私人消费的成本 $C_x = 1$；$V(x, G)$ 为代表性居民的效用函数，其效用来自于对私人商品和公共服务的消费。式（4-20）意味着代表性居民的效用不能低于某个最低水平 $\bar{V}(I)$，这一最低水平取决于居民的收入水平 I[①]。对效用函数作标准的设定：V_x，$V_G > 0$；V_{xx}，$V_{GG} < 0$；$V_{Gx} = V_{xG} > 0$。

政府官员的问题是在式（4-18）、式（4-19）、式（4-20）三个约束

---

① 影响居民最低效用水平的变量除收入以外，还包括居民的其他个体特征变量。此处仅将收入 y 纳入最低效用函数，是为了强调极端情况下和正常情况下居民效应的分布状况。一般说来，由于边际效应递减以及边际替代率的变化，当居民全部收入均用于私人商品或公共商品时，其效用将处于最低状态。很明显这是一个在现实中不太可能出现的状态，作为一个理性人，居民的收入将会在私人消费和公共消费中进行分配。

下，选择 P 和 T 以最小化式（4-17）中的 R。将式（4-18）代入式（4-17），式（4-19）代入式（4-20），写出拉格朗日函数：

$$L = [T - C(P)] + \lambda [V(y - T, G(P, U)) - \bar{V}(y)]$$

得到一阶条件为：

$$L_T : 1 - \lambda V_x = 0 \qquad (4-21)$$

$$L_P : -C_P + \lambda V_G G_P = 0 \qquad (4-22)$$

将上述一阶条件合并，得到下式：

$$\frac{V_G}{V_x} = \frac{C_P}{G_P} \qquad (4-23)$$

其中，$\frac{V_G}{V_x}$ 是公共服务与私人商品之间的边际替代率，$\frac{C_P}{C_x}$（其中，$C_x = 1$）是公共服务与私人商品之间的边际转换率。因此，可以将式（4-23）重写为：

$$MRS_{Gx} = \frac{MRT_{Gx}}{G_p} \qquad (4-24)$$

公共服务的最优配置效率条件为萨缪尔森条件：$MRS_{Gx} = MRT_{Gx}$。G_p 代表在给定居民个体特征和需求偏好的前提下，政府提供公共服务的合意性，即政府的公共服务产出转化为居民公共服务受益的程度。根据式（4-24），可形成以下判断：

第一，当 $G_p = 1$ 时，$MRS_{Gx} = MRT_{Gx}$，公共服务的供给与需求相匹配，政府提供的公共服务能够满足居民效用，公共服务供给效率处于最优水平。

第二，当 $G_p > 1$ 时，$MRS_{Gx} < MRT_{Gx}$，这意味着居民愿意用公共服务替代私人商品的比例低于技术上可行的公共产品和私人商品之间的替代比例。相对于居民的公共服务偏好，公共服务供给过度，政府在公共服务供给中出现越位现象，进而造成公共服务供给效率较低。为了提高公共服务供给效率和减少公共服务浪费现象，政府应适当降低公共服务的供给规模。

第三，当 $G_p < 1$ 时，$MRS_{Gx} > MRT_{Gx}$，这意味着居民愿意用公共服务替代私人商品的比例高于技术上可行的公共产品和私人商品之间的替代比例。居民对公共服务的偏好更强烈，超出了政府实际可行的供给能力，公共服务供给方式的单一造成公共服务的供给不足，公共服务供给效率偏低。为了降低公共服务供给成本以及提高公共服务效率和满意度，应当由政府以外的社会力量，如非政府组织、非营利部门等来补充提供公共服务。

　　进一步分析，基本公共服务供给效率的影响因素包括财政分权、公共服务决策机制、地方经济发展水平、地方财政收入、供给主体的多样性、绩效考评等一系列供给方式的异同。由于民生性公共服务对经济增长短期内缺乏直接的促进作用，地方政府倾向于将有限的财政收入投入能够直接刺激经济增长的生产性公共服务，并采取各种手段促进其边际产出的提升。在私人商品的购买中，居民通过货币选票来显示自己的偏好，所以一般可以用货币表示的消费量来指示一个人的效用水平，但公共服务的供给不是由个人决定的，其供给数量与种类可能和居民偏好都相差甚远，从而必须在公共服务供给与居民效用之间设定一个效用转换系数，只有当公共服务完全满足居民的偏好时，该效用转换系数才可能是 1。而效用转换系数的大小显然受公共服务的决策机制影响巨大。地方经济发展水平较高的地区，其公共服务的需求水平也往往越高，其公共产品的产出除了靠更高比例的财政投入外，也得益于更高经济发展水平下的更高技术生产效率。当地方财政收入越高时，往往不仅意味着经济纯粹规模上的扩张，而且也可能意味着经济发展质量的提升，而这种内生性的增长很容易传导到公共产品的生产，从而影响其生产效率的高低。迄今为止，还没有一种生产方式比市场更有效率，而当引入政府部门以外的市场主体进入公共产品的生产时，无疑也将引入程度不同的市场化生产方式，林达尔均衡即提供了一种可能将公共产品转换为私人商品的生产方式，这无疑将提升公共产品的生产效率。而当绩效考核开始引入公共产品的生产过程并影响到相应的资金分配时，对公共产品生产效率的提升将产生显著的激励效应。

二、公共服务现有供给方式存在的问题

　　过去由于经济发展水平不高、财政能力有限以及国家治理能力不强，我国公共服务供给效率较低，供给方式单一、供给机制僵化严重。随着我国经济的快速发展和财政收入的不断增加，基本公共服务的财政保障能力进一步增强，公共服务供给方式优化和供给效率提高具备更充分的经济条件。为了实现上述目标，必须找出当前我国公共服务供给方式存在的问题，由问题出发找到解决办法，从而实现公共服务供给方式的创新。

（一）公共服务供给主体单一

我国大部分基本公共服务的供给主体是政府，企业、非营利机构和个人直接参与基本公共服务供给的范围和程度非常有限。供给主体的单一导致基本公共服务供给效率较低、供给成本较高、供给数量和质量较低等问题。

一方面，在大部分基本公共服务中，政府大包大揽，过度地直接参与基本公共服务的生产和提供。具体表现在政府、企业和社会力量三种供给主体间的分工不明确，主体间的缺位、越位和错位并存。例如，在文化体育与传媒基本公共服务中，政府的责任应该集中在政策和制度的制定、行业管理、资金保障方面，也可以直接提供一部分文化体育和传媒服务但不应作为主要任务。然而，在现实中，文化传媒与体育的供给制度不够完善、政策体系不健全，导致企业、非政府组织和个人难以有效参与文化体育与传媒公共服务供给。相反，政府在很多时候扮演了文化体育与传媒基本公共服务主要直接供给者的角色，从而导致我国文化体育与传媒基本公共服务供给数量有限、质量较低并且效率低下。

另一方面，我国缺乏对企业、非营利机构和个人参与基本公共服务供给的制度激励，多元化供给体系还没有成型。在市场经济体系和新时代背景下，基本公共服务供给主体应该多元化，应当鼓励各类社会主体和市场主体参与到基本公共服务供给中来，这不仅可以提高供给效率和水平，也有助于缓解政府的财政压力。例如，在教育基本公共服务中，各类具有教育基本公共服务供给能力的主体，包括企业、行业协会、非营利性组织及个人，应该被激励按照制度化的机制和渠道参与提供教育基本公共服务，享有政府采购或财政补助的权益。然而，部分政府相关部门服务意识不强，导致社会力量参与教育等基本公共服务的渠道不畅。在各类基本公共服务的供给中，公开、公平、公正的政府购买和成本补偿机制也尚不完善，导致其他市场主体在参与基本公共服务供给中的利益难以保障。

（二）财政资金投入方式缺乏效率

公共服务财政投入方式可以直接或间接地影响供给主体、供给方式、供给效率，从而最终影响基本公共服务供给状况。我国基本公共服务的财政投入方式存在以下问题：

一方面，财政资金投入的分配方式缺乏公平合理的制度保障。我国财政预算资金在不同部门之间或同一部门内部进行分配时，经常出现由上级主管部门、财政部门或政府领导基于各方利益博弈直接决定和分配的情形，而不是基于明确的、程序化事前规则来确定财政资金的分配。因此，强势部门、与上级主管部门或财政部门关系较好的部门更容易获得财政资金，而话语权较弱、与财政部门关系一般的部门则难以获得充足的财政资金。例如教育部门、社会保障和就业部门等弱势部门一般难以获得充足的财政资金，从而导致民生性基本公共服务资金投入不足，阻碍了民生性基本公共服务供给规模的提升。欠规范的财政资金分配机制会导致基本公共服务供给部门之间的资金分配不公平，从而导致基本公共服务供给结构不合理，以及资金使用效率低下。

另一方面，财政资金引导社会资金介入基本公共服务的影响机制有待完善，作用范围有待扩大，资金使用效率有待提高。基本公共服务需要大量的资金投入，而我国许多地区特别是中西部地区财政资金不太充足，仅仅靠财政投入提供基本公共服务远远不够。要保证人民群众能够享受到充分的基本公共服务，必须引入社会资金，而 PPP 模式是一个有效的途径，可以使得财政资金起到"四两拨千斤"的作用。目前我国采取 PPP 模式的主要领域是交通运输基本公共服务，这主要是因为交通运输基本公共服务通常采取一定的收费形式，使得该基本公共服务能带来一定的收益，从而给予社会资本一定的回报。然而我国在引入 PPP 模式提供基本公共服务方面还存在诸多问题。一是部分项目通过 PPP 模式引入了一些社会资金，但这些资金经常实际上变成了政府的负债。由于 PPP 模式引入的社会资金通常要求政府提供项目收益保障，PPP 模式实质上变成政府通过负债融资的方式生产和提供基本公共服务，从而带给政府较大的还债压力。二是采取 PPP 模式引入社会资金生产和提供基本公共服务的领域较为狭窄。PPP 模式主要应用在交通运输等公共基础设施领域，但是在医疗、教育等公共服务领域，PPP 模式存在较大的局限性。三是 PPP 模式普遍采用特许经营制度，实际上使中标的投资运营商获得了一定程度的垄断权利，利益基本上能得到合同保障。这种缺乏竞争的环境在某些情况下会减弱私营机构降低成本、提高服务品质的动力。由此可见，PPP 模式作为一项重要的公共服务供给方式，已经成为传统政府模式下公共服务供给方式的补充手段，但 PPP 模式在运作过程中存在较大的改进空间。

（三）政府购买服务机制落后

目前公共服务供给方式主要有两种。一是政府直接提供方式。政府直接生产和提供公众需要的公共服务。由于在生产方面缺少竞争和激励机制，政府相关部门缺乏动力提高公共服务的生产效率，也没有动力节约成本，最终导致生产成本较高且生产效率低下。二是政府购买公共服务方式。政府向社会力量购买为社会提供的公共服务，广义上还包括政府向社会力量购买辅助政府履职的咨询、调研、统计等服务。政府购买公共服务方式引入了竞争机制，公共服务由政府提供转为向社会力量购买，突出了社会力量在公共产品供给中的地位和作用，强化了政府与社会的双向互动。其实质表现为政府将向社会公众提供的公共服务通过业务委托、公私合作、补助等方式转交给社会力量提供，并由政府根据服务数量和质量向其支付费用。这种方式能够提高社会整体的资源配置效率，提高基本公共服务的供给规模，降低基本公共服务的生产成本，也减小了财政资金支出压力，从而更好地满足公众对于基本公共服务的需求。然而，政府购买公共服务方式也存在诸多问题，导致公共服务供给未能取得满意效果。

第一，政府向社会购买基本公共服务的范围和规模都非常有限，列入政府采购目录和范围的产品和服务还比较少。在全国范围内，只有部分发达地区建立了较完善的政府购买服务制度体系，许多地区尤其是中西部欠发达地区的政府购买服务制度体系尚未健全。不同地区政府购买服务之间具有明显差距，逐渐扩大了地区间公共服务供给差距。在拥有较完整政府购买服务制度体系的上海，政府购买服务也多集中在养老、社区、医疗、卫生、环境保护等传统社会服务领域，新型互联网"云服务"、技术咨询、外事企业咨询等服务需求依旧存在较大的缺失，尤其是在政府向社会购买智力成果方面还存在很大不足。另外，政府购买公共服务的规模也相当有限。例如，在社会保障与就业基本公共服务方面，只有少部分养老服务和儿童福利服务是政府向社会购买得到，其主要供给方式还是由政府通过建立养老院提供养老服务，以及通过建立社会救助机构提供救助服务。在人口老龄化日益严重的当下，政府使用财政资金直接提供养老托幼服务面临着较大的财政压力，且往往由于财政资金紧张无法保证公共服务的供给质量。

第二，政府采购领域的法律制度建设严重滞后，监管效果不佳。在政府购买服务法律制度建设方面，相应的法律规定跟不上现实情况。因"公共服务"在《政府采购法》《政府采购法实施条例》中未予明确界定，地方也欠缺细则目录。实践中各地对公共服务的界定多有分歧，这加剧了政策制定的难度。此外，政府购买服务的监管效果不佳，易造成权力寻租。当前政府购买服务强调事前监管，忽视事中与事后监管；强调使用行政手段进行监管，社会监管、舆论监管和人大监督严重不足，使得监管难以落到实处而且效果不佳。

第三，在政府购买公共服务的过程中，社会公众作为消费者参与不充分。一方面，由于我国政府购买公共服务尚处于初级阶段，存在着大量的形式性购买与非竞争性购买，生产公共服务的社会组织往往只对政府而非社会公众的需求保持敏感。另一方面，现有政府购买服务的制度设计忽视了社会公众的主体地位。现有制度设计中，社会公众并没有参与到购买服务规则、标准与流程的制定中，在购买什么、如何购买、购买结果的评估方面，社会公众也缺乏参与的渠道。在政策法规层面，消费者在购买初期的参与权、购买过程中的监督权以及事后评估时参与反馈的权利缺乏明确的政策依据。

（四）民众获取基本公共服务成本较高

在当前的公共服务供给方式下，基本公共服务从生产到消费还存在一系列复杂的过程，政府处于强势地位，不能高效响应民众需求，导致民众获得基本公共服务的成本较高，具体表现在经济成本和时间成本两方面。

第一，居民获取基本公共服务的经济成本较高。目前，我国的基本公共服务不全是免费提供，有些需要收取一定的费用。由于公共服务供给制度的不完善，收费存在一些问题。一方面，部分基本公共服务收费标准较高，超出居民的承担能力，增加了居民获得相应基本公共服务的难度。例如，看病难、看病贵、因病返贫和因病致贫等现象就反映了我国医疗卫生基本公共服务收费较高的问题，进而导致低收入居民就医率较低。而居民就医率较低往往会使病情恶化，进一步降低了低收入居民获取收入的能力，形成"低收入—生病时不就医—病情恶化—更低收入"的恶性循环。基本公共服务收费较高不仅会增加低收入群体获得基本公共服务的难度，也会增大不同收入人群之间获得公共服务的差距，不利于促进基本公共服务均等化。另一方面，部分采取贷款融资方式的基本公共服务通过收费偿还贷款，但是贷款清偿后仍然收费，这降低了基本公共服务的使用效率，增加了民众获取公共服务的成本。例如，公路收费现象较为普遍，已经成为地方政府新的财政收入来源，地方政府会通过多种手段在偿还期结束后继续收费并将超额部分纳入预算外收入。"借贷修路，收费还债"的模式逐渐被"投资修路，收费赚钱"所取代，民众获取交通运输类公共服务的成本上升。

第二，居民获取基本公共服务的时间成本较高。在公共服务供给的过程中，地方政府会为了缓解财政压力而改变公共服务的供给方式，以达到压缩公共服务财政支出的目的，但由此可能增加居民获取公共服务的时间成本。例如，在农村地区实施的"撤点并校"改革，原本是为了优化农村教育资源配置，全面提高中小学教育投资效益和教育质量，促进农村基础教育事业健康可持续发展。但实际效果违背初衷，撤点并校增加了学生通勤距离，提高了民众获得教育的时间成本。未建立寄宿制小学的地区，学生学习时间因通勤距离增加而显著减少。一些成本收益分析结果表明，撤点并校带来的损失超过可能节省的教育经费开支，这说明政策的实施既有违公平也没实现效率改进。

三、基本公共服务供给方式问题的产生原因

（一）公共服务多元供给缺少合作条件

目前，由于缺少制度的支撑和保障，公共服务供给主体多元化还未形成。从当前来看，多元主体合作供给存在着各主体力量失衡、合作意识薄弱、合作供给制度不健全等问题。这些因素阻碍着合作供给的深入发展，也限制了合作供给功能的发挥。

第一，各类主体发育不充分，准市场结构缺失。合作供给模式中各主体应是发展成熟、彼此独立、规范运作的，各主体之间形成一个准市场。作为基本公共服务的责任主体，政府不仅应承担提供基本公共服务的责任，还应当为其他各个主体的发展创造条件。从现实来看，企业的参与能够激发供给活力，但是作为市场主体的企业提供公共服务的能力不足。此外，能够供给公共服务的社会组织数量不足、质量不高，导致政府能够选择作为合作伙伴的社会组织数量严重不足。没有足够数量、满足一定条件且独立的主体，则良性互动的基础缺失，合作供给的潜在优势无法发挥。

第二，各类主体合作意识淡薄，未达成合作共识。各方达成合作共识是基本公共服务多元主体合作供给的基本条件。从公共服务的单一供给主体转变为多元供给主体中的一元身份，政府缺少与企业和社会组织的合作意识，

习惯性地作为公共服务的生产者和提供者。对于企业和社会组织来说，决定是否参与基本公共服务供给是一个利益权衡的过程，社会组织需要在获取资源和保持组织独立性之间进行权衡，企业需要在追求利润最大化和承担公共责任之间实现平衡。以公共就业服务为例，政府之外的其他主体根据政府补贴额度的高低选择接受或拒绝合作，且合作之后在监管不到位的情况下则会出现诸多违规行为，各地人社部门不得不出台针对就业服务机构的专项整治方案。究其原因在于政府、企业和社会组织这三方主体合作意识淡薄，都试图从合作中获益，而未将重点放在合作责任的履行上。

第三，合作制度不健全，市场与社会力量参与受限。基本公共服务合作供给模式相较于一元主体供给而言，参与主体增加，需要协调的关系变复杂，协调成本也会增加，各级政府之间、政府与企业之间、政府与社会组织之间错综复杂的关系都需要以健全的制度来加以规制。从当前来看，基本公共服务合作供给的资质要求、范围、方式、各方权益保障、利益纠纷解决甚至是合同管理等都缺少规范的制度。以政府购买服务为例，由于缺乏制度支撑，实践中出现了"交易主体行政化""指定式购买""内部化购买"等协作异化现象。企业与社会组织遭遇到隐性的障碍，各种"玻璃门""弹簧门"阻碍了它们公平参与的机会以及权益的保障，后续参加的动力不足。

（二）财政资金投入过程缺少精密计划与严格的监督机制导致效率偏低

一般说来，财政资金的使用想要在政策目标的约束下提高效率，必须在事前制订科学合理的使用计划，如投入方向、投入结构、投入地区等的规划。而且在事项完成后应按照当初的目标设定进行严格的责任审计，以总结财政投入方式的经验和教训。但从现有财政资金投入的实践来看，上述两方面都没有实施到位。

第一，财政资金投入计划不够精密，导致财政资金未能合理使用，并且财政资金使用效率较低。地方政府对于财政资金的分配有较大的随意性，没有针对性地制订精准的财政资金投入计划。在加大基本公共服务投入时，往往只是简单地增加财政资金供给，而不注重引导和优化财政资金在结构上的分配，导致基本公共服务供给效率较低。对于财政资金使用效率不同的地区，政府应当在保证结果基本公平的情形下制订不同的财政资金投入计划。对于基本公共服务资金使用效率较高的地区，政府应进一步加大支持力度；对于资金使用效率不高的地区，政府应转变机制，通过制度改革提高资金使用效率；对于规模报酬递减的地区，政府应当适度控制财政支出规模，尤其是减少转移支付补助，并积极引导社会力量的参与，进而提高整体的供给效率。

第二，公共服务供给监督与问责机制尚不完善，导致了公共服务领域财政资金使用的不规范。社会福利最大化是公共服务供给所追求的目标，但资源的有限性要求对公共服务供给中财政资金的使用过程进行严格监督，对公共服务供给的效果进行有效问责。然而在公共服务的财政资金投入领域，缺乏必要的法律法规和监管作为保障。现有公共服务监督机制多以内部监督为主，通常采取自上而下的方式，覆盖面和实效性有限，缺乏主动性，多属于事后监督。政府自身监督在很多情况下监督者与被监督者同为一体，严重影响了监督效果。人大、政协的专题质询、评议建议等监督方式对被监督者缺乏效力，属于非强制性。而司法机关只能依据法定职责和程序在一定范围内对被监督者履行公共服务职能进行监督，监督作用同样有限。媒体、社会公众等外部力量在公共服务监督中会受到重重压力和阻力，实际作用发挥有限。财政资金投入过程缺少有效监督机制，容易导致腐败和权力寻租，进而降低财政资金的实际作用效果。

（三）政府购买方式落后且未发挥社会组织作用

在我国政府购买公共服务的实践中，政府处于强势地位，且购买服务亦是在政府的规划、设计、监督下进行。因此，本部分主要从政府角度分析购买公共服务现存问题的原因。

第一，政府采取项目制的方式购买公共服务，导致公共服务监管的缺失，降低了政府购买公共服务的质量。政府通常通过"发包"的方式自上而下实行公共服务的购买，以项目的方式推进购买服务，这样做的好处是简化了决策流程，可以快速推进购买公共服务的进展，并且不需要对既有制度环境做出大的变革。但在项目制下，运作方式是市场化的，而项目的内容是公共服务，这样一来市场化的监管方式难以适应项目的运行，而新的监管方式又尚未建立，从而可能导致对项目制下的公共服务购买缺少必要的监管，导致公共服务的供给质量难以保证。

第二，政府购买公共服务受到制度约束，未发挥社会组织在公共服务供给中的作用，导致购买公共服务的规模和范围受到限制。由于"宏观鼓励，微观控制"的制度约束，社会组织提供公共服务的独立性与竞争性受到了限制，进而导致政府购买公共服务的规模和范围受到了限制。一方面，宏观政策对社会组织独立性的约束。社会组织必须接受同级民政部门和上级主管部门的双重领导，这种双重领导下的管理关系往往会演变为购买过程中的依赖关系。社会组织在承接上级主管部门的公共服务时，往往把它作为政治任务来看待，并为了获得政府部门的信赖，对于相关部门提出的要求往往无条件服从，因此也失去了制度上的相对独立性。另一方面，现有宏观政策对社会组织竞争性存在抑制作用。限制竞争制度与双重管理制度使得同一领域范围内的社会组织很难形成竞争。几乎所有政府职能部门下面都有自己主管的社会组织且同一领域内社会组织数量唯一，这在一定程度上限制了社会组织间的竞争性，从而不利于引入市场机制来提高公共服务的供给效率。

（四）财政压力导致民众获取基本公共服务成本较高

在公共服务供给过程中，政府面对不断扩张的公共服务支出与有限的财力，不得不对一些公共服务采取收费的形式并缩减某些公共服务的供给，从而增加了民众获取公共服务的经济成本，并也增加了获取公共服务的时间成本。

第一，行政事业单位增加财政经费的需求和追求可自由裁量的财政资金最大化的动机，共同导致了公共服务收费现象普遍。首先，对公共服务进行收费可以增加地方政府预算外财政收入，进而解决行政事业单位预算内财政经费不足的问题。其次，预算外资金的支出与收入相挂钩，导致行政事业单位为了支配更多预算外资金而扩张公共服务收费。

第二，地方政府在面临较大财政压力时，通常会选择扩大制度外的收费，从而导致居民享受公共服务的额外成本增加。在我国财权不断上收而事权不断下沉的背景下，加之公共服务的需求的增长往往超过了地方经济和财力的增长速度，地方政府的财力缺口呈现扩大的趋势。并且由于增加税收需要经过漫长的法律程序，发行债券地方政府又缺乏自主权，所以提高土地出让金等非常规收费方式就会被地方政府经常采用。而土地出让金的提高最终会通过升高的房价或者说商品价格的提高来由居民承担。而常见的在义务教育领域和交通基础设施方面的乱收费也是类似的情形，即上述制度外的收费将增加居民们在享受公共服务中的成本，从而降低获得感。

第三，在财政压力较大时，地方政府可能选择缩减公共服务财政支出，尤其是民生类公共服务财政支出，导致公共服务供给数量的减少，进而造成民众获取公共服务时面临较高的拥挤。在财政压力不断增长的情形下，财政资金的增长和公共需求之间的差距可能越来越大，压缩公共服务的供给，尤其是民生类公共服务的供给将成为政府的一个选项。以"撤点并校"改革为例，各地方政府通过减少教学点、整合教育资源，可能使得地方财政在教育上的支出降低了，但也许社会整体的隐性教育成本增加了，如家长在孩子们教育上的经济成本和时间成本增加，孩子们往返学校的通勤时间也将大幅提升。另外，在大医院常见的挂不上号、就医等待时间长，就是政府医疗卫生投入不足的一种体现。一般说来，如果政府缩减教育、医疗卫生、交通运输等领域的公共支出，可能将造成较严重的拥挤效应，从而使得公共设施的运转超过了其最佳设计效率，从而降低了居民们从中获得的效应。

第五节　我国政府间转移支付存在的问题与原因

我国政府间转移支付对促进地区基本公共服务供给起到了重要的支持作用，为探究我国政府间转移支付如何才能更加有效地促进各地基本公共服务供给与均等化，以解决我国基本公共服务供给侧存在的问题，理应对我国政府间转移支付存在的问题与原因进行深入的分析。具体地，本部分将首先构建一个涉及中央与地方两级政府的数理理论模型，分析中央转移支付对基本公共服务供给的影响机理。然后，探究我国现阶段政府间转移支付在影响基本公共服务供给方面存在的问题，并据此针对性分析我国政府间转移支付存在上述问题的原因，以期为优化我国当前政府间转移支付提供理论指导和改进方向，进而实现我国基本公共服务供给侧的完善与优化。

一、转移支付影响基本公共服务供给的一般理论分析

假设经济中只存在中央和地方两级政府。中央政府是一个仁慈的"社会计划者"，其目标是实现整个社会的福利最大化。地方政府根据中央政府的指示为其辖区提供公共服务供给，并对上级政府负责，目标是实现其辖区代表性居民的效用最大化。假设代表性居民的效用取决于私人消费和公共产品供给两部分，则地方政府 i 的目标函数可以表示为：

$$W_i = f(C_i) + g(\theta_i G_i) \tag{4-25}$$

其中，W_i 为 i 地区代表性居民的效用，$f(C_i)$ 为 i 地区代表性居民由于私人消费 C_i 获得的效用，$g(\theta_i G_i)$ 为 i 地区代表性居民从地方政府提供的公共服务中获得的效用。G_i 为地方政府 i 提供公共服务的公共支出资金，θ_i 为地方政府 i 供给的公共服务对代表性居民的偏好满足系数 $(0 \leqslant \theta_i \leqslant 1)$，其衡量了不同地区的公共服务供给对代表性居民效用的影响程度。θ_i 的值越大，则 i 地区政府供给公共服务能够带来的居民效用更大，即该地区政府的公共服务供给与居民的公共服务需求吻合度更高。假设函数 $f(C_i)$ 和 $g(\theta_i G_i)$ 均满足正常物品的基本假定，即满足 $f'(C_i)$，$g'(\theta_i G_i) > 0$；$f''(C_i)$，$g''(\theta_i G_i) < 0$。在不考虑储蓄和折旧的情况下，地区 i 代表性居民面临的消费约束应满足：

$$C_i = (1 - e_i t) y_i \qquad (4-26)$$

其中，e_i 为地方政府 i 的税收努力程度 $(0 < e_i \leqslant 1)$。当 $e_i = 1$ 时，地方政府未采取任何策略性征税行为，此时中央与地方之间不存在道德风险问题。t 为法定税率 $(0 < t < 1)$，y_i 为地区 i 的人均产出水平 $(y_i > 0)$。

进一步地，考虑地方政府面临的预算约束。结合我国实际情况，地方政府公共支出资金主要来源于地方税收分成收入、中央对地方的纵向转移支付、地区间的横向转支付三部分。基于此，可得地方政府 i 面临的预算约束式如下：

$$G_i = \alpha e_i t y_i + Z_i + H_i \qquad (4-27)$$

其中，α 为地方税收分成的比例 $(0 < \alpha < 1)$，Z_i 为中央政府对地方政府 i 的纵向转移支付 $(Z_i \geqslant 0)$。H_i 的含义与其符号密切相关，具体地：当 $H_i < 0$ 时，H_i 表示地区 i 对其他地区付出的横向转移支付；当 $H_i > 0$ 时，H_i 表示地区 i 从其他地区获得的横向转移支付；当 $H_i = 0$ 时，不需考虑横向转移支付（因为，此时地区 i 既不需要对其他地区付出横向转移支付资金，也不会从其他地区获得横向转移支付资金）。地区间横向转移支付是同级政府间发生的资金平移，其与地区的财力水平有关。实践中，一般是财力富足的地区向贫困落后地区提供资金援助。基于此，H_i 采用如下函数形式表示：

$$H_i = h(\Delta F_i, \delta_i) \qquad (4-28)$$

其中，δ_i 为其他影响地区横向转移支付的因素。ΔF_i 为地区 i 的财力缺口，其符号和大小反映了地区 i 的财力水平。具体地：当 $\Delta F_i < 0$ 时，说明地区 i 财力水平低于全国平均财力水平，此时该地区财力水平越低，其获得的转移支

付资金越多，即有 $h_1' < 0$；当 $\Delta F_i = 0$ 时，说明地区 i 财力水平等于全国平均财力水平，此时该地区不会获得横向转移支付资金，也不需援助其他地区；当 $\Delta F_i > 0$ 时，说明地区 i 财力水平高于全国平均财力水平，此时该地区财力水平越高，其援助给其他地区的转移支付资金越多，即有 $h_1' > 0$。地区 i 的财力缺口 ΔF_i 可以由下式表示：

$$\Delta F_i = \bar{F} - F_i = \bar{F}^{-i} + \beta\, e_i t\, y_i - e_i t\, y_i \qquad (4-29)$$

其中，$\bar{F}$ 为全国平均财力水平（$\bar{F} > 0$），F_i 为地区 i 的财力水平（$F_i > 0$），$\bar{F}^{-i}$ 为其他地区的平均财力水平（不包括地区 i）（$\bar{F}^{-i} > 0$），β 为地区 i 人口占全国各地总人口的比重（$0 < \beta < 1$）。从而结合式（4-25）~式（4-29）可得地方政府 i 的效用最大化条件如下式：

$$\max\left[f(C_i) + g(\theta_i G_i)\right]$$
$$\text{s. t.}\begin{cases} C_i = (1 - e_i t)\, y_i \\ G_i = \alpha e_i t\, y_i + Z_i + H_i \\ H_i = h(\Delta F_i, \delta) \\ \Delta F_i = \bar{F} + \beta\, e_i t\, y_i - e_i t\, y_i \end{cases} \qquad (4-30)$$

求解式（4-30）可得：

$$\frac{\partial G_i}{\partial Z_i} = \left[\alpha + (\beta - 1)h_1'\right] t\, y_i \frac{\partial e_i}{\partial Z_i} + 1 \qquad (4-31)$$

$$\frac{\partial e_i}{\partial Z_i} = \frac{1}{\left[\dfrac{f'}{\theta_i g'} + (1 - \beta)h_1' - \alpha\right] t\, y_i} \qquad (4-32)$$

根据式（4-31）和式（4-32）可以得出如下结论：

第一，转移支付的存在会影响地方政府的征税行为，导致地方政府降低税收努力，这将不利于各地基本公共服务供给水平的提升。一方面，当地区 i 财力水平低于全国平均财力水平时，中央转移支付会倾向于降低受援助地区 i 的税收努力，导致对地区 i 的税收努力产生替代效应。这验证了众多学者的观点，即经济欠发达和低税收努力的地区往往能够获得更多的转移支付资金（Mogues and Benin, 2012；胡祖铨等, 2013；李丹等, 2019）。由于转移支付资金不需要付出税收成本，对于受援助地区来说，降低税收努力以鼓励当地投资有益无害。因此，在面临财政缺口时，受援助地区政府更多的是通过做实贫困"帽子"来寄希望于转移支付资金的援助。另一方面，当地区 i 财力水平高于全国平均财力水平时，地区 i 需对外援助横向转移支付资金，此时地方政府 i 更倾向于降低自身税收努力以"藏富于民"。这印证了现有文献的研究结论，即对于发达地区来说，对外援助支出的增加意味着自身财力的减弱，为把资本留在本地，地方政府更倾向于将税源集中到当地而非财政部门，从而提升本地区的税收竞争力（范子英，2011；吴进进和张光，2018）。可见，当其他因素不变时，中央转移支付对地方税收努力的替代效应越小时，地方政府对当地基本公共服务的供给能力越强（付文林和沈坤荣，2012；马光荣等，2016）。

第二，随着地方政府的公共服务供给与居民的公共服务需求吻合度的提高，地方政府的公共服务支出能够给当地居民带来的效用值随之变大，此时转移支付对地方税收努力的替代效应会随之减弱。具体地，当地方政府 i 供给的公共服务对代表性居民的偏好满足系数 θ_i 越大时，则 i 地区居民对该地方政府供给的公共服务的获得感越高。此时，i 地区基本公共服务在供给端和需求端的协调匹配度随之提高，各地基本公共服务的供给效率也随之提高。随着偏好满足系数 θ_i 的提高，转移支付对地方政府收支行为产生的正向引导作用将增强，中央转移支付对地方税收努力的替代效应将降低，从而有利于矫正地方政府的策略性征税行为，中央与地方在转移支付的博弈中更容易实现激励相容，使得中央转移支付能够更有效地促进各地基本公共服务的供给与均等化。

第三，随着地方政府间竞争由"为增长而竞争"向"为福利而竞争"转变时，转移支付资金的使用效率会随之提高。这是因为在"为增长而竞争"的竞争模式驱使下，各地方政府倾向于加大基础建设类公共服务的提供力度，但往往会忽略对民生类公共服务供给水平的提高，不利于各地基本公共服务居民获得感的提升。当地方政府间竞争类型转变为"为福利而竞争"时，在该地区福利竞争的激励下提供更高水平的公共服务成为各地方政府的目标，这将促使转移支付机制与地方政府竞争行为形成激励相容的关系，从而提高中央转移支付资金的使用效率，使得政府间转移支付机制能够更有效地促进各地方政府提供本地的基本公共服务，有助于各地基本公共服务供给和均等化水平的提高，这也验证了相关文献的实证研究结论（李郇等，2013；赵文凯等，2020）。

第四，随着地方税收分成制度和横向均等化转移支付制度的完善，地方政府的征税动力会随之提高，地方政府对当地基本公共服务的供给能力也会随之增强，从而有助于政府间转移支付机制更好地发挥均衡各地区发展的作用。具体来说，分税制带来的地区税收分成能够影响地方政府的征税行为，通过完善地方税收分成体系以激励地方征税努力，可以减弱政府间转移支付机制的税收替代效应，从而激励各地基本公共服务的均等化。横向均等化转移支付制度的完善一方面能够减轻中央政府提供纵向转移支付的财政压力，另一方面有助于缩小各区域间的财力差距，改变各地区间的利益格局，以实现各地区间的财力均等化，从而有利于各地基本公共服务供给水平的提高和区域间公共服务水平的均衡。

综上可见，为提升我国整体财政资金的使用效率、改善我国基本公共服务的供给水平，有必要进一步探究我国政府间转移支付存在的问题及原因。

二、我国政府间转移支付存在的问题

根据转移支付的一般理论分析可知，转移支付对基本公共服务供给的影响受到诸多因素的影响。根据中央转移支付对基本公共服务供给的影响因素，针对我国政府间转移支付在影响基本公共服务供给方面存在的问题进行深入剖析如下。

（一）我国政府间转移支付的规模过大

传统的观点认为中央政府拨付给地方政府的转移支付资金有利于提高地方政府的积极性，从而促进当地基本公共服务的均等化。但是，转移支付的规模并非越大越好。根据粘蝇纸效应，地方政府获得的中央转移支付资金会刺激地方公共产品供给过度扩张，即从某种程度上，转移支付影响了地区资源的最优配置，并不利于该地居民效用的最大化。我国现阶段政府间转移支付由于不断扩张，导致地方政府对其过于依赖，这不仅阻碍了地方政府的运行效率，反过来又进一步致使中央转移支付规模的无效扩张。

（二）我国政府间转移支付的形式过多，且各种形式的转移支付间缺乏统一的协调机制

与其他国家相比，一方面我国专项转移支付项目繁多，并且存在一些虚

设和功能越位的专项转移支付项目，这严重阻碍了我国专项转移支付的实施效果。另一方面，我国各项专项转移支付的资金投向非常分散，且缺乏侧重点。这不仅会浪费中央政府可以调配的财政资金，而且会阻碍对个别重点专项转移支付项目资金支持的力度。此外，我国中央政府拨付给地方政府的专项转移支付资金管理方式不规范。由于我国缺乏统一的专项转移支付资金管理部门，资金分配链条长，且各部门之间缺乏有效的信息交换机制，政府间转移支付资金极有可能会出现闲置或挤占的现象。由于转移支付资金涉及各地方政府切实的利益，我国种类繁多的各项转移支付间又缺乏统一的协调机制，这使得我国政府间转移支付资金的使用效率大大减弱，并且会对实现基本公共服务均等化的目标形成阻碍。

（三）我国政府间转移支付的结构不合理

政府间转移支付存在着不同的类型，它们各自具有不同的功能和作用，根据转移支付的结构安排可以看出一国财政支出政策的目标。基于提高我国基本公共服务均等化水平的目标来分析，我国政府间转移支付在类型结构和区域结构两个方面还有待改善。一方面，与发达国家相比较而言，我国政府间转移支付的类型结构比重不够合理。具体来说，专项转移支付和税收返还的规模比重过大，一般转移支付的规模比重较低，对缩小地区间财力和基本公共服务水平差距作用有限，这将不利于实现我国地区间的财力均衡和基本公共服务的均等化。另一方面，在我国政府间转移支付在区域结构上安排不够合理。相比于西部地区，我国现阶段针对中部地区的政府间转移支付资金比例过低，难以满足中部地区的财力需求。并且，与中部地区相比，西部地区还受到了国家出台的多项政策优惠。长此以往，中部地区与其他地区间的财力差距会拉大，中部崛起的目标在现行的转移支付制度下将会很难实现。

（四）我国均衡性转移支付的计算公式设计不完善

我国均衡性转移支付的计算公式设计旨在均等化地区间的基本财力，使得各地区居民都能享有大致相同的基本公共服务供给水平，进而缓解地区间因经济发展差异而导致的资源配置效率和居民福利水平低下的问题。但是，现行的均衡性转移支付在计算公式设计方面还存在诸多问题，并未充分发挥均衡性转移支付的目标效果。一方面，在我国现行均衡性转移支付的计算公式中，在进行地区标准财政收入测算时并未囊括土地财政收入等特殊收入。

但实际上土地财政收入早已成为地方政府摆脱财政困窘的重要手段，其在一定程度上能够促进地方基本公共服务的供给水平，理应纳入地区标准财政收入测算中。另一方面，我国现行均衡性转移支付的计算公式缺乏鼓励落后地区政府积极探寻适合其资源禀赋的收入增长点来夯实其财力的机制设计，导致财政自给能力低的地方政府极易过度依赖于中央转移支付，这不仅使得中央对地方转移支付资金投放的整体效率低下，也会在无形中减弱中央转移支付促进地方基本公共服务供给的作用。为此，有必要调整现行均衡性转移支付的计算公式，进一步提高均衡性转移支付计算公式的规范性、全面性和公平性，消除现行均衡性转移支付机制设计所引致的激励效应与效率低下的问题，更好地发挥基本公共服务的供给效能。

（五）我国政府间转移支付的资金拨付方式不规范

我国现阶段财政转移支付制度在平衡地区间财力方面的作用有所提高，但依然存在着资金拨付方式不合理的问题（王小龙和余龙，2018）。一方面，基于财力缺口的资金拨付模式忽略了地方政府低税收努力所造成的不利影响，这极有可能给地方政府带来逆向激励作用，从而减损我国政府间转移支付理想的实施效果。另一方面，由于我国专项转移支付规模过大，且专项转移支付在资金拨付方式上欠缺严格的公式化分配方案，致使中央政府具有较大的主观性和相机决策权，转移支付的资金分配受到诸多因素的干预。众多学者发现各地方政府间存在对专项转移支付的争夺，出现"跑部钱进"的现象（范子英和李欣，2014；唐飞鹏，2016、2017；储德银等，2020）。上述现象降低了政府间转移支付资金的使用效率，损害了各地方政府对当地基本公共服务供给的保障效果，阻碍了我国基本公共服务供给侧改革的进程。

（六）我国政府间转移支付的监管机制不健全

我国的公共支出权不断向基层政府扩张，但收入权却逐渐向中央集中。在这种情形下，又以庞大的转移支付的形式向地方政府提供基本财力保障。由于我国政府间转移支付的监督机制缺乏完善的监督机制，相关问责和处罚的制度不健全，滋长了中央政府与地方政府之间的信息不对称问题。在这种情形下，地方政府有激励在其辖区内增加公共支出或少征税以便在转移支付系统中获利（Bordignon，2001）。并且，地方政府可能并不会完全按照中央政府的规划去使用其获得的转移支付资金（Li 和 Zhou，2005；方红生和张军，2009)，甚至还会诱发更多的地方政府腐败现象（范子英，2013)。这会使得地方政府有很大的空间操纵转移支付资金的用途，央地政府间在转移支付机制中存在着激励不相容的现象，限制了各基层政府对当地基本公共服务供给能力的提高。

三、我国政府间转移支付存在问题的产生原因

要促进各地基本公共服务供给与均等化，以解决我国基本公共服务供给侧存在的问题，就必须优化和完善我国政府间转移支付的制度安排、提高转移支付资金的使用效率。因此，识别和剖析中央转移支付存在问题的产生原因具有重要意义。总结我国政府间转移支付存在问题的产生原因主要有以下几点。

（一）地方缺乏主体税种、财政自给能力弱，导致其对中央转移支付过度依赖

在"财权上移，事责下移"的财政体制背景下，地方财政压力急剧上升，缺乏主体税种的地方政府缺乏基础的财力保障。自身财政的造血能力弱使得整体财政资金的使用效率低下，不利于改善地区基本公共服务的供给水平。由于转移支付由地方承担的税收成本几乎可以忽略不计，对地方经济建设也没有实质性的效率损失，故各地方政府都有动机通过降低其税收努力来"做穷"自己，以尽可能多地争取该部分资金的支持。这不仅降低了我国政府间转移支付资金投放的效率，也在无形中损害了我国各地方基本公共服务供给的适用性和可持续性。由于地方获得中央转移支付的数额和当地的经济发展水平呈现负相关关系，往往会使得地方政府在过度依赖于转移支付资金的同时，失去自力更生和自主发展的动机。长此以往，低税收努力地区不仅会对转移支付资金形成过度依赖，而且与政绩紧密挂钩公共支出的偏好会使得转移支付提升基本公共服务供给的效用受到阻碍。

（二）央地政府间信息不对称致使转移支付对地方政府收支行为产生影响

中央政府对地方政府拨付转移支付资金的过程中，地方政府根据中央政府的要求进行转移支付资金的使用，以实现当地基本公共服务供给的均等化。但是，由于当前央地政府间存在着信息不对称的问题，转移支付资金在使用

过程中的透明度不够，中央政府与地方政府之间往往存在目标的不一致性。可能会带来转移支付资金支出不透明、结构随意变更、资金浪费严重、政府部门冗员过多，服务效率低下等问题。一方面，信息不对称下中央政府与地方政府之间存在着博弈空间；另一方面，地方政府间存在着对于中央资源争夺的博弈行为。这种地方政府由于自身利益而产生的策略性行为，将会严重损害我国政府间转移支付资金的使用效率，造成我国政府间转移支付机制的低效，从而限制了当地基本公共服务供给的效率。

（三） 中央与地方财政事权与支出责任划分不够清晰，阻碍了我政府间转移支付制度的运行效率

税权高度集中，中央与地方财政事权与支出责任的划分存在着不清晰、不合理的问题。一方面，政府间事权存在着越位或缺位的情况，需要政府承担的基本公共服务供给承担不够，需要市场机制调节的事务政府过度包揽。另一方面，政府间事权还存在着错位的情况。中央政府与地方政府间、地方各级政府间均存在着事权的错位，不仅致使行政运行效率低下，而且催生了诸多地方政府各类道德风险行为，造成社会资源的浪费，并且严重阻碍了我国政府间转移支付制度的运行效率。根据福利经济学，涉及再分配的福利政策应由中央政府承担主要责任。实践中，多数国家也是如此，如美国由联邦政府来负责住房保障工程的建设。而在我国，各类社会保障制度的统筹层面还在各级地方，这加剧了各地方的财政压力，也促使各地方公共服务的供给效果不佳。随着我国跨地区劳动力流动人口的日益增长，地方政府针对户口进行基本公共服务供给已不能满足当地居民的需要，流动人口出现住房难、医疗难、教育难等问题，不利于我国经济社会稳定且和谐的发展。

（四） 缺乏弹性的行政事业编制以及臃肿的政府雇员规模减损了转移支付对区域公共服务供给的优化效果

根据《2017 中央对地方均衡性转移支付办法》，均衡性转移支付的首要任务是能够保障地方财政供养人员工资的正常发放以及地方政府的正常运行。地方政府筹集的收入与支出需求间的差额决定了其所需的转移支付资金，在央地信息不对称的背景下地方税收努力程度与支出需求的估计和衡量往往很难精准的考量，故极易加剧地方政府道德风险行为的发生。作为一个理性的地方政府，当获得更多的财政资源时，首先会用于"保运转"，然后可能再

用于增加每个雇员的收入，从而意味着财政资金的增加并不必然导致公共服务供给水平的提升。在这种情况下，过多的行政编制设置带来的是公共服务的投入而非真实产出，提升当地基本公共服务供给的质量和效益并非地方政府扩大当地的支出预算的首选，地方政府更有动力将中央转移支付用于扩充其财政供养人员规模，以此获得更多的中央转移支付资金。地方财政供养人员出现重叠和冗余的现象，不仅导致我国政府间转移支付资金使用效率的低下，并且加大了地方政府的财政压力，甚至还会导致财政支出结构的失衡，形成怠政惰政。这不仅使得地方政府加深对中央转移支付的依赖，还会导致各地区基本公共服务供给效率的低下，对提升各地居民福利无益。

（五）地方政府的竞争性行为与当地居民长远的发展利益相偏离，导致转移支付存在"亲建设，远民生"的倾向

地方政府对当地基本公共服务供给受到地方政府的效用偏好类型的影响，地方政府的效用偏好类型受到各地的收入弹性以及地方政府所面临的激励约束等方面因素的影响。对于地方政府来说，用于弥补地区财力不足的中央转移支付会给其带来预算约束线外扩的收入效应。当地方政府间的竞争由"为增长而竞争"向"为福利而竞争"转换时，政府间转移支付能够更有效地促进各地基本公共服务供给与均等化。因此，各地方政府对基本公共服务供给的水平能否因此增加以及能增加多少还取决于各地的收入弹性和地方官员所面临的激励。现阶段，出于政治晋升和招商引资的考虑，在央地信息不对称的背景下地方政府对中央转移支付资金在运用上有很大的决策权，其往往更倾向于将这部分转移支付资金用于经济建设性的公共支出，以此来提高当地的 GDP 增速。这使得地方政府的竞争性行为与当地居民长远的发展利益相偏离，优化当地公共服务并非是地方政府的首选项，中央政府对地方政府拨付的转移支付资金在促进社会性公共品供给方面受到限制。当地居民长远的发展利益可能并不是地方政府的首位考虑，地方政府的竞争性行为使得中央转移支付存在"亲建设，远民生"的倾向，对各地区居民获得感的提升和福利水平的改善不利。

（六）我国政府间转移支付制度缺乏高层次且统一的法律体系的保障

当前，我国政府间转移支付制度缺乏权威性的法律规定。一方面，相关法律体系不完善，大多数转移支付制度的执行规定仅依据政府性文件。不规范的转移支付法律体系致使转移支付资金的安排存在更多的主观随意性，存在诸多人为因素的干扰，使得我国政府间转移支付制度效应的发挥大打折扣。并且，转移支付制度的法律效力层次过低，对于处理好中央与地方的财政关系形成阻碍，极易滋生地方政府的道德风险问题。另一方面，由于我国政府间转移支付的制度规定的法律层次不一，各行政机关的决策和执行情况不同，从而使得我国政府间转移支付制度的立法标准不一，很难达成完整统一的法律体系。庞杂的各项转移支付规定和不统一的立法标准致使我国政府间转移支付缺乏规范性、连续性和严肃性，不利于保障转移支付的实施效果。此外，我国政府间转移支付制度的相关法律法规尚未对财政违法行为的追责措施采取统一具体且明确的表述，少有的追责规定关于惩处的方案和程度也缺乏威慑力，并且缺乏资金分配与使用结果相挂钩的惩处机制，违规成本低助长了各地方政府违纪违规的行为。政府间转移支付制度的法律体系薄弱，将明显不利于我国政府间转移支付制度对各地方基本公共服务供给的正向促进作用。

第五章 基于获得感提升的基本公共服务供给侧结构性改革路径分析

第一节 公共服务供给最优规模的确定及其优化[①]

改革开放 40 多年以来，人民生活质量得到了飞速提高，我国民众的需求已逐步从以物质需求为主的"生存性需求"转化为多元化与个性化并存的"发展性需求"。但在公共服务的领域，人们日益增长的需求却和不平衡、不充分的公共服务供给产生了较严重的供需错配。公共财政的资金应取之于民，用之于民，如若只顾发展经济，居民却分享不到经济腾飞所带来的实惠，我们也就迷失了进一步发展的方向；但如若我们仅顾着一味地在供给端加大对公共服务的投入，但民众却不能在公共服务的需求端收获幸福感、安全感与获得感，那么公共服务的供给侧结构性改革也就成了缘木求鱼。公共服务最优供给规模的确定也要能综合反映经济、人文和民生的全面发展，不能局限于片面的经济和财政投入指标的优化。

一、公共服务最优供给规模的理论推导

从经济学的角度出发，由于存在商品的边际效用递减，一个最优的公共服务支出规模既要能平衡好公平与发展的关系，还要能使得人们在公共物品和私人的消费组合中收获最大的效用满足感。假设居民的效用只来源于公共物品和私人物品的消费，在居民总体收入一定的约束下，公共服务最优供给

---

① 本节的主要内容作为课题研究阶段性成果以《公共服务供给最优规模的确定及其优化》为题发表在《中南财经政法大学学报》2019 年第 4 期。

规模将在私人物品边际满足感减少等于公共物品边际满足感增加那一点上。假定 G_t 为居民在 t 时期享受的公共服务，C_t 为居民总体收入在 t 时期扣除公共物品支出部分后的私人物品消费①，公共和私人物品的消费束均为非负，即有 $C_t G_t \in R_+^n$，且二者的边际替代率递减，从最优化居民在公共商品和私人商品间的配置角度出发，居民效用最大化的目标函数为：

$$\mathop{MAX}_{\{C_t, C_t\}} U(G_t, C_t) \qquad (5-1)$$

居民偏好具有弱单调性和局部非饱和性，增加一部分东西给居民带来的效用至少不会比原来差。在物品多多益善，效用随单个商品数量递增而增长的假定下，凡是小于收入约束的公、私商品组合均存在效用改善的空间，故使得个体效用最大化处的约束一定是紧的（即收入约束的严格等号成立），居民会在恰好与收入约束相切的点上进行公共物品和私人物品的消费配比。

居民面临预算约束为：s. t. $Y_t - G_t - C_t = 0$ $\qquad (5-2)$

其中，Y_t 为居民 t 时期的收入，使得居民效用最大的拉格朗日方程为：

$$L(G_t, C_t, \lambda) \equiv U(G_t, C_t) - \lambda(Y_t - C_t - G_t) \qquad (5-3)$$

要确定公共服务供给的最优规模以使得居民效用在约束条件下的最大化，在一般均衡的条件下，代表居民最大化效用的无差异曲线要便要和其预算约束线相切。上述拉格朗日函数 $L(\cdot)$ 需同时对三变量的一阶偏导均为 0（$L'(\cdot) = 0$），且 $L(\cdot)$ 对两变量 C_t 和 G_t 在约束条件 $C_t + G_t = Y_t$ 下的二阶海赛矩阵为半负定（$L''(\cdot) < 0$），以保证极大值的存在。即满足：

$$FOC: \frac{\partial L}{\partial G_t} = \frac{\partial U(G_t^*, C_t^*)}{\partial G_t} + \lambda = 0 \qquad (5-4)$$

$$FOC: \frac{\partial L}{\partial C_t} = \frac{\partial U(G_t^*, C_t^*)}{\partial C_t} + \lambda = 0 \qquad (5-5)$$

$$FOC: \frac{\partial L}{\partial \lambda} = C_t^* + G_t^* - Y_t = 0 \qquad (5-6)$$

$$SOC: h' D^2 L(C_t, G_t) h \leqslant 0, \forall h: D(C_t + G_t - Y_t) h = 0 \qquad (5-7)$$

其中，h 为任意一非 0 并和居民面临的收入约束条件正交的向量，h' 为向量的转置。收入约束下的拉格朗日函数的二阶导矩阵为：

---

① 私人物品指的是居民总体收入扣除公共物品支出后留存在私人部门的消费、投资、储蓄的总和，亦可称为私人剩余。

$$D^2L(\lambda, C_t, G_t) = \begin{pmatrix} \dfrac{\partial^2 L}{\partial \lambda^2} & \dfrac{\partial^2 L}{\partial \lambda \partial C_t} & \dfrac{\partial^2 L}{\partial \lambda \partial G_t} \\[2mm] \dfrac{\partial^2 L}{\partial C_t \partial \lambda} & \dfrac{\partial^2 L}{\partial C_t^2} & \dfrac{\partial^2 L}{\partial C_t \partial G_t} \\[2mm] \dfrac{\partial^2 L}{\partial G_t \partial \lambda} & \dfrac{\partial^2 L}{\partial G_t C_t} & \dfrac{\partial^2 L}{\partial G_t^2} \end{pmatrix} \qquad (5-8)$$

运算可知：

$$\frac{\partial^2 L}{\partial \lambda^2} = 0 \qquad (5-9)$$

$$\frac{\partial^2 L}{\partial \lambda \partial G_t} = \frac{\partial^2 L}{\partial G_t \partial \lambda} = \frac{-(Y_t - C_t - G_t)}{\partial G_t} = 1 \qquad (5-10)$$

$$\frac{\partial^2 L}{\partial \lambda \partial C_t} = \frac{\partial^2 L}{\partial C_t \partial \lambda} = \frac{-(Y_t - C_t - G_t)}{\partial C_t} = 1 \qquad (5-11)$$

将式（5-9）、式（5-10）、式（5-11）代入式（5-8），可得加边海赛矩阵：

$$D^2L(\lambda, C_t, G_t) = \begin{pmatrix} 0 & 1 & 1 \\[2mm] 1 & \dfrac{\partial^2 L}{\partial C_t^2} & \dfrac{\partial^2 L}{\partial C_t \partial G_t} \\[2mm] 1 & \dfrac{\partial^2 L}{\partial G_t \partial C_t} & \dfrac{\partial^2 L}{\partial G_t^2} \end{pmatrix} \qquad (5-12)$$

要取到正向极大值，使得居民效用在约束条件下最大，需要拉格朗日函数对所有的自变量的一阶导数均为 0，且加边海赛矩阵（5-12）的自然顺序主子式符号正负交替。故最优政府公共服务支出规模 G_t^* 需同时满足：

$$\frac{\partial U(G_t^*, C_t^*)}{\partial G_t^*} = \frac{\partial U(G_t^*, C_t^*)}{\partial C_t^*} \qquad (5-13)$$

以及行列式：

$$\det \begin{pmatrix} 0 & 1 & 1 \\[2mm] 1 & \dfrac{\partial^2 L}{\partial C_t^2} & \dfrac{\partial^2 L}{\partial C_t \partial G_t} \\[2mm] 1 & \dfrac{\partial^2 L}{\partial G_t \partial C_t} & \dfrac{\partial^2 L}{\partial G_t^2} \end{pmatrix} > 0 \qquad (5-14)$$

化简得：

$$SOC: \frac{2\partial^2 U(G_t^*, C_t^*)}{\partial C_t^* \partial G_t^*} - \frac{\partial^2 U(G_t^*, C_t^*)}{\partial C_t^2} - \frac{\partial^2 U(G_t^*, C_t^*)}{\partial G_t^2} > 0 \quad (5-15)$$

$$FOC: \frac{dC_t}{dG_t} = \frac{\dfrac{\partial U(G_t^*, C_t^*)}{\partial G_t^*}}{\dfrac{\partial U(G_t^*, C_t^*)}{\partial C_t^*}} = 1 \quad (5-16)$$

由于效用函数严格拟凹，条件式（5-15）得到满足，故当式（5-16）得到满足时，居民的效用能获得最大值。即在特定收入约束下，当公共物品给居民带来的边际效用增加正好等于私人物品给其带来的边际效用减少时（公、私物品间的边际替代率相等时）：微观上，居民的私人消费的满足感和对公共物品的获得感将达到最大，其偏好得到了最有效地满足；宏观上，一国的经济与社会的资源配置效率以及居民的整体福利水平将趋近于帕累托最优，故此时政府的公共服务的供给规模 G_t^* 将达到既定资源约束水平下的最优。

二、世界各国公共服务供给规模的比较

阿尔马伊（Armay，1995）提出政府在公共服务上也存在一个最优规模，并将其刻画成一条呈倒"U"形的 Armay 曲线。当公共支出小于最优规模时，其对全要素生产率的提高和社会福利的增进具有正效应；反之，则会阻滞经济和社会的进步与发展。本节通过对世界主要代表性国家近年来公共服务和经济社会发展实践数据的研究来探寻这一逻辑的正确性，并为最佳公共服务供给规模的确定提供指导。本研究的着眼点是最优化公共服务供给规模以提升居民的获得感，故选用支出法用政府支出除以当年 GDP 来度量公共服务规模的大小。表 5-1 是世界主要代表性国家近 10 年以来的公共服务规模和其年均情况，同时将类似发展阶段的国家予以归类并分组，分别划分为以挪威、瑞典为代表的高福利国家、以美国、德国为代表的主流发达国家、以中国、巴西为代表的发展中国家和以埃塞俄比亚、肯尼亚为代表的不发达国家。以期通过国际经验的比较，找准适合于我国国情的最优公共服务规模。

表5-1　　　　　　　　　各国公共服务支出占 GDP 的比重　　　　　　　　单位:%

国家	2016年	2015年	2014年	2013年	2012年	2011年	2010年	2009年	2008年	2007年	2006年	年均	类均
丹麦	25.4	25.7	25.9	26.0	26.5	26.6	27.4	27.9	25.1	24.3	24.2	25.9	
芬兰	24.0	24.4	24.7	24.7	24.4	23.6	23.9	24.2	21.7	20.9	21.4	23.4	
冰岛	22.8	23.6	24.2	24.3	24.5	24.2	24.7	24.8	23.4	22.9	23.5	23.9	23.9
挪威	24.3	23.3	22.0	21.2	20.9	21.0	21.4	21.7	18.6	18.8	18.6	21.1	
瑞典	26.2	26.0	26.2	26.3	25.9	25.2	25.2	26.2	24.6	24.1	24.6	25.5	
加拿大	21.2	21.0	20.4	20.8	21.1	21.2	21.5	22.0	19.8	19.3	19.3	20.7	
法国	23.6	23.9	24.1	24.0	23.8	23.8	23.9	22.4	22.3	22.6		23.5	
德国	19.6	19.3	19.2	19.2	18.8	18.7	19.1	19.6	17.9	17.5	18.0	18.8	
日本	19.8	19.9	20.2	20.2	20.3	20.1	20.2	19.5	19.6	18.4		19.4	
英国	18.9	19.4	19.7	20.1	20.7	20.9	21.5	21.8	20.3	19.4	19.6	20.2	19.4
美国	14.3	14.4	14.7	15.1	15.8	16.3	16.9	16.9	16.1	15.3	15.1	15.5	
澳大利亚	18.7	18.5	18.0	17.8	18.0	18.0	17.8	18.0	17.5	17.1	17.2	17.9	
新西兰	18.1	18.7	18.8	18.8	19.2	19.4	19.6	19.7	19.6	18.3	18.2	19.0	
西班牙	18.9	19.4	19.5	19.7	20.2	20.5	20.5	20.5	18.8	17.7	17.4	19.3	
巴西	20.2	20.2	19.5	19.0	18.6	18.7	19.0	19.7	18.8	18.9	19.0	19.2	
中国	14.4	13.6	13.3	13.5	13.4	13.3	12.9	13.2	13.2	13.4	13.8	13.4	
印度	11.7	10.6	10.9	10.2	10.7	11.1	11.1	11.6	10.6	10.0	10.1	10.8	14.7
俄罗斯	19.2	19.1	18.7	19.7	18.7	18.2	18.7	20.8	17.8	17.3	17.4	18.7	
埃及	11.4	11.8	12.0	11.5	11.3	11.5	11.2	11.4	10.9	11.3	10.7	11.4	
埃塞俄比亚	9.7	9.0	9.3	9.0	8.3	10.3	9.2	9.5	10.5	11.2	13.1	9.9	11.0
索马里	8.7	8.7	8.7	8.7	8.7	8.7	8.7	8.7	8.7	8.7	8.7	8.7	
肯尼亚	13.6	14.5	14.2	14.3	13.9	14.0	14.2	15.2	15.7	14.6	14.4	14.4	

资料来源：CSMAR 数据库。

可以看出，近10年来我国公共服务支出占 GDP 的比重一直维持在13%左右，与同期世界上其他国家公共服务开支相比有如下几个特征：首先，从公共服务规模上来讲，我国与发达国家抑或是发展中国家相比，处于一个较低的水平。从表5-1可以看出，表中所列发达国家近10年来类均政府公共支出占 GDP 的比重为19.4%，而以巴西、印度为代表的发展中国家近10年政府规模的平均数也达到了14.7%，均高于我国年均13.4%的水平。其次，从公共服务规模这一占比的意义和其排名分布上分析，可以发现：占比最高的是北欧高福利国家，其次是代表性的发达国家，接着是发展中国家，而最末的是广大非洲的不发达国家。由此不难发现，一个国家的发达程度越高，社会保障制度越健全，公共服务支出占 GDP 的比重也就越高。但值得注意的是，细观美国、日本、英国近 10 年以来的数据，可以发现这几个国家的公共服务支出占 GDP 之比呈现出一个先上升后下降的趋势。这给予了我们两点重要的启示：

一是，不要片面地追求又大又全的公共服务覆盖率，一个合理的政府规模应首先立足于一个国家的经济发展阶段以及社会实践情况。通过将各国年均公共支出规模和联合国开发计划署（UNDP）推出的用以度量各国综合经济社会发展水平的人类发展指数（human development index，HDI）在 2017 年的值与排名进行逐一比对，可知：表 5-1 中高公共服务支出占比的北欧福利国家和北美、西欧等主流发达国家其综合经济和社会发展水平的排名也均跻身在世界前 30 位。2017 年，高福利国家人类发展指数的组际均值为 0.924，对应着四组中最高的平均政府公共服务开支规模 23.9%，主流发达国家人类发展指数的组际均值紧随其后为 0.918，相应的其平均政府支出规模缩减 19.4%。而发展中国家中 HDI 的组际均值为 0.789，与此同时，也对应着一个相对平均更低的政府规模 14.7%。人类发展指数作为一个介于 0 到 1 之间的无量纲数值，是对一个国家按购买力平价计算的人均国民总收入（GNI）、人均受教育程度和人均预期寿命这三类指标进行综合加权计算所得结果，能较为全面地反映一国经济和社会的综合发展程度以及人们的基本生活状况。故可以顺从上述逻辑，根据与我们处于同发展阶段国家的平均政府规模和人类发展指数的配比状况来倒算出适宜我国现阶段经济和社会发展水平的最优公共服务支出规模。顺从上述逻辑，根据与我们处于相同发展阶段国家的人类发展指数和其平均政府规模的配比状况来测算出适宜我国国情能最大化居民效用与福利水平的最优公共服务规模。选用 HDI 作为推算适宜我国现阶段发展水平政府规模的依据是基于如下考量，其一，它囊括了世界银行和国际货币基金组织关于低收入国家、中等收入国家和工业化国家划分的关键量化标准：按可比价格计算的人均 GNI；其二，其计算中所考虑的公民受教育水平和预期寿命既是对政府提供特定规模基本公共服务效果的间接反映，也是对与居民生活息息相关的教育、医疗、社会保障和环境保护等公共服务获得感的一个综合度量。

中国 2017 年的人类发展指数为 0.752，位列世界第 86 位，不难看出，基于现有资源禀赋和要素条件，片面追求过大的公共服务开支规模是不现实的。通过和类似人均收入水平和相同发展阶段的世界其他国家相比，可以发现：对发展中国家平均来说，政府在公共服务上的投入占 GDP 之比每提高 1 个百分点，一个国家的人类发展指数将相应地增加 5.37 个百分点（$\approx 0.789/14.7$），故基于 2017 年我国的 HDI 值为 0.752，我国最优的政府规模应该控制在 14%（$\approx 0.752/5.37$）左右的区间内。过低的公共服务规模将不利于居民生活水平的提高，但过大的政府规模又会使得公共服务的供给与我们现有的发展水平相背离。

二是，近年来，以美国为首的发达国家开始逐步显现压缩政府开支规模、控制福利支出增幅的趋势。这也提醒我们，在政府公共支出占比逐渐增大以优化人们生活水平的过程中，公共财政资金的使用应尽可能地秉持着精益和高效，既要防止由于浪费和低效所带来的政府规模虚增，又要避免由于面面俱到的社会保障和福利所带来的劳动积极性降低以及财政负担的加重。

三、我国公共服务供给规模的优化建议

为了进一步优化地区公共服务供给规模，促使公共服务的供给和社会经济的发展程度相匹配，可以考虑从以下六个方面进行改善。

（一）基于现有的经济与社会发展水平，适度扩大公共服务供给规模

从表 5 - 1 可以看出，与世界发达国家甚至是同发展阶段发展中国家相比，我国整体的公共服务规模偏低，尤其考虑到各地在"晋升锦标赛"的激励下，还有重经济建设轻民生发展的公共物品供给倾向，我们在改善居民生活条件的公共服务供给上仍需加大力度。要提升人们的获得感，使全社会成员分享到经济增长的成效，民生类"软性"公共服务的在数量和质量上都需得到保证。较为关键的一点是，公共服务的供给规模不能超越各地生产力水平的限制，其供给规模要在因地制宜的基础上与社会的发展水平和居民个体承受能力相匹配。欧债危机爆发以来，"从摇篮到坟墓"的公共服务体系已使得大多数福利国家面临福利支出过度，财政负担沉重，社会投资下滑，劳动力成本上浮，经济增长乏力等问题。公共服务的最佳规模的确定既要能保证经济增长的需要，又要能体现政府对公众需求的回应。国务院发展研究中

心中国民生调查课题组（2017）关于民生发展的调查显示：我国不同地域在民生类公共服务的供给中差异较大，据课题组最新公布的公共服务类民生指数的测算结果，全国各省、市、自治区的民生指数均值为 0.33，但标准差却高达 0.17；最高观测值北京的公共服务指数（0.739）竟是最低观测值云南公共服务指数（0.173）的 4 倍还有多。我国幅员辽阔，各地经济基础各异，近些年在"西部大开发""中部崛起"的战略引领下，各地经济发展水平的差距正在逐步缩小，但在公共服务供给上却仍存有巨大的差别。基于此，各地应立足于本省的实际情况，适度加强在公共服务领域的财政投入和相关供给经验的交流与合作，以达取长补短的目的。

（二）把握好"精简机构"的内涵，优化公共服务的供给效能

近年来，以美国为代表的先进经济体均有小步压缩公共服务开支占比，控制政府机构过度扩张的趋势，其目的在于在有限的财政资源的约束下尽可能地提升公共服务的边际效用。精简机构的初衷是在于克服官僚主义，提高工作效率。公共服务的供给过程中若相关机构庞大且人员臃肿，层次过多且复杂，易导致不同部门间责权不清，相互推诿扯皮，最终反倒减损了公共服务的供给效益。但单纯压缩行政人员数量，强硬削减行政费用，又有损于组织士气和组织文化，使得相关人员无心专注于岗位本职，对最终改善公共服务效率也无甚帮助。"精简"的精髓在于理顺关系和划清职责范围，在这方面，一些卓越企业所创立的精益化管理方法或许对我们有所启发。提升居民对政府公共服务的获得感，并不必然依赖于强行缩减政府规模，公职人员可以通过规范的操作和良好的素质来减少工作流程中的浪费和低效，以尊重和学习的心态来服务好民众，最终也能达到精简行政开支，优化公共服务体验的效果。

（三）缩小地区间公共服务的供给差距，优化公共服务的规模报酬

公共服务供给所带来的个人效用的增进和社会福利的提升可从两方面进行着手，第一，我们可以适度扩大特定领域和地区的公共服务供给规模，以贴近公、私物品间的最优配比；第二，也可以在现有投入水平下提升单位财政资源的实际回报。实现基本公共服务在各地区间的均等化供给，旨在解决各地区间由于贫富不均而导致的偏好差异大和公共服务实际投放效率低下的问题。在公共服务的供给过程中，收入差距的缩小能使得单位投入的规模报酬得以增加，所提供的公共物品也能更广、更宽泛地迎合更多群体的偏好，最终达到扩大公共服务辐射边界的效果。张新文、高啸和戴芬园（2018）的研究发现：在基层，尤其是中西部农村公共服务的供给过程中，存在着服务资源向个别精英村庄集中但大部分贫困村庄却被边缘化且排除在公共服务供给范围之外的马太效应。近年来，我国城乡二元结构体制未得到突破性的进展，且居民的贫富差距再次扩大，基尼系数在2015年0.462的基础上连续两年出现了小幅微涨，2016年为0.465，2017年为0.467。这一数值在同期发展中国家的水平里也处于一个相对较高的水平，据世界银行官网数据显示，2017年埃及的基尼系数为0.318，印度为0.351，墨西哥为0.434，而我们仅次于巴西0.513的水平。贫富差距的拉大，将进一步打散和异质化整个社会对公共服务的需求，如若该态势得不到有效抑制，长此以往，将不利于社会偏好的整合并降低公共服务供给的规模报酬。经济进入新常态以来，各地经济均面临结构调整和增速换挡的压力，但东部地区经济转型升级的态势更佳，中、西部地区在GDP增速上的回落幅度比东部地区更为明显，地区间在经济和社会发展水平上的发展差距正在逐渐拉大。由于我国地区公共服务的供给很大程度上依赖于地区的财政收入能力，而我国财政体制"分灶吃饭"的特征明显，导致地区间公共服务的水平差异也在逐步加大。东部沿海地区的教育、医疗、社会保障等基本公共服务供给无论是在质量还是在数量上都远高于中西部地区。根据国家统计局2017年的统计数据，东部11省份地方一般公共预算支出为77748.64亿元，占全国比重的45%，而西部12省份的预算总支出才为50155.04亿元，占比28%，区域财力的差异直接导致了公共服务配置效果的差异，作为教育部门直接配置资源形式的985院校、211院校，东部地区的数量远超中西部地区的数量，2017年东部、中部、西部地区文盲人口占15岁及以上人口比重分别为4.01%、4.41%和6.57%，三地区平均社区服务机构覆盖率差异也十分明显，东部、中部、西部分别为49.86%、13.21%和24.19%。地区间较大的城乡差距和收入差距，不仅会使得基本公共物品供给的悬殊加大，社会矛盾也由此激化，导致最终公共服务供给的实际效果大打折扣。收入差距的缩小可降低各群体间的偏好差异，所提供的公共服务也能更好地满足各地居民的真实需求，从而达到减少公共服务供给过程中的无谓损失和提升公共服务总体供给效能的作用。由此，在公共服务的供给过程中应辅之以适当的宏观调控，推进核心地区对边缘地区的反哺，加大精准扶贫类的公共支出规模来完善贫困地区的基础设施以及民生工程的建设，切实通过缩小贫富差距，防止阶层固化来优化公共服务的规模报酬，进而提升社会整体福利。

（四）发挥财政对社会资本的带动作用，整合民间力量扩充公共服务规模

相较于相同发展阶段和收入水平的其他各国，我国近10年来的公共服务供给略显不足，而公私伙伴关系（public private partnership，PPP）不失为一个既能解决公共物品供给相对欠缺又能缓解微观主体单独供给所造成的市场失灵的好方案。地方政府应在界定好市场与政府行为边界的基础上，借助市场的力量扩充公共服务的供给，使得有限的财政资金能更好地沉淀在卫生、教育和社会保障等薄弱环节。私人部门通过以伙伴关系在地方公共物品的供给上充分与政府部门协作，公私双方进行利益共享、风险共担，不仅可以降低地方政府债务上的还本付息压力，还可以填补财政在基础设施和服务建造过程中的资金短缺与不足。同时，也有很多研究指出PPP模式通过将私人部门的技术创新能力、高效的行业管理经验与公共部门的低成本融资优势相结合，使得项目代理人激励制度更加科学，公共物品的建设经营效率得到进一步提高，最终的社会资源配置也更接近帕累托最优。在公共物品供给中的"公私协力"旨在借助市场竞争机制来提升财政资金的运转效率，实现政府与市场在公共服务供给上的高效合作。在风险可控、民生权益得到保障的前提下，我们也可以逐步打开民间资本，通过简政放权，减少行政审批，以税收优惠、财政补贴等形式鼓励市场主体参与到公共服务的供给中。同时，为避免市场失灵和权力寻租，完善的市场监管和信息公开将必不可少，为保障市场主体供应公共服务的质量，相关人员的业务技能培训也不容忽视。在公共服务的供给过程中，产权因素应让位于服务的供给效率，不论是公共部门还是私营单位，谁能更好更便捷地提供公共服务，谁便拥有专项资金的使用权。通过将市场的力量引入公共服务供给中，公共决策过程不仅能变得更为透明和民主，公共部门资金的使用效率也能得到进一步的提高，地方政府的财政压力也可以得到有效的缓解和释放，从而公共服务也能在现有财政约束下得到有效扩充。

（五）在有限资源约束下，借助非政府组织之力拓宽公共服务供给的边界

现阶段，我国公共服务的供给主要以政府为主导以市场为辅助。在政府供

给中，政府作为直接责任方，既需行使行政管理的职能又需亲自参与到公共服务项目的投资和建设中，将较大程度地引致财政支出的扩张。这类供给方式在特定的历史背景下具有其合理性和高效性，但也易受到不同利益群体间博弈等因素的影响进而偏离公、私人物品间的最优配比并降低居民的效用水平。市场供给依赖的是"看不见的手"来调节公共服务的供给，其在很大程度上提升了公共物品的供给效率，但市场主体具有天然的逐利性，在监管和约束机制缺位的背景下，微观主体易在利益的诱使下降低公共产品的质量，从而减损了民众的整体福利。非政府组织作为非营利且自愿提供公众服务的第三方，在公共服务的补充供给中扮演着越来越重要的角色。如英国的杰出公共服务联盟（association for public service excellence，APSE）便是一个由地方政府自发组织旨在帮助会员制定公共服务标准、提升公共服务水平的非营利机构。联盟会员可以相互交换公共服务的心得与信息、寻求咨询、商讨解决方案并探讨公共服务供给的新方式。这一实践与奥斯特罗姆（Ostrom，1996）所倡导的公共服务合作生产（coproduction）"公民和非营利组织作为政府部门的合作伙伴，通过咨询、投诉、建议等方式自愿参与到公共产品生产过程中"的观点不谋而合。故在非营利机构的引入上可借鉴国际经验，逐步甄选出一些合适于非政府组织提供的公共服务，在调动社会参政积极性的基础上，各司其职、各尽其能，以进一步拓宽公共服务的外延和增强公共物品的供给活力。

（六）立足国情，借鉴共享经济模式来扩大基本公共服务的供给规模

只有当公、私物品间边际替代率相等时，居民个人的效用才能达到最大，社会整体的福利才能达到最优。现阶段全面"二孩"的放开更是使得社会对医疗、教育等公共服务的需求得到进一步提高，而人口老龄化的到来又加大了社会保障和养老部门的压力，致使公共服务上的供需矛盾进一步拉大。近几年兴起的共享经济模式或许能使得这一矛盾得到缓解，使得公共服务在有限投入的约束下，最大化其辐射范围。在新经济模式下，可通过网络平台实现资源的合理配置与整合共享，打通并融合线上需求与线下供给，让服务的提供能更便捷、更广泛、更低成本地迎合各式各样的民众需求。公共服务的共享不仅能消化一些部门所存在的过剩产能，对加强公共服务的精准供给，拓宽服务的受益范围，创新公共物品的生产方式都大有助益。在之后公共服务的供给过程中，可以借鉴网约车、定制家宴等"租用服务"的

模式来提升服务质量、拓展服务领域并促进交易过程的透明化，这不仅能使公众真正参与到公共服务的评价与监督过程中来，还可以为之后服务供给方进一步开拓服务范畴，提高服务效能提供思路，最终形成以消费促供给的良性循环。为此，我们可以开创性地出台一些鼓励共享公共资源的激励政策，在保障质量和效果的前提下，充分调动教育、医疗、养老等公共部门的闲置供给能力，拓展现有公共服务供给规模的"天花板"，促进利益共享，使得更多有需要的群体能够享受到公共服务，以最大化地利用好社会资源。

第二节　基本公共服务供给结构的优化[①]

基本公共服务是人们最关心、最直接、最切身的利益体现，随着人均收入水平的提高，民众对公共服务的诉求也在不断增加和趋于多元。地方政府通过对财政资源进行合理配置来弥补市场失灵并提供公共服务，以满足和保障公民的各类非竞争性和非排他性需求。但受多方面因素的掣肘，现阶段我国基本公共服务的供给还不能很好地满足居民的期许，各类公共服务结构性供求失衡的矛盾逐步凸显。各地在经济和财政上的分权在释放地区经济活力的同时，也使得地方公共服务支出结构带有明显的倾向性，在既定财政收入约束下，与生产性公共服务相比，我国民生类公共服务的投入显得严重不足（Qian and Roland，1998）。李子豪、毛军（2018）指出目前我国经济仍以粗放型的增长方式为主导，且带来了资源低效利用、环境恶化等一系列问题。同时由于地区间公共物品供给存在一定的空间外溢性和外部性，这不仅诱发了各地政府在公共服务提供中的"搭便车"心理，也使环境污染、医疗卫生等领域出现了"公地的悲剧"。他国的发展经验表明，由中等收入向高收入经济体跨越的过程中，各类社会矛盾往往会由于城乡、区域以及社会服务等方面的不协调而激化，部分国家就此掉入了中等收入陷阱。所以，增进和提升民众对公共服务的安全感与获得感是我国经济步入新常态后持续与和谐发展的不二前提。而需求导向型公共服务供给侧结构性改革的关键在于逐步由

[①]　本节的主要内容作为课题研究阶段性成果以《基于获得感提升的基本公共服务供给结构优化研究》为题发表在《财贸经济》2019 年第 12 期。

"建设型"财政转向"服务型"财政，解决好基本公共服务供给总量欠缺以及结构性失衡等问题，以最终保障公共服务在数量、质量和结构的配置上与不同收入阶层、不同地域、不同年龄阶段的公众需求相吻合。从地方政府供给的角度出发，囿于现有经济发展水平和公共资源数量的限制，要实现公共服务的最优供给，便需要在充分了解和尊重民众偏好的基础上优化其供给结构以平衡好各类公共服务之间的配比，让有限的公共资源能优先满足最迫切、最紧要的需求，以最大化发挥其效用并提升社会的整体福利。

一、公共服务支出结构优化的理论推导

财政支出作为政府参与经济建设和社区服务的基本手段，在改革开放以来对弥补市场制度缺陷、提供基本公共服务和促进经济发展都起到了至关重要的作用。从地方政府对公共物品供给的角度出发，公共服务可进一步细分为两类公共服务，分别为直接影响居民起居日常生活水平的民生类软公共服务（S）和加速经济增长和收入提升的硬公共服务（H）。硬公共服务作为外溢性较强的政府生产性开支，可以通过对基础设施的优化和配套来促进经济增长，而软公共服务作为直接和民生问题挂钩的消费性支出，其公益属性更为明显，对促进人力资本积累及增进社会福利都大有裨益。从式（5-2）中可以看出，居民在某个时期的效用最大化受其均衡预算所约束，其用在公共物品和私人物品上的总金额不能超过其可获得的总收入 Y。同理，地方政府也受有限财政收入的约束，长期来看，其在各类公共物品上的总开支不能超过其一般预算收入。如若要使得地区居民的获得感最佳，不仅要确定一个最优的公共服务支出规模来满足居民的公共物品的需要，还要合理配置软性公共物品与硬性公共物品之间的占比以最大化公共资源的利用效率和投放效果。故在地方政府公共服务的供给端，使得居民效用最大化的公共服务供给结构为：

$$\underset{\{H_t,S_t\}}{\text{MAX}} \quad f(H_t,S_t) = \underset{\{H_t,S_t\}}{\text{MAX}} \quad f(A_t K_t^a L_t^\beta H_t^\theta, S_t) \qquad (5-17)$$

其中，H_t 为 t 时期的硬公共物品供给，S_t 为 t 时期的软公共物品供给，由于硬公共物品能有效助力于经济发展，故将其在柯布道格拉斯生产函数中予以反映，其中 A_t 为第 t 期的全要素生产率，K_t 和 L_t 分别为资本和劳动力投入，H_t 为政府在硬公共服务上的投入，α、β 和 θ 为生产函数中各投入要素的参数份额。

地方政府面临的收入约束为：$T_t + TR_t - H_t - S_t = 0$ (5 – 18)

其中，T_t 表示第 t 期的税收收入，TR_t 表示第 t 期的转移支付收入。

要使得辖区居民在经济收入提高的同时生活质量也伴随提升，带约束的拉格朗日方程为：

$$L(H_t, S_t, \lambda') \equiv f(H_t, S_t) - \lambda'(T_t + TR_t - H_t - S_t) \quad (5 – 19)$$

要确定政府在两类公共物品上的最优支出规模以最大化居民效用，上述拉格朗日函数需同时满足：

$$\frac{\partial L}{\partial H_t} = \frac{\partial f(H_t^*, S_t^*)}{\partial H_t} + \lambda' = 0 \quad (5 – 20)$$

$$\frac{\partial L}{\partial S_t} = \frac{\partial f(H_t^*, S_t^*)}{\partial S_t} + \lambda' = 0 \quad (5 – 21)$$

$$\frac{\partial L}{\partial \lambda'} = H_t^* + S_t^* - T_t - TR_t = 0 \quad (5 – 22)$$

联立式（5 – 20）至式（5 – 22），可以发现满足居民效用最大化的地方硬性、软性公共物品供给需满足：

$$\frac{\partial f(H_t, S_t)}{\partial H_t} = \frac{\partial f(H_t, S_t)}{\partial S_t} \quad (5 – 23)$$

可以看出，从地方政府公共服务供给的角度出发，当软性公共物品所带来的边际效用刚好等于硬性公共物品的边际效用时（即二者的边际替代率相等时），居民的获得感最大，此时的民生类和经济建设类公共服务支出规模均达到最优，公共服务的供给结构最为合适。

二、基本公共服务供给结构优化的实证研究

（一）测度方法：耦合协调度模型

在经济增长的新常态下，我国需求侧和供给侧均存在着结构性失衡，而供给侧结构性改革便是要平衡好二者间的关系，以有效供给拉动有效需求，以有效需求来催生有效供给。一个良性、可持续发展的公共开支结构不仅需要通过硬性的公共投入支出来吸引和稳住资本，同时也需借助优质软性的公共服务支出来培养和留住劳动力，故平衡好生产性和民生性公共服务的供给尤为关键。同时，在软、硬公共服务的范畴下，由于不同细分种类的公共物

品所服务的对象不同，其起到的作用和效果也有所差异，故还应进一步审视各具体类别公共服务投入结构的合理性。基本公共服务作为由政府主导提供，与经济社会发展阶段相适应，旨在保障人民生存与发展需求的公共产品通常可分为如下七类：教育、医疗卫生、社会保障与就业、交通运输、公共安全、环境保护和文化体育与传媒。其中教育、医疗卫生和社会保障服务与居民的生活水平密切相关且受到社会各界的广泛关注；交通运输服务则是满足人们日常工作和生活需求的必要物质基础；一定的公共安全和环境健康保障又是构成人们马斯洛基本安全需求的主要基石；而一国的文化体育与传媒服务的发展程度又是其经济与社会发展阶段的一个重要标志和影射。由于在实践中，无论是观测到的公共服务供给数据还是其需求数据，实质上都是二者相互影响，相互作用后的博弈均衡，这也就导致客观上，不能像自然实验一样做到严格控制其中一个变量的变动来估计另一变量的值。供需双方的数据混杂使得传统的回归分析易产生内生性和联立性偏误等问题，致使所得参数的估计结果为有偏和不一致的，进而影响了所得结论的客观性和准确性。鉴于上述供、需变量间的双向互动因果关系，接下来，我们将借鉴物理学中容量耦合的概念构建耦合协调度模型来研究我国近年来七类公共服务供需之间的匹配情况，并以此为基础来测量居民需求和偏好的满足程度。耦合协调度体现的是元素间的协调作用关系，其数值大小可以反映各子系统①间的相互协调、相互影响的程度，当供给与需求间联系紧密且配合恰当时，耦合值便会较高，反之，当二者相互制约、供需失调时，耦合值就会偏低。运用耦合协调度模型能较为直观地测度和排序出随时间动态变化的各类公共服务供给和需求间的发展协调度，进而为随后的结构优化调整提供量化的佐证。有序度测量的是系统发展的好坏与稳定程度的高低，是计算耦合协调度的基础，设变量 U_d 是公共服务需求系统的序参量，U_{di} 为第 i 个指标值，其测算公式为：

$$U_{di} = \begin{cases} (X_{di} - \beta_{di})/(\alpha_{di} - \beta_{di}) \\ (\alpha_{di} - X_{di})/(\alpha_{di} - \beta_{di}) \end{cases} \tag{5-24}$$

其中，X_{di} 为序参量的指标值，$\alpha_{di} = \mathrm{Max}\{X_{d1}, X_{d2}, \cdots, X_{dn}\}$，$\beta_{di} = \mathrm{Min}\{X_{d1}, X_{d2}, \cdots, X_{dn}\}$，故公共服务需求系统的有序度 $U_{di} \in [0,1]$，同理可以算得公共服务供给系统的有序度 $U_{si}[0,1]$，然后将有序度 U_{di} 和 U_{si} 乘以各子系统中

———————

①　在本节中专指公共服务需求子系统和公共服务供给子系统。

指标所占权重，便可算出公共服务系统中需求和供给端的综合评价值。

需求端综合评价值的计算公式为：$U_d = \sum_{i=1}^{n} \lambda_{di} U_{di}$ （5－25）

其中，U_d 代表对需求系统有序度的总贡献程度，λ_{di} 表示各项细化指标的权重，在本节中我们采用熵值法进行赋权。熵值法是依据各变量信息载荷大小来确定权重的一种客观赋值法，可减少主观因素带来的偏差，在熵值法中，标准化后的指标离散程度越大，说明该指标提供有效信息越多，对综合评价的影响也就越大。其主要计算步骤为：

①构建决策矩阵 $M = (x_{ij}) m \times n$，②计算指标 x_{ij} 的比重：

$$P_{ij} = x_{ij} / \sum_{i=1}^{m} x_{ij}$$ （5－26）

③计算熵值 $E_j = -K \times \sum P_{ij} \times \ln P_{ij}$（其中 $K = \dfrac{1}{\ln m}$） （5－27）

④在熵值的基础上可得差异性系数 $d_j = 1 - E_j$，据差异系数可求得指标 x_{ij} 的权重：

$$W_j = \frac{d_j}{\sum_{j=1}^{n} d_j} \qquad (j = 1,2,3,\cdots,n)$$ （5－28）

同样方法可以得到供给端的综合评价值 U_s，通过对比 U_s 和 U_d 二者的大小以及差异，便可分析公共服务各子系统的供需协调度。若 $U_d > U_s$，表明需求大于供给，若 $U_d < U_s$ 表明需求滞后于供给。供需系统间的耦合度反映的是供需双方的相互作用关系，耦合度越高，供需双方联系越密切，二者的配置也越协调。物理学中多系统的耦合函数为：

$$C_n = \left\{ \frac{U_1 \times U_2 \times \cdots \times U_n}{\prod (U_i + U_j)} \right\}^{\frac{1}{n}}$$ （5－29）

而应用到公共服务供给与需求两系统的耦合问题中，耦合函数可简写为：

$$C_2 = \left\{ \frac{U_d \times U_s}{(U_d + U_s)(U_d + U_s)} \right\}^{\frac{1}{2}}$$ （5－30）

其中，$C_2 \in [0,1]$ 代表的是供需双方的耦合度，当 $C_2 = 0$ 时，公共服务系统的供需毫不相关，系统将走向无序发展，当 $C_2 = 1$ 时，系统各要素间完全耦合。但耦合函数局限在于其仅能反映供需双方的耦合状况，却无法反映系统间是否协调发展。耦合协调度通过将系统的耦合状况和发展水平相结合，可以真实反映公共服务供给需求双方协调发展的程度。其具体算法为：

$$D(U_d, U_s) = \sqrt{(C_2 \times T)} \qquad (5-31)$$
$$T = \alpha U_d + \beta U_s \qquad (5-32)$$

其中，$D(U_d, U_s)$ 表示耦合协调度，反映公共服务供给与需求两系统间的整体协同效应。C_2 表示耦合度，T 表示公共服务供给与需求间的综合协调指数，为保障 $D(U_d, U_s) \in [0,1]$，T 在 0 至 1 中间取值。α、β 为待定系数，考虑到公共服务需求与供给具有同等重要性，将 α、β 均取值为 0.5。当 $D(U_d, U_s) = 0$ 时，耦合协调度最小，供给和需求间的发展没有关联，当 $D(U_d, U_s) = 1$ 时，耦合协调度最大，供给和需求将走向新的协调发展。

（二）评价标准

根据以往文献（王永明、马耀峰，2011；周成、冯学钢、唐睿，2016；张虎、周楠，2019）的通用做法和划分规范，本课题对各类公共服务供给和需求耦合协调状态的判断和等级评定采用以下标准（见表 5-2）。

表 5-2　　　　　　　　　　　耦合协调度等级评价标准

序号	协调度 D	协调等级	序号	协调度 D	协调等级
1	0~0.09	极度失调	6	0.50~0.59	勉强协调
2	0.10~0.19	严重失调	7	0.60~0.69	初级协调
3	0.20~0.29	中度失调	8	0.70~0.79	中级协调
4	0.30~0.39	轻度失调	9	0.80~0.89	良好协调
5	0.40~0.49	濒临失调	10	0.90~1.00	优质协调

（三）指标的构建、数据来源与数据计算

在借鉴孙焱林和覃飞（2017）、姜文芹（2018）研究成果的基础上，基于数据的可获得性和有效性，主要用各类公共服务需求人次和需求金额构建七类公共服务的需求指标体系，用供给端的财、人、物构建公共服务的供给指标体系以计算耦合协调度。首先根据式（5-24）和式（5-25）算出各类公共服务需求和供给系统的评价指数 U_{di}、U_{si} 以及综合评价值 U_d 和 U_s，然后将需求端和供给端的综合评价值代入式（5-30）得到公共服务需求系统与供给系统的耦合度指数 C_2，最后通过式（5-31）和式（5-32）便可在协调指数和耦合度的基础上求得各类公共服务的耦合协调度值 D，根据表 5 - 2 的分类便可将供需双方的协调程度进行归类与分级。在之后的数据处理中，我们先用各子指标 2013 ~ 2017 年的数据构造熵值法的决策矩阵并确定相应权重，再用 2017 年度的公共服务供给与需求数据乘以相应权重来计算耦合协调度。文中所用数据均来源于历年的《中国统计年鉴》。在得出各子系统供需失衡情况的基本结论后，还必须将其与近年来投放到各领域财政支出的实际情况相结合，以便得出适宜的公共服务结构调整建议。

（四）实证结果分析

根据 2017 年数据的计算结果，七类公共服务耦合协调度由差至好的排序为：医疗卫生、环境保护、文化体育与传媒、公共安全、交通运输、社会保障与就业、教育。不难发现，我国公共服务的供给整体失调度较高，服务型政府建设的步伐和力度落后于民众的期许，公共服务供给力度不足与公共资源浪费的现象并存。在政治集权和以经济增长为主要政绩考核标尺的背景下，我们经济建设类的"硬"公共物品供给相对过剩，而最能提高一地居民福利的科教文卫类"软"公共物品的供给则被挤占。从表 5 - 3 可以看出，我国现阶段的公共服务供给中，仅教育和社会保障两个模块的供需协调度大于 0.4，脱离了耦合失调的范畴。其余的公共服务供给均处于供需失调的状态，其中又以医疗卫生模块的失调最为严重，耦合协调度仅为 0.1656，处于严重失调的范畴。看病难、看病贵、因病致贫、医患矛盾突出等问题已逐渐成为了百姓的心头病。而医疗服务供需间耦合协调度低的症结主要出在供给水平不足以及实际供给效率低下两方面。从供需双方的绝对数对比上来看，民众对医疗卫生公共服务的需求 0.1797 远超过现阶段的供给水平 0.0167（$U_d >$ U_s），表明我国现阶段的医疗供给水平和居民对医疗的需求尚存在的较大的差距。但从表 5 - 4 医疗卫生支出占财政支出的比重变化中可以看出，我们对这个问题已经有所重视，2008 年至今，我国对医疗卫生领域的投入一直在稳步增加，从最初的 4.40% 到现在的 7.12%，使医疗卫生成为了七类服务中投入增速最稳定、最快的公共服务。但真正让民众获得感提升的公共服务不仅在"量"上要得到保证，在"质"上也需得以提升。现实中某些医院热衷于引进一些高端且昂贵的医疗设备，居高不下的固定成本致使医院不得不将设备的购置费分摊到来院就医的病患身上，致使许多病人在得到对症的治疗前，往往要花费大量的时间和金钱在五花八门的检查上，这不仅加大了弱势群体的支出负担，也极大地降低了医疗服务的便利以及亲民性。在没有充分了解居民的偏好和需求的前提下盲目进行服务的供给，不仅容易将公共医疗资源带入"重设施建设，轻管理利用"的循环中，对医疗效率的提高也无甚助益。环境保护公共服务的供需协调程度也不容乐观，其耦合协调值为 0.2066，处于中度失调的范畴。但更令人忧心的是环境保护公共服务供需间的巨大悬殊，其需求端的综合评价值 U_d 为 0.7166，而供给端的综合评价值 U_s 却仅有0.0853。环保服务供需之间的严重失调表明，今后我们在扩大环境保护服务的供给规模以及优化环保服务的供给效率上都还有很长的路要走。从过去10年环境保护支出占财政支出的比重上来看，其占比一直在小幅波动上升，由最初的 2.32% 涨到了 2017 年的 2.77%。但由于缺乏对环保政绩的专项考核机制，地方政府的角色定位易出现偏差，导致在有限的预算约束下，不能优先、大量地安排环保服务的投入，致使在环保上的供给与客观需求仍存有较大差距。同样处于中度失调状态的还有文化体育与传媒类公共服务，其耦合协调度为 0.2149，表现为人民日益增长的美好精神文化生活需要和文化事业发展不平衡不充分间的矛盾日渐突出，文化服务效能低下，所推产品缺少吸引力，地区间文化服务的差异悬殊，致使总体上文化服务供给（0.1433）落后于其需求（0.2407）。但从近 10 年其占一般预算支出的比重和变化趋势上来看，该领域严重的供需失调似乎并未引起决策层的警觉，其占国家财政支出的比重长期维持在最低水平（约为 1.75%），并呈逐年下降的趋势。七类公共服务中，处于轻度失调组的有公共安全服务和交通运输服务，但二者供需失调的原因并不相同。公共安全服务的耦合协调度为 0.3883，其供需失调的原因主要出在供给（0.1456）不能很好地跟上需求（0.6241）。在外溢性较强的安全服务领域，地方政府供给动力和数量有限，供给效率低下以及覆盖率不广等问题都加剧了公共安全的脆弱性，使得安全管理的实际效果与居民对安全的期望相比，仍然存在着较大的差距。同时，从近 10 年公共安全支出占财政支出的比重来看，公共安全支出占比呈缓慢下降趋势，直至 2016 年之后才开始得以改善，表明我们对该领域的投入并未很好地响应公共安全服务供需脱节的问题。从交通运输服务供需双方的综合评价值上来看，交通运输服务供需失调的主要原因是其内部的组织化低，供给呈粗放式增长，供给（0.8364）不能精准地匹配公众的实际需求（0.1114）。交通运输服务作为直接进入地区生产函数的"硬"公共物品投入，由于能有效与私人资本形成互补，显著提高当地生产力，在资本自由流动和居民迁移受限的前提下，各地政府作为"理性经济人"都倾向于扩张该类支出占比,最终造成低水平的供给严重过剩,公共开支出现系统性的结构扭曲和低效。从道路运输服务的现状上来看,很多大中城市拥堵的时段、范围正在不断扩大,交通秩序混乱,道路通行能力下降,但公共交通的竞争力又明显不足,难以吸引小汽车使用者转变出行方式,致使交通拥堵成为城市通病,居民对交通运输服务的实际满意度并不强。而近10年来交通运输服务支出占财政支出的比重呈现出一个先升后降的趋势(约为6.07%),也从侧面反映出决策当局正逐渐意识到调整交通运输服务的供给结构,减少低效投入的重要性。教育和社会保障类公共服务处在供需勉强协调和濒临失调的范畴,此二类公共服务支出分别位居财政支出占比的第2位(约为14.96%)和第2位(约为10.64%),且在过去10年中支出结构较为稳定,没有太大的起伏。从教育公共服务的供需力度的对比上来看,其供给(0.5633)略落后于需求(0.6106),幼儿入园难、义务教育的"择校热"、随迁子女升学考试等问题都是教育供给不能很好地满足人们对公平、多元且有质量的教育需求的反映。与交通运输服务类似,社会保障类公共服务现阶段存在的主要问题是相关的制度和服务过于割裂和碎片化,就业补助、农村城市低保、自然灾害救助等真正用于保障弱势群体的支出比重明显偏低[①],致使公共资源的供给存在浪费,实际投放使用效果不佳,公众对社会保障服务的获得感和安全感均有待提升。

表5-3　七类基本公共服务供需耦合系统的指标权重及耦合协调度评价结果

耦合系统	评价指标	权重%	U_d/U_s	耦合协调度	协调等级
公共安全服务需求系统	交通事故数(起)	5.960			
	交通事故人均经济损失(元/人)	17.945			
	火灾事故数(起)	16.235	0.6241		
	火灾事故人均经济损失(元/人)	35.511			
	每万人口受理案件数(件)	24.349		0.3883	轻度失调
公共安全服务供给系统	公共安全投入占GDP比重(%)	2.782			
	公安机关治安案件查处率(%)	84.356			
	人民检察院批准逮捕的危害公共安全案(件)	7.862	0.1456		
	人民法院刑事一审案件结案数(件)	5.001			

① 柯卉兵. 中国社会保障支出水平与结构:1998~2015年[J]. 地方财政研究, 2017(11).

耦合系统	评价指标	权重%	U_d/U_s	耦合协调度	协调等级
公共教育服务需求系统	0～14 岁人口数（人）	38.794	0.6106	0.5415	勉强协调
	15 岁及以上文盲人口数（人）	38.815			
	学龄儿童净入学率（%）	8.225			
	每十万人口小学平均在校生数（人）	1.194			
	每十万人口初中阶段平均在校生数（人）	6.142			
	每十万人口高中阶段平均在校生数（人）	5.630			
	每十万人口高等学校平均在校生数（人）	1.200			
公共教育服务供给系统	教育投入占 GDP 比重（%）	5.008	0.5633		
	小学师生比	8.980			
	初中师生比	8.446			
	高中师生比	12.463			
	高校师生比	1.420			
	九年义务制学校数（所）	55.960			
	高中阶段教育学校数（所）	4.787			
	普通高等学校学校数（所）	2.936			
文化体育与传媒需求系统	艺术表演场馆演出观众数（万人次）	20.874	0.2407	0.2149	中度失调
	公共图书馆总流通人次（万人次）	24.116			
	博物馆参观人数（万人次）	22.327			
	全国有线广播电视用户数（万户）	1.197			
	体育用品市场成交额（亿元）	31.486			
文化体育与传媒供给系统	文、体、传投入占 GDP 比重（%）	17.197	0.1433		
	文化、体育和娱乐业城镇单位就业人员（万人）	4.810			
	公共广播节目播出时间（小时）	13.511			
	体育系统省级体育场馆机构数（个）	27.051			
	文化文物机构数（个）	37.431			
社会保障与就业需求系统	城市居民最低生活保障人数（万人）	44.581	0.2266	0.4142	濒临失调
	城镇就业人数（万人）	32.994			
	养老保险参保人数（万人）	9.531			
	失业保险参保人数（万人）	3.390			
	基本医疗保险在职职工人数（万人）	1.227			
	工伤保险年末参保人数（万人）	3.203			
	生育保险参保人数（万人）	5.074			

续表

耦合系统	评价指标	权重%	U_d/U_s	耦合协调度	协调等级
社会保障与就业供给系统	社会保障和就业投入占 GDP 的比重（%）	4.859	0.5194	0.4142	濒临失调
	社会保障和社会福利业固定资产投资（亿元）	54.067			
	社会服务机构职工人数（万人）	2.418			
	老年及残疾人床位数（万张）	15.953			
	老年人与残疾人服务机构单位数（个）	22.703			
医疗卫生公共服务需求系统	人均医疗花费（元）	46.062	0.1797	0.1656	严重失调
	新生儿死亡率（‰）	22.707			
	5 岁以下儿童死亡率（‰）	15.202			
	医疗卫生机构门诊诊疗人次（亿次）	2.212			
	医疗卫生机构急诊诊疗人次（亿次）	2.526			
	入院人数（万人）	10.827			
	传染病发病率（1/10 万）	0.463			
医疗卫生公共服务供给系统	医疗卫生投入占 GDP 比重（%）	31.076	0.0167		
	卫生技术人员数（万人）	16.507			
	每万人拥有的医疗机构床位数（张）	25.221			
	医院数（个）	26.912			
	村卫生室数（个）	0.318			
环境保护服务需求系统	废水排放总量（万吨）	0.169	0.7166	0.2066	中度失调
	二氧化硫排放量（吨）	44.258			
	烟（粉）尘排放量（吨）	32.181			
	生活垃圾（万吨）	2.910			
	氮氧化物排放量（吨）	20.456			
环境保护服务供给系统	环境保护投入占 GDP 比重（%）	0.876	0.0853		
	治理废水项目完成投资（万元）	4.291			
	治理废气项目完成投资（万元）	6.235			
	治理固体废物项目完成投资（万元）	45.210			
	治理噪声项目完成投资（万元）	37.526			
	环境保护业就业人员数（万人）	4.994			
	自然保护区面积（万公顷）	0.867			

续表

耦合系统	评价指标	权重%	U_d/U_s	耦合协调度	协调等级
交通运输服务需求系统	铁路客运量（万人）	22.889	0.1114	0.3906	轻度失调
	公路客运量（万人）	5.681			
	水运客运量（万人）	27.229			
	民用航空客运量（万人）	16.234			
	生活消费汽油的消费总量（万吨）	22.916			
	城市人口密度（人/平方公里）	5.052			
交通运输服务供给系统	交通运输投入占 GDP 比重（%）	2.998	0.8364		
	交通运输业就业人数	3.232			
	公路里程（万公里）	2.389			
	铁路营业里程（万公里）	13.411			
	定期航班航线里程（公里）	62.949			
	内河航道里程（万公里）	3.261			
	轨道交通运营线路总长度（公里）	11.759			

表 5-4　　　　7 类基本公共服务开支占国家财政支出的比重　　　　单位:%

公共服务	2008 年	2009 年	2010 年	2011 年	2012 年	2013 年	2014 年	2015 年	2016 年	2017 年	年均
医疗卫生	4.40	5.23	5.35	5.89	5.75	5.91	6.70	6.80	7.01	7.12	6.02
文化体育与传媒	1.75	1.83	1.72	1.73	1.80	1.81	1.77	1.75	1.68	1.67	1.75
教育	14.39	13.68	13.96	15.10	16.87	15.69	15.18	14.94	14.95	14.85	14.96
社保与就业	10.87	9.97	10.16	10.17	9.99	10.33	10.52	10.81	11.5	12.12	10.64
公共安全	6.49	6.22	6.14	5.77	5.65	5.55	5.51	5.33	5.88	6.14	5.87
交通运输	3.76	6.09	6.11	6.86	5.51	6.67	6.85	7.03	5.59	5.26	6.07
环境保护	2.32	2.53	2.72	2.42	2.35	2.45	2.51	2.73	2.52	2.77	2.53

资料来源：历年《中国统计年鉴》。

三、基本公共服务结构优化的政策建议

从以上实证分析的结果中可以看出，面对民众快速扩张的公共服务需求，民生类公"软性"公共服务的供给不足，供给不均且结构失衡等问题日渐突出，已经逐渐成为制约经济社会健康、和谐发展的瓶颈。为此，可以考虑从

以下 4 个方面进行结构调整和优化，以达到更好的公共服务供给效果。

（一）平衡好硬公共物品和软公共物品的供给

我国现阶段财政资金使用过程中的公益性较弱，和民生直接相关满足居民迫切需求的财政支出比重偏小。与同期世界上其他国家相比，我们财政的经济建设性和行政管理性较为明显，而服务性和公共性却偏弱①。相较于软公共物品，硬公共物品投入见效周期短、风险低，已成为地方政府推动经济快速发展的重要力量。从前面的分析中不难看出，公共投入支出所产生的边际产量要略小于公共服务支出所带来的边际效用，故从公共投入支出中转移一部分到公共服务支出中来，可使得整个社会获得帕累托改进。要提升居民对公共产品的获得感，夯实改革开放以及经济发展的成果，地方财政就需要逐步从生产型财政转向民生型财政，多在教育、科技、社会保障、医疗、环境保护等领域做加法，调整、减少产能过剩和低端无效的形式主义供给。切实做到幼有所育、学有所教、劳有所得、病有所医、老有所养、住有所居和弱有所扶②。由此，各级政府在进行财政资金的使用决策时应时刻秉持着以人为本的原则，在发挥好地方政府信息优势的基础上，约束好自身经济规模扩张的偏好，防止出现用官僚偏好取代民众实际需求的倾向。为确保公共服务结构的平衡，使财政投入能真正流向基础文体建设、医疗卫生、教育、环境保护等基本公共服务领域，配套的资金使用监管和约束性的绩效考评将必不可少。同时各地在优化其公共服务供给结构时也需将自身的资源禀赋、经济社会发展的差异化特征和当地的需求状况纳入通盘考虑。如针对我国现阶段文化、体育类公共服务供需极度失调的现状，各地可以立足于当地独有的自然风景资源来推进集体育、休闲、旅游为一体的绿道建设，这不仅维护了生态环境的平衡，带动了旅游经济的发展，还使得市民们在漫步绿道的过程中得到身体的锻炼和心灵的放松，公共服务的获得感油然而生。

（二）重视需求管理，发挥居民在公共服务建设中的主体作用

传统公共服务的供给中未能给居民充分表达其利益诉求的渠道，结果导致供给不足，供需错位，公共服务的提供不能很好地提升居民获得感等一系

---

① 李永友. 公共服务型政府建设与财政支出结构效率［J］. 经济社会体制比较，2011（1）.

② 习近平. 决胜全面建成小康社会，夺取新时代中国特色社会主义伟大胜利——在中国共产党第十九次全国代表大会上的报告［N］. 人民日报，2017－10－28.

列问题。表 5 - 3 的结果显示，公共医疗、环境保护、文化体育与传媒服务均存在着供需失调和供需不匹配的问题，这在我们现实生活中也有所反映，在各民生领域公共服务供给不能很好地回应服务需求所致。公共服务作为和人民切身利益相关联的重要领域，民众的真实需求信息能否有效决定和影响供给，关系到最终服务的质量和效率。当前，随着数字化、网络化深度融入社会生活的方方面面，经济和生活水平日益改善，民众对公共服务的需求层次也在逐渐提高，民众不应仅作为公共服务的被动接受者而存在。应充分发挥民众在服务提供过程中的主动决策权和监督权，利用互联网和大数据充分进行需求调查、需求分析、需求整合和需求吸纳，建立"顾客导向型"的公共服务供给机制，以不断提升各类公共服务在供给端和需求端的协调匹配度。

（三）强化预算对财政支出的刚性约束，缩减对民生福利改善不大的相关开支

改革开放以来，我国行政管理支出的年复合增长率高达 17.75%，致使无论是在绝对规模还是在相对规模上，其增长速度与世界同期各国相比都算较快的①。政府的管理费用，不论是直接的还是间接的，显性的还是隐性的，最终都是由社会公众来承担。若庞杂的机构和过多的冗员占用了大量的公共资金，真正为人民服务的公共产品供给便会受到挤压，导致政府部门虽然耗费了大量的资源，但很多工作却无法被群众所感知，所提供的公共服务也偏离了最优结构。提高基本公共服务支出的有效性，优化财政支出结构，应从公开行政成本的筹集使用过程，限制不合理的行政权力，加强社会舆论对行政开支的监督和增设行政成本控制的相关绩效考评指标来着手，真正做到让非合理非必要的行政管理开支让位于群众的真实需求，以减少民众负担，提高其对公共服务的满意度。

（四）加大对公共服务供给薄弱环节的投入

基于表 5 - 3 和表 5 - 4 对公共服务供需失衡情况和投入状况的分析，在接下来的结构调整中，我们需要找准痛点，直击难点，重点加大和调整对问题较为突出的医疗卫生、环境保护、文体传媒等领域的投入，以提升居民的获得感并维持好各项公共服务供需之间的均衡。医疗作为一个高度信息不对

---

① 顾露华. 中国行政支出的供需驱动因素研究 [J]. 经济社会体制比较，2018（3）.

称且与居民福祉紧密相关的公共服务，在接下来的供给侧结构性改革中，需进一步提升医疗卫生资源的亲民性、可及性和便利性；针对明显短缺的领域实现医疗供给量的增加和质的提升以补足短板；在统筹好患者、医保和医疗资源的基础上进行科学控费以降低成本。在发挥好公共部门和市场主体各自优势的基础上，加大供给强度、调整供给结构、提高服务效能、提升服务品质、改善服务流程来为人们提供安全、高效、方便、公平、价廉的医疗服务。在经济高速发展的道路上，我国许多区域资源环境承载力都即将突破上限，环保方面的服务供给极大地落后于人民群众的真实需求。目前，在可持续发展的进程中，我国资源和环境的短板约束正在不断增强，水资源的供需矛盾尤为突出，土地资源利用粗放，而大气污染防治更是面临严峻的挑战。故接下来在加大环境保护的投入上要做到重点突出和有的放矢，加快政府职能的转变，以提高经济发展与环境保护间的协调匹配程度。可以通过设立专项环境保护基金，建立环保督察机制，以严格保证专款专用。此外，针对环境保护领域的公共服务供给远落后于居民需求的现状，还可以充分借助市场机制，调动社会各类主体参与环保服务的积极性，在有限的资源约束下，促进环保服务供给的多元化以最大化居民的效用。近年来，我们对偏远落后地区脱贫攻坚的力度在不断增强，但在改善其物质条件的同时我们也应注重对其整体文化、风俗的教化，贯彻好"扶贫先扶志、治穷先治愚"的思想以阻断贫困在代际间的传递（李春明，2015）。在进行乡村道路、水、电、能源的投入同时，相应人文环境的搭建也要跟上脚步；在建设乡镇网络通信设施、优质学校和图书馆的基础上，也需逐步引导和提高当地居民对这类设施的利用率，避免因设施无人问津而造成的大量公共资源的闲置和浪费。

总之，要提升居民对公共服务的获得感，需从整体出发，将有限的公共资源优先配置到供需矛盾最突出的服务领域，以民众的真实需求和偏好为准绳，调整结构来补足现阶段公共服务供给过程中的短板，创新方式来提升服务质量，以最终为居民提供高品质、高效能且真正符合其期许的公共服务。

第三节　公共服务供给决策机制的优化

一个良好的公共服务供给决策机制应该要能在给定预算约束下很好地满足相关领域的需求，达到供需均衡匹配的效果。而公共服务配置决策的结果又会通过各类公共服务开支占一般预算支出的比重传导至各项子领域，最终体现为相关类别的民生需求和偏好的满足。黄新华和李松霖（2019）指出目前我国公共服务供给侧主要存在：公共服务供给不能高效适应需求变化、供给总量不足、质量效率低下以及地域分布不均等问题。故扎根于需求精准识别的公共服务针对性投放显得尤为重要，其不仅可以提升财政资源的配置效率，对缩小城乡、区域和人群间公共服务的差异也大有裨益。缓解公共服务单向传输以及供需双方信息不对称的办法在于更多地将民众的真实偏好和需求纳入公共服务的决策分析框架中，以优化公共服务的最终体验并提升社会整体效用。现实中，地区公共服务支出决策的形成和变迁是多类利益主体共同影响作用后的结果，不同的表达方式和渠道对地方公共支出架构的影响力也有所不同。民主制下的"用手投票"，通过公共选择的方式将个人对公共服务的偏好转化为社会总需求，进而通过以需求为导向的公共产品供给机制来达到最终的林达尔均衡。近年来，随着经济社会的开放度不断提高，在"用手投票"决策机制的基础上，拥有稀缺生产要素的群体也可以通过资本以及劳动力的自由流动以"用脚投票"的方式来影响地区公共物品的供给决策，而互联网和自媒体的兴起又给了广大人民群众以机会通过"舆论参与"的方式来监督和约束地方的公共支出行为。但这些差异化的需求表达方式的最终效果如何，还有待实证检验。

一、政府公共服务决策的理论分析框架

（一）"用手投票"的公共服务供给决策机制

不同于私人领域，由于存在多个竞争性的服务供给方，人们可以通过"货币选票"来进行挑选排序，在公共服务供给中，只有政府作为唯一的供给方，民众若想获得更好的服务体验，便需要借助"用手投票"的机制来保障服务质量以及满足人们对公共物品的广泛需求。从发达国家经济发展和财政支出架构的变迁中可以看出，辖区居民对公共服务的需求偏好直接影响了当地财政支出结构的决策。建立在多数法则上的"用手投票"机制又使得最终公共服务的供给决策能使得地区整体福利损失的最小化，多数居民效用的最大化。在此过程中，民众的真实意愿得到了充分尊重和有效表达，公共服务的最优供给得以实现。林敏和余丽生（2011）通过对推行时间较长，代表性较强的浙江台州市下辖的 72 个乡镇的面板数据进行实证研究发现：在我国

公共服务供给实践中，民众参与式预算和决策能显著提高教育、社会保障与医疗卫生公共支出的占比，同时对抑制政府行政事务性开支有明显效果。改革开放以来，随着经济的腾飞和社会结构的变化，我国民众参与公共决策的意愿也日渐强烈，目前在地方决策的实践中，我们通过选举人大代表以实现民主参政议政，人大代表受人民监督，对人民负责，通过人大建议和政协提案等渠道来行使汇聚民意和表达对公共服务诉求的职权。

（二）"用脚投票"的公共服务供给决策机制

蒂伯特（Tiebout，1956）提出了"用脚投票"的地方公共服务供给决策机制，即当个人可以自由跨区域流动，企业可以自由选择经营地（或二者搬迁成本很低时），地方政府为了吸引优质生产要素就必须在环境、教育、医疗、社会福利等公共服务领域展开"趋好竞争"。而这类竞争又与市场机制颇为类似，对提高公共资金的使用效率，建设服务性政府和增进辖区公众福利都颇有助益。当"用脚投票"得以实现时，一方面，地方政府为了保持财政收入和留住更多的人力、物力资本，便有动机来探求居民对公共服务的真实需求，改善居住环境并努力满足其偏好。另一方面，居民通过对各地税收负担水平和公共服务提供状况的比较，对不同地区的财政支出投向和侧重有了更深的了解，也会主动寻求一个使自身福利最大化的地区进行定居生活。由此，在"用脚投票"机制得以有效运行的前提下，公共服务的供给决策最终演变成了居民自由选择居住地和地方政府相机抉择提供公共服务的博弈循环。近年来，随着户籍制度的改革和我国对劳动力、资本要素的放开，人口跨区域的流动变得愈加频繁，居民离开户籍所在地到异地进行务工学习的数量也日渐增多，而人口老龄化和经济绩效竞争的压力又迫使人口流出、流入地在地区公共服务供给的规模和结构上加以调整和完善，以更好地迎合稀缺流动性生产要素的偏好。

（三）舆论参与的公共服务供给决策机制

王宇哲和赵静（2018）通过"雾霾"一词的百度搜索指数来测度公众对环保问题的网络关注度，发现公众对环境事件的关注升级直接引致了环保产业股与高耗能产业股间的收益差，进而为地区环境治理公共服务提供了更多的资金补给。近年来，随着经济社会开放度的不断提升，信访、舆论和网络曝光作为接触式政治参与途径成为了民众影响公共决策的重要渠道。同时，各类非政府组织也逐渐成为了放大基层声音，表达民众利益的代言人。一方面，当民众权利受到侵害，基本诉求得不到满足时，可通过电话、邮件、走访等形式向信访办反映情况、投诉建议甚至请求赔偿。另一方面，互联网的普及又使得民生问题和群体性事件能够大规模、高效率地在短时间内得以传播。良好畅通的网络意愿表达已逐步发展成缓解和调息社会矛盾的"安全阀"，网上匿名投诉、舆论监督以及论坛发帖均已经成为公众影响政治决策的重要方式。在西方国家，大众媒体和自媒体被誉为与立法、司法和行政权并行的"第四种权力"，在构建公共政治空间、形成舆论督促、抑制行政效率损失、减少代理问题和增进公共治理效果方面都起到了非常重要的作用。

二、实证研究设计

（一）变量选择、处理和数据来源

由于公众需求的传达机制都会对地方公共服务供给产生影响，因此我们将核心解释变量"用手投票"、"用脚投票"和"舆论参与"一并纳入回归框架中，以考察三种决策机制对七类公共服务供给效果的影响。由于西藏自治区在互联网使用数据上缺失较为严重，故选取了2007～2016年我国除西藏自治区、香港、澳门、台湾之外的30个省份的财政、经济面板数据来进行回归分析。文中有关各省年度经济变量的数据来源于《中国统计年鉴》，各省财政支出结构的数据取自历年的《中国财政统计年鉴》，"用手投票"中的人民代表数据取自全国人民代表大会官网（http：//www.npc.gov.cn/），职务犯罪案件数来源于各年的《中国检察年鉴》，"舆论参与"中的网民数据取自各年的《中国互联网络发展状况统计报告》。为了减少异方差和量纲因素对回归结果的影响，本节对变量：抚养比、人均GDP、腐败度、人口密度和非政府组织数（Non-Governmental Organizations，NGO）做了自然对数处理。

（二）模型设定

$$Propotion_{i,t} = a_0 + a_1 Hand_{i,t} + a_2 Feet_{i,t} + a_3 Engage_{i,t} + \sum_{k=1}^{7} \gamma_k X_{i,t,k}$$
$$+ u_i + v_t + \varepsilon_{i,t} \tag{5-33}$$

模型式（5-33）中的因变量$Propotion_{i,t}$为教育、医疗卫生、社会保障与就业、公共安全、交通运输、文体传媒和环境保护支出占地方一般公共预算支出的比重，其中 i 表示省份，t 表示年份。a_1、a_2、a_3 为三类公共服务决策机制的回归系数，u_i 为地区固定效应，以捕捉各省、直辖市、自治区公共服务供给过程中不随时间变化的截面特征，v_t 为年份固定效应，以捕捉不同年份所特有的财政支出倾向，$\varepsilon_{i,t}$ 为随机误差扰动项。

1. 核心解释变量

在我国，辖区居民通过间接代理的方式参与公共决策，借助本地的人大代表和两会提案为渠道来反映其对相关公共服务的诉求。我们有理由相信，更多的选区代表将带来更大的政治影响力、更广的政治声音和更强的决策监督力度，故我们以各省全国人民代表人数占该省年末常住人口的比重来作为"用手投票"的代理变量。"用脚投票"主要通过公民自由选择工作和居住地以显示对不同地区公共服务的偏好，如若一地大量人口愿意突破社会关系、生活环境和户籍制度的约束而去异地工作和谋生，也就间接反映了该地的公共物品供给未能有效迎合居民对其的需求，人们在通过"用脚投票"的方式来选择真正能满足其对公共物品期待的地区。在我国，由于不同省份在就业机会、工资待遇和公共服务配套上均或多或少存有差异，各省年度常住人口增长率与其人口自然增长率之差便能很好地反映人口跨省迁移和"用脚投票"的状况。随着经济和社会的发展，舆论讨论和影响公共物品供给的方式日渐增多，群体上访、投诉举报、司法诉讼、媒体曝光、网络热搜等都成为了群众利益表达和沟通反馈的方式。但遗憾的是，各地并没有直接提供信访和投诉举报的数据，考虑到随着信息技术和网络平台的扩展普及，人们通过微博、微信等自媒体进行问题反馈和网络曝光成为了当下能高效引起利益相关者、政府部门和主流媒体关注的途径，公众通过网络参与来表达其对公共产品的某种偏好，致使网络主流言论在客观上构成了大众的意愿加总，最终也促成了公共服务价值的有效实现。故此，借鉴谢舜和王天维（2018），汪淑珍和童楠楠（2014）的研究，用一省网民数占总人口的比重来作为舆论参与的代理变量，以考察"舆论参与"决策机制对地方公共支出结构和侧重的影响。

2. 其他控制变量

考虑到地区民生类公共支出的结构除了受该地居民偏好表达的影响，同时也与一地的经济社会发展阶段、人口结构和政府治理机制高度相关。在借鉴前人研究（龚锋和卢洪友，2009；吕炜和王伟同，2008；冯严超和王晓红，

2019）的基础上，我们在公共服务供给决策模型中引入如下 7 个控制变量。（1）为地方财政自给率。主要反映地方政府财权和事权的匹配度，较高的财政自给率意味着较小的收支缺口和较大的支出自由度，地方所承担的经济增长压力较轻，进而有利于整合基层信息优势来助使公共支出结构向民众需求较高的领域相倾斜。（2）腐败程度。大量研究（Mauro，1998；刘穷志和何奇，2011；梁城城和张淑娟，2019）表明高腐败更易引起地区领导从自身政绩和利益出发来自上而下地作出公共物品供给决策，形成"高投资，低服务"的支出偏好，在为后继政府埋下沉重债务负担的同时也使公共服务的供给决策进一步偏离了社会公众的真实需求。（3）各地的经济发展水平。一方面，以 GDP 增长为标尺的竞争锦标赛会影响各地政府对财政资金的投向和使用；另一方面，较好的经济发展水平又使得该地更有条件来优化其公共服务以吸引稀缺生产要素和资源的进入。（4）城镇登记失业率。随着我国经济增长迈入新常态，结构性失业不仅对社会稳定和经济发展不利，也同时加重了医疗、社会保障支出方面的负担。（5）人口抚养比。（6）人口密度。（7）城镇化。一方面，高人口密度和高抚养比的地区对教育、医疗等公共服务的需求更为迫切；另一方面，由于城镇化所带来的规模经济和集聚效应，人均公共服务的供给成本得以有效降低，进而缓解了地方公共开支方面的压力。模型中各变量的定义、取值方法和描述性统计数据见表 5 - 5：

表 5 - 5   主要变量定义及描述性统计

变量符号	变量类型	变量名称	均值	中位数	最大值	最小值	标准差	计算方法和说明
EDU	因变量	教育支出占比	0.155	0.159	0.299	0.075	0.029	地方财政教育支出占一般公共预算支出的比重
MED	因变量	医疗支出占比	0.068	0.066	0.105	0.038	0.014	地方财政医疗卫生支出占一般公共预算支出的比重
SOC	因变量	社保支出占比	0.127	0.128	0.255	0.058	0.032	地方财政社会保障和就业支出占一般公共预算支出的比重
SEC	因变量	安全支出占比	0.058	0.056	0.108	0.035	0.012	地方财政公共安全支出占一般公共预算支出的比重
TRA	因变量	交通支出占比	0.061	0.059	0.161	0.007	0.026	地方财政交通运输支出占一般公共预算支出的比重

续表

变量符号	变量类型	变量名称	均值	中位数	最大值	最小值	标准差	计算方法和说明
CUL	因变量	文体支出占比	0.019	0.018	0.038	0.011	0.005	地方财政文化体育与传媒支出占一般公共预算支出的比重
ENV	因变量	环保支出占比	0.030	0.028	0.067	0.008	0.011	地方财政环境保护支出占一般公共预算支出的比重
Hand	自变量	用手投票	0.022	0.019	0.039	0.014	0.001	该省全国人民代表数/年末常住人口数
Feet1	自变量	用脚投票1	4.471	4.807	13.72	−3.28	2.864	人口迁移率：该省常住人口年度增长率 − 人口自然增长率
Feet2	稳健性检验	用脚投票2	0.184	0.157	0.651	0.021	0.126	$\dfrac{\text{人口数 − 住在本乡镇街道, 户口在本乡镇街道人数}}{\text{年末常住人口数}}$
Public	自变量	舆论参与1	0.386	0.387	0.778	0.062	0.161	该省网民数/年末常住人口数
NGO	稳健性检验	舆论参与2	8.945	9.028	10.46	7.217	0.675	LN(各省非政府组织和社会团体个数)
Indep	控制变量	财政自给率	0.448	0.398	0.923	0.121	0.177	地方公共预算收入/一般公共预算支出
Per GDP	控制变量	经济发展水平	10.57	9.916	11.77	9.196	0.512	LN(省人均GDP)
Corrup	控制变量	腐败度	6.861	7.076	8.085	4.836	0.734	LN(贪污贿赂 + 渎职侵权案件数)
Jobless	控制变量	失业率	3.431	3.501	4.600	1.200	0.652	取自《中国统计年鉴》中城镇登记失业率
Depend	控制变量	抚养比	3.566	5.596	4.009	2.960	0.186	$\text{LN}\left(\dfrac{\text{15 岁以下 +65 岁以上人口数}}{\text{该省劳动人口数}}\%\right)$
Dens	控制变量	人口密度	5.449	5.656	8.256	2.037	1.282	LN(常住人口数/各省土地面积)
Urban	控制变量	城镇人口比	0.547	0.529	0.896	0.291	0.132	城镇人口数/各省年末人口总数

从描述性统计结果可以看出，近 10 年来，我国对公共服务供给的侧重程度（占公共预算支出的比重）的排序为：教育、社会保障、医疗、交通运输、公共安全、环境保护和文体传媒。从三类公共服务供给决策机制上来看，"用手投票"省际差异较小，而相较之下，"用脚投票"纯粹源于居民自发的迁徙行为，"舆论参与"则是对人民日常生活的直接写照，故这两个变量在不同省份之间存有较大的差距。三类决策机制的变异系数由低到高分别为：用手投票：0.2353，舆论参与：0.4164 和用脚投票：0.8731。从"舆论参与"中网民比的数据上来看，总体来说随着时间的推移，互联网的普及率在全国范围内都在稳步提升，但地域间的差距仍不可忽视。最小值出现在 2007 年的贵州省，该地该年仅有 6.17% 的人们在使用互联网，而最大值出现在 2016 年的北京市，其中有 77.78% 的居民让网络成为了生活的一部分。而从"用脚投票"中人口流动的指标上来看，最大的人口流入样本为 2008 年天津市的净迁入率：0.1372，表明该地该年中有 13% 以上的人口净流入，而从近 10 年的数据上来看，广大西部省份如贵州、宁夏、新疆等地，则存在着较为严重的人口流失。

三、实证结果分析

回归结果中自变量的方差膨胀因子（VIF）均小于 10，表明不存在严重的多重共线性问题，回归结构可靠。F 检验结果表明七类公共服务模型的回归方程是显著的，Hausman 检验的结果支持采用固定效应模型来进行估计。从表 5-6 的结果可以看出，三类公共服务决策机制中，"用手投票"和"舆论参与"的需求表达机制显著影响了 4 项公共服务的供给决策过程，而"用脚投票"在实践中所能起到的影响较为有限，仅对一类公共服务的供给决策产生了显著影响。通过结合表 5-7 中关于七类公共服务供需情况的总结可以看出，其中有五类公共服务处于供求失衡的状态，面临服务有效供给不足，服务效果达不到群众期许，无法实现最优供给等问题。在公共服务供给的过程中，一个较为理想的决策机制应能根据各类服务供需失衡的状况来灵活调度相应的支出结构占比和投向，当供给滞后于需求时，应加大对特定领域的重视和投入（体现为正向显著的回归系数）；而当供过于求时，应及时调整和缩减相关领域的支出（体现为负向显著的回归系数），来保证财政资金投放的精准和高效。通过进一步审视三类决策机制前的系数符号和七类基本公共服务的供需失衡状况可知："用手投票"在环境保护和社保就业的决策过程中出现了两次需求反映的偏差，而"舆论参与"在社保就业的偏好表达中出现了一次背离，"用脚投票"虽然影响力偏弱，但其系数符号却和公共服务供需失衡的真实情况相符。总体来看，在我国公共服务供给决策的实践中，"用手投票"在吸收和反馈民意的过程中还存在着一定的低效和偏误；社会公众在文化素质和公共决策的参与能力上又存有较大的差异导致"舆论参与"在需求表达上不够主动和精准；户籍制度限制了人口（特别是低技能劳动力）的跨省流动，弱化了供应者对"退出机制"的敏感度，致使"用脚投票"在实践中的作用受限。地方提供的公共服务与社会公众对其的实际需求之间仍存有较大的信息不对称和执行偏差，公共物品供给过程中越位、缺位和错位的现象并存，政府在高效决策和针对性公共服务投放上仍存有一定的改进空间。

表 5 - 6 公共服务供给决策机制回归结果

变量	教育支出	医疗支出	社保支出	安全支出	交通支出	文体支出	环保支出
用手投票 *Hand*	1.644 (1.495)	1.802 *** (4.030)	5.404 *** (5.293)	0.0139 * (1.723)	− 1.426 (− 1.328)	1.216 (0.109)	− 0.024 * (− 2.076)
用脚投票 1 *Feet*1	− 0.004 (− 0.541)	− 0.003 (− 0.728)	− 0.004 (− 0.476)	0.003 (1.522)	0.009 (1.058)	− 0.150 (− 0.521)	0.001 *** (2.741)
舆论参与 1 *Public*	0.131 *** (3.032)	0.016 (0.909)	0.074 * (1.847)	− 0.002 (− 0.199)	− 0.089 ** (− 2.124)	0.146 ** (1.978)	0.012 (0.699)
财政自给率 *Indep*	0.071 ** (2.399)	0.039 *** (3.288)	0.020 (0.735)	0.034 *** (4.016)	0.006 (0.020)	0.531 * (1.722)	− 0.030 ** (− 2.492)
经济发展水平 *Per GDP*	− 0.028 * (− 1.962)	− 0.007 (− 1.309)	− 0.071 *** (− 5.389)	− 0.012 *** (− 3.142)	0.028 ** (2.088)	− 0.199 (− 1.403)	0.007 (1.183)
腐败度 *Corrup*	0.001 (0.166)	− 0.009 (− 0.037)	0.001 (0.202)	0.003 (0.019)	0.001 (0.103)	− 0.021 (− 0.323)	− 0.001 (− 0.461)
失业率 *Jobless*	0.004 (1.197)	0.001 (0.709)	0.004 (1.240)	− 0.001 (− 1.472)	− 0.003 (− 0.836)	0.001 (0.029)	0.003 * (1.851)
抚养比 *Depend*	0.007 (1.614)	0.006 *** (3.202)	− 0.001 (− 0.443)	0.001 (0.087)	− 0.004 (− 1.009)	0.111 (0.653)	0.001 * (1.837)
人口密度 *Dens*	0.051 (0.966)	− 0.032 (− 1.488)	0.102 ** (2.058)	− 0.035 *** (− 3.205)	− 0.054 (− 1.055)	− 0.339 (− 0.636)	0.056 *** (3.476)

续表

变量	教育支出	医疗支出	社保支出	安全支出	交通支出	文体支出	环保支出
城镇人口比 *Urban*	0.219 ** (3.210)	0.118 *** (4.262)	0.072 (1.144)	0.007 (0.382)	−0.098 (−1.487)	0.479 (0.715)	−0.115 *** (−4.173)
常数项 *Constant*	−0.021 (−0.057)	0.182 (1.243)	0.163 (0.486)	0.365 *** (4.387)	0.138 (0.395)	−2.075 (−0.578)	−0.279 ** (−2.387)
Year & Area	YES	YES	YES	YES	YES	YES	YES
样本数 *N*	300	300	300	300	300	300	300
Adj. R-sq	0.808	0.867	0.858	0.908	0.769	0.662	0.759
F-statistic	27.193	41.709	38.692	62.515	21.803	13.212	20.571

注：括号内数字为 T 统计量，＊，＊＊，＊＊＊分别代表在10%，5%，1%水平上显著。（下同）

表5－7　　　　　　　　　**公共服务供给决策机制成效总结**

项目	医疗卫生	环境保护	文体传媒	公共安全	交通运输	社保就业	教育
耦合协调度	严重失调	中度失调	中度失调	轻度失调	轻度失调	濒临失调	勉强协调
供需匹配度	供＜需	供＜需	供＜需	供＜需	供＞需	供＞需	供＜需
用手投票	正向显著	负向显著		正向显著		正向显著	
用脚投票		正向显著					
舆论参与			正向显著		负向显著	正向显著	正向显著
决策机制 成效	用手投票 相对有效	用脚投票 相对有效	舆论参与 相对有效	用手投票 相对有效	舆论参与 相对有效	反应过度	舆论参与 相对有效

注：七类公共服务供需耦合协调度和供需匹配度的数据来源于本章第二节。

　　具体到各个领域上来看，在医疗卫生和公共安全领域，面临的是地方对此二类公共服务的供给难以跟上民众对其需求的问题，而在近10年公共服务的决策环节中，"用手投票"机制也对增加此二部分的开支予以正向显著地回应，表明在医疗和安全领域"用手投票"有效反映了民众的真实需求。在环境保护领域，人们对健康环境的需求远超于现阶段环保服务的供给水平，其耦合协调等级为"中度失调"，是七类公共服务中供需失衡较为严重的一个模块。可以看出，回归结果中"用脚投票"前的系数显著为正，表明民众在用实际的迁徙和定居行动来表明对健康环境的迫切需求。但值得注意的是，环保支出决策机制中"用手投票"前的系数却是负向显著的。在民众互动相对匮乏的背景下，地方为大力发展经济还存在降低环境污染标准、减免环境污染税费、在环境规制上展开"逐底竞争"的行为，这无疑都加剧了地方生态环境的恶劣程度，严重影响公共服务决策，进而越发偏离科学合理的支出结构。文化体育传媒和教育作为外部性较强的公共服务，都存在着供给滞后于需求的问题，理应加大供给。随着互联网的普及，民众通过"舆论参与"的方式有效传达了对此二类公共服务的真实需求，文教领域的失衡受到了社会各界的广泛关注，进而对增加相关投入产生了正向显著的影响。交通运输模块呈现出公共服务供给超过其实际需求的问题，地方作为经济发展的主体而参与竞争，增加交通运输类开支能有效助力地区的经济发展和招商引资，导致各地"重建设、轻服务"的痕迹明显。在该类公共服务供给决策过程中"舆论参与"需求表达机制前的系数为负向显著，表明人们在用自身的实际行动和言论来纠正公共服务开支中过重的生产性偏向。社会保障与就业公共服务从耦合协调的角度上来看是供给略微超过了需求，但不可忽视的是，我国幅员辽阔，人口净流入地和人口净流出地在社保方面所面临的负担和压力差异巨大。一方面，东北三省近年来面临着社保基金难以平衡，相关资金入不敷出的窘境；另一方面，部分东南沿海省份社保基金又能做到年年结余。一个合理的解决方案应是因地制宜，根据各地不同的实际情况来加大或收紧社保资金的投放力度，但"用手投票"和"舆论参与"前的系数均为正向显著，表明存在盲目增加相关开支以及过度反应的问题。

四、稳健性检验

针对上文两个关键解释变量我们更换了其计量方式来进行稳健性检验，将自变量"用脚投票"的计算方法由各省年底常住人口增长率与自然增长率之差替换成年底人户分离率，将自变量"舆论参与"的度量方式由网民比替换成各省非政府组织与社会团体个数之和的自然对数，模型回归的基本结论不变，具体估计结果如表5-8所示。表明在七类基本公共服务领域的财政资金投放和决策过程中，"用手投票"和"舆论参与"的方式需进一步提高其决策精准度，而"用脚投票"则需加大其对公共服务供给决策过程中的影响力。

表 5 - 8　　　　　　　　　　　　　　稳健性检验结果

变量	教育支出	医疗支出	社保支出	安全支出	交通支出	文体支出	环保支出
用手投票 Hand	1.694 (1.527)	1.735*** (3.852)	5.792*** (5.689)	0.003* (1.712)	-0.001 (-1.515)	-2.494 (-0.102)	-0.001*** (-2.827)
用脚投票 2 Feet2	0.006 (0.223)	0.010 (0.859)	0.006 (0.242)	0.009 (1.165)	-0.033 (-1.184)	-0.021 (-1.012)	0.024** (2.051)
舆论参与 2 NGO	0.015** (2.072)	0.003 (1.105)	-0.012* (-1.714)	0.107 (1.166)	-0.012* (-1.694)	-0.283 (-0.291)	0.001 (0.309)
财政自给率 Indep	0.078** (2.522)	0.038*** (3.126)	0.011 (0.354)	0.033*** (3.851)	-0.071** (-2.473)	1.391** (2.068)	-0.029 (-2.417)
经济发展水平 Per GDP	-0.249 (-1.760)	-0.009 (-1.492)	-0.057*** (-4.388)	-0.011*** (-2.869)	0.023 (1.721)	0.154 (0.484)	0.006 (1.135)
腐败度 Corrup	-0.002 (-0.263)	-0.001 (-0.063)	0.005 (0.103)	0.001 (0.095)	0.002 (0.301)	-0.045 (-0.319)	-0.001 (-0.557)
失业率 Jobless	0.004 (1.243)	0.001 (0.942)	0.004 (1.262)	-0.001 (-1.622)	-0.003 (-0.795)	-0.013 (-0.155)	0.003* (1.848)
抚养比 Depend	0.035** (2.069)	0.019*** (2.799)	-0.006 (-0.361)	-0.004 (-0.907)	-0.017 (-1.021)	0.001 (0.011)	0.010 (1.399)
人口密度 Dens	0.065 (1.232)	-0.033 (-1.528)	0.122** (2.511)	-0.035** (-2.399)	0.014 (0.376)	0.149 (0.124)	0.057*** (3.510)
城镇人口比 Urban	0.171** (2.564)	0.114*** (4.222)	0.035 (0.579)	0.011 (0.575)	-0.089 (-1.426)	1.901 (1.233)	-0.116*** (-4.289)
常数项 Constant	-0.369 (-1.032)	0.117 (0.808)	0.018 (0.055)	0.396*** (4.006)	-0.213 (-0.751)	-7.872 (-0.965)	-0.315*** (-2.593)
Year & Area	YES	YES	YES	YES	YES	YES	YES
样本数 N	300	300	300	300	300	300	300
Adj. R-sq	0.803	0.864	0.858	0.908	0.775	0.179	0.757
F-statistic	26.376	40.561	38.583	62.652	22.501	2.363	20.383

五、启示与政策建议

(一) 提升我国公共政策制定的透明化建设

在公共服务的供给过程中, 可以搭建公开、透明的政府信息发布平台, 加大政府信息披露力度, 尽量多方面地提供制度化的参与渠道, 给予公民以机会来了解和参与政策出台的过程，以保障公共政策制定中的每一个流程和环节都受到社会公众的监督和认可。可以通过专门的信息平台将政务、事务、财务进行公开，在保障公民知情权、参与权和监督权的基础上，为社会舆论参与决策创造良好的政治文化氛围，纠正决策过程中可能产生的错误与偏差以作出公正决策。可以在公共服务供给的决策过程中预留政策反馈的窗口，来收集民众的建议以更好地修订和完善即将出台的公共服务。同时，在舆论参与决策的进程中，应逐步增强政府在这一过程中的回应性，对公众意见的采纳或不采纳都应作出相应说明并告知，从而提高民众对公共决策过程的参与感和感知度。政府和民众之间的信息互通不仅能改善公共服务决策过程中的针对性、科学性和认同性，还能有效优化资源配置的效果，使得地区整体福利得到进一步的帕累托改进。

（二）探索建立多途径的公共服务需求反馈机制

充分反映公众的需求状况是进行公共服务最优供给决策的基础，公民是服务的接受者，也是服务的检验者。只有充分吸纳民意，尊重民意才能保障最终的服务质量。在民众广泛参与的背景下，地方公共支出决策行为不仅受到民主监督的约束，还能对紧密关联民生的领域有所侧重，以达到纠正财政资金使用过程中不合理偏差的目的。为使地方公共服务的供给决策能更好地满足群众的真实需求，应健全和完善公共服务的需求表达机制，为民众需求的多途径表达创造最大的可能性。在"互联网＋"和大数据广泛应用的今天，应更多地发挥"舆论参与"在公共服务供给决策中的作用，借助热线电话、邮件、客户端App、政务公众号、官民互动、论坛发帖、微博、公众辩论、民意投票等途径来进行需求调查和收集。通过将公众偏好纳入政府决策的信息库来切实使得民众需求成为公共服务决策的依据与客观衡量标准。同时，也应关注到公众需求是一个不断变化和发展的过程，随着经济社会的发展，人们对公共服务的需求数量和质量也在与日俱增，由此便使得地方的公共服务供给成了一个动态且不确定的过程。所以，应在需求调查、整合、吸纳和回应的基础上赋予民众以公共服务选择的权利，让公共服务最终的供给数量、质量和种类取决于民，以更好地满足其真实需求。

（三）推进户籍制度的改革，促进劳动力的异地流动

由于代议制下固有的信息不对称以及委托代理方之间由于目标函数迥

异而导致的激励不相容，"用手投票"的决策机制可能出现逆向选择或道德风险的问题，如若"用脚投票"的约束机制也欠缺力道，则容易出现公共决策失误、公共服务供给效率低下等问题。为此，应逐步推进户籍制度的改革，实现城乡户籍与就业、教育、养老、医疗、社保等各项福利的脱钩。通过消除人们流动的制度性壁垒，减少退出成本，来倒逼地方公共服务决策机制的优化，以逐步形成"自下而上"用脚投票的公共物品偏好表露机制。劳动力要素的充分流动不仅可以增强居民对政府公共支出决策的实际约束力还能使得公共资源的使用真正做到急民所需、为民所用。最终达到统一地方政府个体理性和社会公众理性的目的，以实现公共服务效果的最优。

（四）鼓励民间社区和非营利组织的发展

由公民和志愿者自发组建起来的非营利组织和民间社团有点类似于政府和民众之间的一个"缓冲地带"，各类组织的多功能定位不仅可以增强居民整体对公共物品评价的发声度，还可以充当部分民生性公共服务供给的补给方，在社区福利、人居环境、教育文化等方面发挥其特有功效，形成以服务为核心的基层与政府联合共治的决策体系。公共服务供给侧结构性改革的目的主要是使公共服务供给的数量、质量和结构能与不同地域、不同层次、不同社群的居民需求相吻合。构建、保护和鼓励落地基层、扎根社区、服务民众的非营利组织和街区议事会的发展，不仅体现了以人为本的发展理念，还能给予人民以机会自发地融入公共服务的决策和供给过程中，对提升其对政策的信任度和满意度，增强公众呼吁的影响力并最终促进公共服务的均等化都大有裨益。

（五）完善官员的绩效评价体系，淡化以 GDP 为标尺的考核机制

对地方官员的晋升考核指标应合理在显性政绩和隐性政绩之间划分权重，根据不同地域的经济和社会发展水平来制定差异化且综合、长效的绩效考评体系，让地方政府的竞争目标更为多元和更具包容性。为此，可以将当地居民的民意调查结果和实际生活质量作为配套的政绩考核指标，并在执行时形成相关指标的"硬约束"以提升地方官员改善居民福祉的积极性，保障随后的公共服务供给真正做到问政于民、问策于民和问计于民。通过官员激励机制和绩效评价体系的改善来逐步引导公共决策从"供给导向"向"需求导

向"进行转化，防范社会性公共服务支出被周期短、见效快的经济性支出所压缩挤占，以最终满足好民众需求，提升其对公共服务的幸福感和获得感。

第四节 公共服务供给方式的优化①

公共服务供给方式有点类似于公共部门投入和产出间的一座桥梁，行之有效的供给方式能使得地方政府在有限的资源约束下，最大化其产出效益，以优化社会的整体福利。优良的供给方式能通过有效整合社会资源，更新供给体系，重构供给模式，优化供给要素来实现公共服务的便利化、精准化和规范化。好的供给方式必定带来公共资源投产的高效，反之，若公共物品的供给中出现低效和浪费，则意味着其现有的供给方式亟须调整和改良。对公共财政支出低效领域的原因剖析将协助我们找准现存公共服务供给方式中所存在的问题，进而为后续针对性的供给方式改革提供指引和帮助，故对近年来的公共服务供给过程进行效率度量、排序和分解便显得尤为关键。由于现实中公共物品和服务的生产具有其特殊性，一般很难用规范的生产函数（如柯布－道格拉斯生产函数）对其进行刻画和描述，公共服务或没有市场价格，或其市场价格不能真实反映其成本，使得通过度量公共部门效率来进行绩效比较和改进显得困难重重。但改善民生的基本公共服务作为一种长期且非显性的公共行政行为，往往需要大量的财政投入，如若缺乏合理的效率测量与考核，在"经济锦标赛"的背景下，往往易导致稀缺的公共财政资金被挪用至短期易彰显政绩的经济建设领域或是被浪费于寻租和贪污腐败中。数据包络分析（data envelopment analysis，DEA）由美国运筹学家查恩斯、库珀和罗兹（Chames、Cooper and Rhodes）于1978年提出，通过输入多投入、多产出的数据，无须设置具体的生产函数形式，即可客观地测量出所考察系统的综合效率值。DEA作为一种非参数的效率测算方法，有效规避掉了模型设定误差的问题，故相较于另一种广泛应用的生产率测算方法——随机前沿生产函数（stochastic frontier approach，SFA）来说，在公共资源配置效率研究的应用中更为适当和灵活。利用DEA来分析财政基本公共服务支出的效率，

---

① 本节的主要内容作为课题研究阶段性成果以《中国基本公共服务供给效率的评价与供给方式优化——基于省级面板数据的DEA分析》为题发表在《财经论丛》2020年第1期。

不仅可以全方位地从投入、产出的角度给出其相对效率、效果值，也避开了投入、产出要素核算量纲不统一以及函数参数回归估计偏误等问题，在对比不同非营利部门间的绩效上有着天然优势。

一、公共服务供给方式优化的实证技术与方法

运用 DEA 进行公共服务的效率计量，首先要确定好相关投入、产出的指标（又称决策单元，decision making unit，DMU）。然后，将各指标权重以优化变量的形式通过数学规划法投影至 DEA 分析的前沿面上，通过测算各决策单元和 DEA 前沿面之间的偏移距离，即可测算出决策单元的相对投入产出效率。生产单位越接近生产前沿面，其效率越高。假设系统中存在 N 个投入产出的决策单元：DMU_k，$k = 1, 2, \cdots, n$，DMU_k 中的投入矩阵为：$X_k = (x_{1k}, x_{2k}, \cdots, x_{mk})^T$，产出矩阵为：$Y_k = (y_{1k}, y_{2k}, \cdots, y_{sk})^T$，其中 m 为投入指标的个数，s 为产出指标的个数。在实际分析中，要求各项投入指标为非负，且其中至少有一项分量为正数，即：$x_{1k}, x_{2k}, \cdots, x_{mk} \geqslant 0 (k = 1, 2, \cdots, n)$，构建基于投入角度出发的综合效率 C^2R 模型为：

$$\min \left[\theta - \varepsilon \left(\sum_{k=1}^{m} s^- + \sum_{k=1}^{s} s^+ \right) \right] \tag{5-34}$$

$$\text{s. t.} \begin{cases} \sum_{k=1}^{m} x_k \lambda_k + s^- = \theta x_0 \\ \sum_{k=1}^{s} y_k \lambda_k - s^+ = y_0 \\ \lambda_k \geqslant 0, k = 1, 2, \cdots, n \\ s^+ \geqslant 0, s^- \geqslant 0 \end{cases} \tag{5-35}$$

决策单元 DMU_k 的评价标准分为三档，分别为：DEA 有效，弱 DEA 有效和非 DEA 有效。其中 ε 为非阿基米德无穷小量，以往文献中（龚峰，2008；韩华为、苗艳青，2010；尚杰、任跃旺，2017）通常取极小的正数：10^{-6}，λ_k 为各决策单元的组合权重系数。在 DEA 分析中，θ、s^-、s^+ 都是系统效率的衡量介质，其中 θ 是效率评价指数，s^-、s^+ 分别为投入和产出松弛量（又称投入冗余率和产出不足率），当松弛量（slack）为 0 且 $\theta = \theta^* = 1$ 时，系统达到效能最优，表明决策单元既无须减少投入，也无须增加产出，系统中各要素配比已经达到效率的最佳组合，处于规模收益不变的状态，故称为 DEA

有效。当 $\theta = 1$，但 s^-、s^+ 不全为 0，表明至少有某个输入或者输出大于 0，即在产出不减少的情况下，虽无法等比例地缩小各项投入的量，但其中某一项或某几项的投入仍存在下降空间，此时决策单元的经济活动不再同时为技术效率最佳和规模效率最佳，故称为弱 DEA 有效。若 $\theta < 1$，且 s^-、s^+ 不全为 0，此时的决策单元为非 DEA 有效，表明需通过减少输入或者增加输出来调整，才能达到效率最佳。在 DEA 分析中，公共服务供给的综合效率＝纯技术效率×规模效率，其中综合效率衡量的是整体投入产出以及资源配置的效率，当决策单元能在给定投入下实现产出的最大化，或者是能在给定产出下实现投入的最小化时，所提供的公共服务便是有效率的，即处于生产前沿，体现为综合效率的指数为 1。纯技术效率衡量的是制度、管理和技术水平所带来的效率，但其并没有考虑在公共物品的实际生产供给过程中是否有达到最优规模，当纯技术效率为 1 时，仅表明在规模报酬不变的前提下，目前公共资源投入与使用的技术水平是有效的。最后，规模效率度量的是在制度和管理水平一定的前提下，现有的规模与最优生产规模之间的差异。规模效率小于 1 表明决策单位的实际规模由于不完全竞争或财务约束等原因与最优生产规模发生了偏离。公共服务由于供给规模的掣肘，不能最大限度地满足居民的需求偏好，导致了公共物品生产和配置效率的降低。其具体又可分为：未达到极值点之前的规模报酬递增阶段（即：$\frac{1}{\theta} \sum_{k=1}^{n} \lambda_k < 1$，政府公共服务供给不足，在投入 X 的基础上，产出增长比例将相对于要素投入比例呈现出更快的增长）和超过极值点之后的规模报酬递减阶段（即：$\frac{1}{\theta} \sum_{k=1}^{n} \lambda_k > 1$，财政公共服务供给过度，当财政投入按一定比例增加时，产量增加的比例将小于投入要素的变化比例，在原基础上增加投入将引致总体产出效率的下降）。

以往文献中，针对我国公共服务支出效率的实证分析相对较少，更鲜有文献针对全面系统的公共服务供给进行研究，已有的文章大多仅从医疗、教育或者环境保护的单个领域进行切入并展开分析，故其随后所给的供给方式优化建议并不具有全局性和普适性。同时，以往很多实证研究往往将公共支出的低效简单归咎于支出结构的扭曲，如过重的生产性和行政管理性支出偏向。但事实上，公共服务是否能最终提升居民获得感不仅取决于财政投入的相对结构，还取决于地方政府公共物品的生产技术和供给的规模报酬是否达到最佳，即纵使公共支出结构不存在扭曲，也不意味着公共服务的供给方式是精准发力且高效合意的。故本节利用近 5 年来我国 31 个省份的财政、经济面板数据，以七类基本公共服务的投入和产出为分析对象，在公共服务体系指标建设和功效评判的基础上，对全国不同地域、不同时段公共服务的供给效率作出测度和比较。希望从供给侧入手，通过找准现存公共物品投放中的低效和不足，来因地制宜、有的放矢地改善其供给方式，提高供给质量，矫正要素配置扭曲，扩大有效供给规模以最终达到提升公共服务效率和效果的作用。

二、指标选取和数据来源

（一）指标选取

如表 5 - 9 所示，在投入端，我们统一用七类基本公共服务经 CPI 指数平减后的人均财政支出水平来度量无形的公共服务资源注入；在产出端，根据不同类型公共服务的特点，主要选择服务的直接效果效益类数据为产出的度量指标，这不仅有利于减少核算结果中的噪音融入量，也提升了效率测算的准确性。值得一提的是，在 DEA 模型的运算中，其计值遵循以下逻辑：投入值越大，表明消耗的投入越多；同理，产出值越大，也就表明产量越高。但公共安全产出中的"犯罪率"却是所谓的"逆产出"，其值越大，表明公共安全服务的实际产出越小。针对此情形，以往文献往往有两种处理办法：路易斯（Lewis，2004）提出了反向计分法，其计算公式为：

表 5 - 9　　　　　　　　　　**基本公共服务供给效率评价指标体系**

属性	指标类别	指标明细	数据处理说明
基本公共服务投入类指标	公共安全	人均公共安全财政支出	地方财政公共安全支出/地区年末常住人口
	教育	生均教育财政支出	地方教育支出/（小学 + 初中 + 高中 + 中等职业学校 + 高校在校生）
	文化体育与传媒	人均文化体育与传媒财政支出	地方财政文化、体育、传媒类支出/地区年末常住人口
	社会保障与就业	人均社会保障与就业财政支出	地方财政社会保障与就业支出/地区年末常住人口
	医疗卫生	人均医疗卫生财政支出	地方财政医疗卫生支出/地区年末常住人口
	环境保护	人均环境保护财政支出	地方财政环境保护支出/地区年末常住人口
	交通运输	人均交通运输建设财政支出	地方财政交通运输建设支出/地区年末常住人口

续表

属性	指标类别	指标明细	数据处理说明
基本公共服务产出类指标	公共安全	犯罪率的逆向指标	年末常住人口数/（公安机关立案的刑事案件数 + 受理的治安案件数）
	教育	人均受教育年限	$\dfrac{小学受教育人口（后同后级）\times 6 + 初中 \times 9 + 高中 \times 12 + 大专及以上 \times 15}{6 岁及 6 岁以上人口数}$
	文化体育与传媒	文学艺术体育健身类产出	（艺术表演观众人次 + 博物馆参观人次 + 图书馆书刊文献外借人次）/年末常住人口数
			体育场地个数
	社会保障与就业	基本社会保障覆盖率	年末参加医疗、养老保险的人数/地区年末常住人口
	医疗卫生	每万人拥有的卫生资源数	每万人拥有的医疗卫生机构数
			每万人拥有的卫生技术人员数
			每万人拥有的卫生机构床位数
	环境保护	工业、环境污染物治理状况	工业和环境污染治理完成项目数
	交通运输	交通基础设施密度	（铁路里程 + 公路里程 + 航道里程）/全省地理面积

注：地方财政基本公共服务支出是指以省、直辖市、自治区为支出责任主体的相关公共服务支出，其中已经包含了中央转移支付在该领域的支出；各年的七类人均基本公共服务财政支出均已经过了居民消费价格指数的平减；表中公共安全负产出指标的转换借鉴了戴维斯和海耶斯（Davis and Hayes, 1993）的思路：用逆算法将犯罪率取倒数。

$$Y'_{ij} = L - Y_{ij}, L > \mathrm{Max}_n\{Y_{ij}\}, n = 1, 2, \cdots, N \qquad (5-36)$$

其中，Y_{ij} 为第 j 个决策单元的第 i 个产出，为了保证转换出来的数据至少为非负，L 的取值必须足够大，通常令 $L = \mathrm{Max}_n\{Y_{ij}\} + 1$，这种处理方法较为直观简便，但缺点是转换出来的数据缺乏实际经济意义和解释力。本节采用戴维斯和海耶斯（Davis and Hayes, 1993）提出的逆算法的思路，将 DMU 中的逆向指标取倒数以转化为正常能适应 DEA 算法逻辑的数据。

（二）数据来源

本节有关犯罪率的数据取自历年的《中国检察年鉴》，文体活动的数据取自历年《中国文化文物统计年鉴》，有关财政收支的数据源于历年《中国财政统计年鉴》，其余的数据均来自各年的《中国统计年鉴》。

三、公共服务供给方式优化的实证结论与分析

（一）基本公共服务供给效率的 DEA 测度结果

采用 DEAP2.1 软件，分别将七类基本公共服务供给的投入和产出指标的数据输入后进行效率测算和分解，最终得到 2013～2017 年共 465 个综合投入产出效率、纯技术效率和规模效率的指数值。限于篇幅，仅给出 31 个省份基本公共服务供给在 2017 年以及过去 5 年上述三类效率指数的均值，具体如表 5-10 所示：

表 5-10　　　　　　　2013～2017 年中国基本公共服务配置效率

地域	省份	综合投入产出效率（TE）		纯技术效率（PTE）		规模效率（SE）	
		2017 年	5 年均值	2017 年	5 年均值	2017 年	5 年均值
东部	北京	0.793	0.852	1	1	0.793	0.8524
	天津	0.899	0.848	1	1	0.899	0.8476
	河北	1	1	1	1	1	1
	辽宁	0.993	0.998	0.993	0.998	1	1
	上海	0.862	0.95	1	1	0.862	0.950
	江苏	1	1	1	1	1	1
	浙江	1	1	1	1	1	1
	福建	1	1	1	1	1	1
	山东	1	1	1	1	1	1
	广东	1	1	1	1	1	1
	海南	0.705	0.718	0.813	0.784	0.867	0.916
	东部平均	0.932	0.942	0.982	0.981	0.947	0.961

续表

地域	省份	综合投入产出效率（TE）		纯技术效率（PTE）		规模效率（SE）	
		2017 年	5 年均值	2017 年	5 年均值	2017 年	5 年均值
中部	山西	1	1	1	1	1	1
	吉林	0.808	0.799	0.828	0.826	0.976	0.967
	黑龙江	0.997	0.999	0.997	0.999	1	1
	安徽	1	1	1	1	1	1
	江西	0.936	0.974	0.997	0.997	0.939	0.977
	河南	1	1	1	1	1	1
	湖北	1	0.967	1	1	1	0.967
	湖南	1	1	1	1	1	1
	中部平均	0.968	0.967	0.978	0.978	0.989	0.988
西部	内蒙古	0.696	0.714	0.721	0.760	0.966	0.94
	广西	1	0.988	1	0.999	1	0.989
	重庆	0.984	0.986	1	1	0.984	0.986
	四川	1	1	1	1	1	1
	贵州	0.938	0.988	1	1	0.938	0.988
	云南	0.746	0.788	0.762	0.814	0.979	0.968
	西藏	0.571	0.723	1	1	0.571	0.723
	陕西	0.983	0.948	1	1	0.983	0.948
	甘肃	0.904	0.882	0.927	0.906	0.975	0.974
	青海	0.52	0.564	1	0.880	0.52	0.641
	宁夏	0.753	0.778	0.91	0.901	0.827	0.864
	新疆	1	0.88	1	1	1	0.88
	西部平均	0.841	0.856	0.943	0.938	0.895	0.908
全国	全国平均	0.906	0.914	0.966	0.963	0.938	0.948
	标准差	0.138	0.118	0.077	0.073	0.119	0.086
	变异系数	0.152	0.129	0.079	0.076	0.127	0.090

（二）基本公共服务供给效率的横向与纵向分析

从 2017 年最新的数据上来看，我国 31 个省（自治区、直辖市）中，有 14 个省的公共服务供给效率属于 DEA 有效，10 个省处于弱 DEA 有效，而剩余 7 个省则属于 DEA 无效。但值得注意的是，2017 年全国综合投入产出效率的变异系数为0.152,略高于其5年均值0.129,表明各地在公共资源投产利用效率上的差距并没能得到有效缓解,各省份间差异仍然显著并具有明显的地域特征。无论是2017的数据还是过去5年的均值,从横截面基本公共服务综合效率的比较上来看,我国三大经济地带的排序为:中部地区 > 东部地区 > 西部地区。以时间为维度来进行纵向考量可以发现:东部、西部地区2017年的公共服务综合投入产出效率均低于其过去5年的均值,有下降的趋势,而中部地区2017年的数据(0.968)较之于其过去5年的均值水平(0.967)有略微提高。其中东部地区的最高综合效率值为2015年的0.956,中部地区为2014年的0.977,西部地区为2014年的0.859,即从全国来看,基本公共服务供给综合效率最优的时间段应该集中在2014～2015年这一区间内。

　　将上文DEA分析的结果由整体到区域进行逐一拆分来探究具体引致近年来公共服务供给效率徘徊不振的原因。从全国的数据上来看,其2017年的综合效率为0.906,略小于其过去5年的均值0.914,表明总体来说,我们近5年来公共服务供给的效率并没能得到提升。而纯技术效率2017年的数值为0.966却大于其5年的均值0.963,表明从制度、管理水平和技术水平的角度出发,我国基本公共服务的供给效率确有改善。不难推断,问题的症结主要出在规模效率处,2017年全国的供给规模效率仅为0.938,落后于其过去5年的均值0.948,意味着现阶段财政单方面的公共服务供给中的浪费和耗损较为严重。生产单元在既定技术水平下的产出量小于最优规模下的产出量,亦即处于投入和产出不匹配的规模报酬递减区域,供给规模的不经济导致了综合投产效率的下降。这可能和我们的直观印象不一致,现实中各阶段的教育学位紧张、看病难、看病贵、环境污染等问题均困扰着老百姓的起居住行,给我们一种基本公共服务供给远远不够的感觉。但值得注意的是,本节上述的分析结果是基于对七类公共服务财政投入和其产出的效率分析而得出,也即我们仅考量的是政府作为单一供给主体所提供公共服务的效率变动轨迹。规模效率处于递减区间并不意味着要缩减整体的公共服务供给规模,严格意义上来说,应是财政和地方政府要逐步淡化其在公共服务供给中所扮演的单一、垄断的角色,防止政府职能出现“越位”。通过完善公私合作,多引入其他社会主体参与到服务的供给中,可以协助政府公共服务供给的规模效率回归其最优水平。从区域数据上来看,西部地区的规模效率降幅最大,东部次之,中部地区的规模效率稍有提升。但从纯技术效率的指标出发,西部地区的追赶效应和后发优势便显露无遗，其技术效率参数是三大经济地带中提升最快的一个区域，相较之下，东部、中部地区该指标的增长幅度并不明显，这很有可能和其本来就处于一个较高水平，提升空间受限有关。不难看出，在公共支出规模上，我国东部、西部地区均存在财政过度"包办"公共服务供给的问题，对于此二地来说，适当放松特定类型公共服务供给的准入限制，激发社会不同主体供给公共产品的活力，显得尤为重要。

从具体省份的数据上来看，东部区域有三个地区的数据引起了我们的关注。其一是海南，该省三类服务的供给效率在东部地区长期垫底，这点和朱玉春、唐娟莉、刘春梅（2010）对农村公共服务以及丁姿、龚璞、杨永恒（2018）年关于医疗公共服务供给效率的研究结论保持一致。从该省近 5 年的时间序列数据上来看，其虽然在公共服务供给的管理和制度效率上有所提升，但其规模效率却下降得厉害，表明当地政府已经对优化公共资源配置以及高效利用财政资源有所关注和行动。但一是其本身的纯技术水平相较于东部地区其他经济发达的省份来说起点较低；二是可能财政资源在加大投入的过程中尚存在一定的盲目性，致使其整体的公共服务投入产出效率还有较大的提升余地。东部另外两个值得我们关注的地区是北京和上海，有悖于这两个直辖市高度发达的经济、社会发展水平以及较成熟的城市化进程，二者综合公共服务的投产效率却均远小于 1，究其原因，都出在了规模报酬的递减上。从过去 5 年的数据上来看，北京和上海公共服务供给的纯技术效率均为 1，已为最优，表明在先进技术、管理经验、服务流程乃至绩效考评体系的引入上，此二地区已经达到了适当且合理水平。但二者过去 5 年的规模效率均呈现出逐年递减的趋势，北京的最高规模效率值为 2013 年的 0.957（接近于 1），上海为 2013 年的 1。表明随着超大城市以及社会经济的高速发展，人们对政府公共服务的期待也越来越高，在税源充足、财政无压力的前提下，地方政府容易弄模糊与市场的职能边界，进而挤占了其他主体本可以优质量、高效益供给的服务份额。

中部地区的整体综合供给效率最高，大多省份都接近于 1 的水平。中部 8 省中，吉林省的公共服务效率长期居于末位，与东部省份不同，引致其 DEA 无效的原因似乎更多地出在纯技术效率的走低上。从该省过去 5 年纯技术效率的变迁上来看，其最高点出现于 2014 年的 0.864，而最低点为 2016 年的 0.799，呈现出一个先升后降的趋势。一般来说，纯技术效率的演进是一个较为稳定的单调递增趋势，现实生活中，经验、管理、技术水平逐步退化的情况较为罕见。一个可能的解释是服务供给过程中不作为和官僚主义的抬头，致使地方政府在提供公共服务时设置了过多的办事环节或存有着较大的随意性最终使得预算管理水平出现了下滑。故吉林省在服务后续配套的规章完善、绩效评价以及监管和问责上尚存有改进空间。

　　西部地区由于区位、资源禀赋和经济发展水平的限制，其整体的公共服务供给效率相对较低，部分地区仍存在基础性服务供给缺口大、碎片化以及稳定性差等问题。其中有 3 个省份（自治区）的数据引起了我们的注意。青海和西藏 2017 年的综合投入产出效率均未达到 0.6，处于全国最低水平。仔细审查发现，此二地区整体公共服务供给效率的低下均源于较低的规模效率，但又和上述北京、上海的情况有所差异。从 2017 年的数据上来看，西藏自治区的一般预算收入为 185.83 亿元，但其一般预算支出却高达 1681.94 亿元，其财政自给率（预算收入/预算支出）仅为 11.05%，青海省的这一数据为 16.09%①。可以说，当地绝大部分公共服务的提供是仰仗于转移支付资金的支撑。如果说北京、上海是由于自身经济和财力基础雄厚、地方政府的收入自治率和支出自决率较高，进而在公共物品的供给上缺乏硬性约束导致行政干预过深，那么西藏、青海的供给低效很有可能是出在所谓的"粘蝇纸效应"上。由于"财政幻觉"的存在，中央的转移支付长期被"粘"在一些欠发达地区公共产品的供给上，致使有限的财政资金并未得到珍惜利用，存在着一定的机构臃肿和资源浪费，从而引致此二地区规模效率的降低。最后值得一提的是云南省，该省是全国唯一一个在过去 5 年全处于规模报酬递增阶段的省份，其 2017 年的规模效率值为 0.979，大于其过去 5 年的均值 0.968，表明该地财政在公共产品的供给上尚存短缺，资金投入相对匮乏，没能满足其最小的有效经济规模，继续加大财政对该地区公共物品的投入将有助于补齐当地公共服务供给过程中的短板从而获得更高的生产效率与收益。

四、优化公共服务供给方式的政策建议

　　通过对 2013～2017 年 31 个省份公共服务供给效率的计算、排序、梳理与拆分，我们初步找出拉低不同地区公共服务供给效率的原因之所在，在接下来供给方式的优化中，主要针对不同的问题来改善公共产品的供给方式以

---

　　① 　数据来源于国家统计局网站，http：//data. stats. gov. cn/easyquery. htm? cn = E0103.

达到财政资金使用效率的最大化。

（一）加强政府与社会资本在基本公共服务供给中的协作

DEA 分析的结果表明我国现阶段财政单方面的公共服务供给已处于规模报酬递减的区域。"大政府"的模式不仅给财政带来了巨大压力，形成一个庞大的公务员队伍，对提高公共支出效率也无甚助益。为此，我们应重新审视政府在公共服务供给中的职能定位，以市场失灵为边界，着重发挥政府投入引导的作用，积极鼓励社会力量融入公共服务的建设和供给中以拓宽公共服务供给的资金来源和渠道。针对近年来较火的政府和社会资本合作应逐步完善其相关的立法机制，在降低财政投资成本与风险的同时也规范好招投标程序，并进一步推动守信践诺机制的建设以最终提升民间资本参与 PPP 项目的积极性和合规性。同时，应加强对大型公共服务供给机构（如公立医院）的引导和监督，防止其进行无序扩张和区域垄断挤压掉其他民营组织的生存空间。为此，政府应进一步简政放权，充分调动"大众创业、万众创新"的积极性，发挥好市场在配置稀缺资源中所起到的决定性作用。如在公共交通服务的供给中，传统行业的出租车通过借助互联网和社会资本的力量，开发出了专车、拼车、顺风车等产品，不仅高效地匹配好了市民的用车需求和富余车辆的供给，对城市公交系统也形成了有益的补充。在服务的供给过程中，我们应充分发挥民间资本在区分消费者，实施价格差别化对待的优势。对于一些外部性不强、交易成本低，且有一定经济效益的准公共物品可以采取"民办公助"（如财政支持、信贷优惠、税收减免、适当补助）或"公办民助"（如企业合资、赞助、捐赠）的形式来优化服务的供给。而对于一些市场性较强的公共服务，结合其消费水平高，经济利润丰厚，进入门槛高等特点，可以逐步放松准入条件，通过合同承包、特许经营、凭单制等方式来吸纳更多的私人部门进行供给。如针对高端医疗、养老、教育等公共服务需求，可以尝试加大这些领域对民间资本开放的力度，通过合资、合作等形式来提供高水准的公共服务。通过充分整合市场与政府的力量来多中心、多样化地供给公共服务以充分保障居民权益并满足其异质性偏好。

（二）在适当领域扩大政府购买公共服务的范围

20 世纪末以来，公共服务民营化作为发达国家最重要的政府改革之一，在引入市场竞争，成本控制以及服务满意度的提升上都起到了举足轻重的作用。政府购买服务在促使地方政府从"供给者"转化为"支付者"的同时，还有效解决了供给结构单一、供给质量不佳以及供给效能低下等问题，被誉为政府效率的放大器。市场竞争机制的引入能有效形成公共服务供给端的外部压力并促进信息公开，迫使合同商保持较高的执行力，进而避免了公共服务的供给由政府垄断演化为合同商垄断。在以往财政单一的公共服务供给中，往往带有较强的计划性，"大一统"和"一刀切"式的供给模式在关注群体共性的同时却比较容易忽视个体的差异性，导致其有的时候难以兼顾到小众群体的需求和权益。将政府、市场、社会三股不同的力量有机结合起来，不仅可以约束政府无限扩张的冲动，激发市场与社会组织的活力，对高效满足公民需求并节约公共服务的整体供给成本都大有帮助。面对多层次、多样化且日益增多的公共服务需求，单边的政府供给往往难以从容应付并维持高效。第三方服务商的引入，既可以在专业服务的基础上突破现有行政关系的壁垒形成规模经济，又有机会在不同类别的服务间促成知识互补和协同发展，故更有助于实现公平和效率的统一并提升社会的整体福利。当然，在政府购买服务的过程中，找准"看得见的手"与"看不见的手"之间的平衡点，明晰相关购买领域的边界和流程，厘清双方各自的权责，规范服务承包商的管理，保障政府能随时了解、监督以及纠正服务提供方的任何不当行为都显得尤为重要。为此，我们应深入推进"放管服"的改革，通过打破公共服务供给中的政府垄断，营造多服务主体竞争的格局来解决公共资源配置扭曲的根本，借助市场竞争的力量来缓解规模效率的降低并提升公共服务的整体供给效益。

（三）推动公共服务供给过程中的资源共享与技术创新

从上文的分析中可以看出，纯技术效率作为影响公共服务综合供给效率的重要因子，其降低对最终公共服务实施效果的影响是十分显著的。在公共服务供给方式的优化中，互联网作为当代的"信息高速公路"在畅通沟通渠道，减少信息迂回，高效响应需求和快速对接民众呼吁上都有其独特优势。同时，网络技术的引入使得公共服务在供给过程中能有效降低相关成本、缩短供给时间、扩大服务半径，对提升整体供给效率和民众满意度都发挥着不可或缺的作用。为此，我们应充分利用好现有的技术平台和网络基础设施，推进"互联网＋公共服务"的建设，来打通公共服务供给的"最后一公里"。在供给方式的改良上，可以逐步加强公共产品提供过程中的技术研发与应用，通过机器学习、数据挖掘、仿真模型等技术向民众推送能真正迎合其偏好的公共服务，实现精准化、个性化的供给。始终坚持以问题为导向填补现有公共服务供给过程中的短板，不仅能减少居民对整体服务流程的投诉与不满，对搭建实体与虚拟共存，政府服务与公众自助互补的公共服务平台也颇有助益。在提升纯技术效率的同时还可以推进公共部门间信息、人才与资源的共享，以充分发挥好各部门、各区域的比较优势。现代信息和管理技术利用率的提升使我们能高效匹配、对接好服务的供给端和需求端，充分进行资源的整合与优化；在满足好公众普适性需求的基础上，还留有余力可以主动适应部分个性化的需求，对最终提供出差异化、获得感高的公共服务形成有效助力。

（四）加强公共服务供给过程中的绩效考核与监督

基本公共服务供给的低效很多时候可能出在服务供给过程中相关的考核与监督机制缺位上。据上述 DEA 的结果分析，吉林省近 5 年来纯技术效率的明显下滑很有可能与其尚缺乏一个在各项、各领域、各区域统一衔接且持续性高的公共服务供给评价和考核标准有关。评价体系的缺失使得决策层和民众对服务供给质量和效率的评估并不能做到有法可依和有章可循，最终直接影响了评价结果的公正、准确和应有的激励性。而现存总体的公共服务监督机制的公信度又相对较低，居民对其的满意度和信任度均有待提升，相关的民众、第三方的监督合力尚未形成。为此，应进一步降低服务供给过程中的信息不对称和内部摩擦成本，引入科学合理的绩效考核制度和评价指标，推进考评主体的多元化，以确保公共财政支出能真正落到实处。同时也应加强对地方政府公共产品供给过程中的决策失误、失职以及效率低下等问题的监督与追责，防止面子工程，形象工程的出现。在制定翔实的监管实施细则和具体责任分工的基础上，进一步明确民众、社会组织与新闻媒体等各类不同主体的监督法律地位与职责权限，通过群众监督力量的引入来约束政府公共支出过程中所可能存在的贪腐以及权力寻租等行为，以最终促进地方政府间公共服务供给的良性竞争和效率提升。

（五）参考地方财政资金支出效率来优化财政资金的分配

从上文的分析中可以看出，虽然都是依赖转移支付资金的支撑，部分西部省份（自治区）如青海、西藏已经出现了资金利用低效、财政单方面投入规模报酬递减的趋势，而以云南为代表的一些西南省份，财政投入处于规模报酬递增的阶段，其基本公共服务的供给又尚显不足，仍需加大供给强度以保证民生的基本需要。在公共服务的投放过程中，盲目注入财政资金并不一定能带来产出的线性增加和民众福利的提升，财政资金的分配应具体问题具体分析。为保证公共资金的高效合理利用，可以对属地的公共服务需求进行长期稳定的观察并予以及时跟进和反馈，以针对性地制定好契合度较高的财政投入计划。对于财政投放规模报酬递增的地区，可进一步加大政府公共服务支出的力度，精准扶持薄弱环节以缩小其与发达地区的差距，而针对于规模报酬递减的地区，则应关注其投入产出的相对增长幅度，考虑与社会资本相互整合以适度控制支出规模。通过减少政府端无效和低效的供给，来减少对转移支付的依赖。

总之，现阶段公共服务的供给中增长与失衡局面并行，在后续供给方式的优化上仍需紧密结合当下的经济发展阶段，增强供给侧的灵活性、适应性和高效性，量地区财力而行，坚持普惠性、保基本和均等化的供给导向，避免堕入西欧国家"高福利"的陷阱，以便为未来经济和社会的可持续发展留足空间。

第五节　促进基本公共服务供给的转移支付机制优化[①]

一、转移支付促进基本公共服务供给的理论逻辑与假设提出

我国地域广阔，各地受资源禀赋、区位环境、市场化程度不同的影响，导致社会经济发展的差异悬殊，进而导致不同地域（东部、中部、西部）之间以及城乡之间在公共服务供给上的差距较大。受限于现有的户籍制度，我国当前的人口和要素尚不能完全地自由流动，"用脚投票"机制在实现区域公共服务均等化上存在着一定程度的失灵。随着时间推移，公共服务供给不平衡、不充分的状况相互影响，相互强化，使得欠发达地区在公共服务的供给质量和数量上长期处于落后状态，进一步减少了当地居民发展所必需的社会与经济机会，加剧了区域发展的不均衡，甚至造成了贫困陷阱。转移支付

---

① 本节的主要内容作为课题研究阶段性成果以《转移支付、财政努力对基本公共服务供给影响的研究——一个基于省级面板数据的门槛效应分析》为题发表在《华中师范大学学报》（人文社会科学版）2019 年第 6 期。

制度的设计便是希望通过均等化地区间的基本财力，使得各地居民都能享有大致相同的基本公共服务，进而缓解地域间因发展差异而导致的资源配置效率下降和居民福利水平降低。毛捷、汪德华、白重恩（2011）发现：民族地区的转移支付显著促进了当地公共服务水平的提高和支出结构的优化。而付文林、沈坤荣（2012）也指出从 2004 年开始，所有年份人均财政支出的变异系数均显著小于人均财政收入的变异系数，表明转移支付在缩小地区间公共服务投入的差距上正日益发挥着积极的作用。由于公共物品存在外部性，当其外溢效应超过辖区收益时，自利动机导向的地方政府便可能会在区域性公共服务的供给上缺位，导致地方政府虽具有信息优势，能更好地提供公共服务，却没有意愿提供。上级政府的转移支付能在综合考量和比较服务的边际收益和边际成本的基础上，减少各地政府在公共服务供给上的博弈和推诿，缓解地区间因经济绩效竞争而产生的负外部性，促进地方政府职能优化，从而使得生产性和民生性公共服务的配比趋于帕累托最优。现实中，公共服务足额高效的供给离不开资金和人员的保障，在资金方面，与本地筹集的收入相比，转移支付收入有点类似于一个公共池，由当地承担的税收成本几乎可以忽略不计，对地方经济建设也没有实质性的效率损失，故各地政府都有动机来尽可能多地争取该部分资金的支持。同时，受财政幻觉和"粘蝇纸效应"的影响，已有很多研究（吴敏、刘畅、范子英，2019；姜鑫、罗佳，2018；毛捷、吕冰洋、马光荣，2015）表明转移支付相较于地方自行筹集的财政收入，对辖区内公共物品的增加效应更为明显。

基于上述分析，提出【假设 5.1】：转移支付资金的支持将促进接受区域公共服务的供给。

必要的专业技术人员既是提供公共服务的有力后盾也是财政资金的刚性支出项。贾晓俊、岳希明（2012）指出一地财政供养人口的比重越高，便越能在转移支付资金的分配上得到倾斜。长期以来，我国的"吃饭财政"一直倍受批评，公共财政理论认为，当地方政府获得更多的财政资源时，首先会用于"保运转"，然后再用于增加每个雇员的收入，存在着对转移支付资金截留挪用的问题。袁飞（2007）发现欠发达地区由于经济发展上的劣势，在获得转移支付时，更倾向于扩大其政府雇员规模，以建立本地的政治支持网络并维持长久的资金拨付需求。范子英、张军（2010）也指出由于专项转移支付对人员的技能要求高，使得地方政府在获得专项转移支付之后不得不雇用更多的专业技术人员操作项目，进而导致机关人数膨胀以及公共资金的花费向行政性开支上倾斜。虽然说必要的人员配备对公共服务的供给必不可少，这种资金分配方式的不足在于，其可能会诱导地方政府通过扩大人员规模来增加标准化的财政支出，以争取获得中央更多的转移支付资源。但缺乏弹性的行政事业编制以及僵化臃肿的政府雇员规模不仅对提升辖区居民福利无益，还加大了地方政府的财政压力，形成怠政惰政以及对转移支付的过度依赖，最终导致公共服务的供给不能灵活地随居民需求变化而调整。

故提出【假设 5.2】：财政供养人员相对规模的加大将减损转移支付对区域公共服务供给的优化效果。

分税制改革后，随着中央在财政收入初次分配中的比重提升，其向地方的转移支付规模也在逐年增大，落后地区极大地依赖于转移支付来弥补地方财政缺口并维持和改善公共服务的供给。以 2018 年为例，中央的一般公共预算收入为 85456. 46 亿元，其对地方的税收返和还和转移支付便高达 69680. 66 亿元①。但博尔迪尼翁、玛拿西和塔伯利尼（Bordignon，Manasse and Tabellini，2001）指出，由于存在着中央与地方政府间的信息不对称，地方便有激励在辖区内增加公共支出或少征税以便在转移支付系统中获利。莫菲特（Moffitt，1992）认为财力缺口的资金拨付模式可能会产生逆向激励（adverse incentive problem）和软预算约束等问题，在影响地方财政收支行为的同时也降低了其财政自给能力和努力水平。财政努力等于一地的实际财政收入与其预期财政收入之间的比值，在分母不变的前提下，一地所获得的实际财政收入越多，其财政努力值越高。中央在分配转移支付资金时，更多考虑的是因历史或自然原因而造成的地方财力缺口，而忽略了地方政府低财政努力所造成的影响，但可能恰恰是较低的财政努力减损了转移支付的实施效果。胡祖铨、黄夏岚、刘怡（2013）指出一地的财政努力程度往往存在路径依赖，与其前期的情况紧密相关，而现行的均等化转移支付对财政努力起到了显著的负向抑制作用，致使地方政府对公共服务供给的保障力度下降。近年来，随着财税制度的逐步规范和透明，地方的税收征管权限大为缩小，提高实际财政收入还主要得依赖于对逃税、漏税和避税行为加大追查与处罚的力度，其征收的边际成本相对于转移支付资金的获取来说偏高。张恒龙、

---

① 数据来源于中华人民共和国财政部网站，《关于 2018 年中央决算的报告》，http：//www. mof. gov. cn/zhengwuxinxi/caizhengxinwen/201906/t20190627_3286107. htm.

陈宪（2007）通过构建地方政府间的博弈矩阵发现在现有的转移支付制度下，地方政府间的占优策略均衡为尽可能多地争取来自中央的补贴并降低当地的征税努力。不恰当的转移支付会切断地方政府收入与支出之间的联系，致使地方政府作为理性经济人更倾向于利用相对成本较低的转移支付而非税收来为其支出融资。在该逻辑下，落后地区政府通过增支减收便可扩大赤字和资金缺口，从而获得中央的资金支持；而发达地区政府也可通过降低当地的实际税率来达到藏富于民和减少中央上缴的目的。转移支付制度的逆向激励不仅降低了社会资源配置的整体效率也影响了各地的财政努力，造成了无谓损失。实践中，我国不同地区间的经济基础和发展程度差异较大，致使各地的财政努力程度也有所不同。而财政努力不同的地区在获得不同性质与规模的转移支付之后，在公共开支的具体投向和使用渠道上也可能出现差异。由于存在监管上的困难，各地政府可能会有动机改变支出结构的优先次序，以便因地制宜地增加自身所偏好的项目，其既有可能将公共资源用于政绩工程或高额行政消费上，也有可能迎合当地居民的需求在民生性公共服务上加大投入，进而导致在不同财政努力的地区，转移支付对优化区域公共服务供给的促进作用也有所不同。

故提出【假设5.3】：地方财政努力的不同将影响转移支付对地区公共服务供给的促进作用。

一个合意的转移支付制度要在保障资金投向所需公共服务领域的基础上，尽可能地做到不养冗员，不降低地区的财政努力。只有充分运用好转移支付制度的正向激励，控制住其逆向激励，才能在最大限度地发挥其效用。现实经济中，转移支付资金、财政供养人员规模和地区的财政努力三者相互影响，相互作用，共同构成了区域公共服务供给的基石。但在过去10年的经济实践中，我国转移支付制度的设计究竟能否促进基本公共服务供给？其在多大程度上促进了公共服务供给？在公共物品的供给过程中有没有受到财政供养人员规模和当地政府财政努力变化的影响？其具体影响机制又如何？目前尚无文献将上述四者纳入进统一的框架中进行实证和分析。故接下来本节在相关理论分析的基础上，尝试构建面板门槛回归模型，以深入探究转移支付、财政供养人员规模以及地区财政努力之间的联动机制以及其对最终公共服务供给所造成的影响，通过将转移支付的正向促进作用和所可能引致的逆向激励问题统一考虑进来，将有助于我们得到更为全面和客观也更贴合于实际的结论。

二、转移支付对基本公共服务供给影响的模型构建和变量说明

（一）基准模型的构建

必要的资金和人员支持是提供基本公共服务的基础，在服务的供给过程中，二者相互影响、相辅相成，只有配置得恰到好处，才能最大化地优化基本公共服务供给，提升地区居民的获得感。为分析转移支付和财政供养人员规模对地方公共服务供给结构和当地政府支出偏好的影响，构建如下基准模型：

$$PS.Ratio_{i,t} = a_0 + a_1 TR_{i,t} + a_2 Staff_{i,t} + a_3 Staff_{i,t} \times TR_{i,t}$$
$$+ a_4 X_{i,t} + u_i + v_t + \varepsilon_{i,t} \qquad (5-37)$$

其中，$PS.Ratio_{i,t}$ 为教育、医疗卫生、社会保障与就业、公共安全、交通运输、文体传媒和环境保护这七类基本公共服务支出之和占当年地方政府一般预算支出的比重，下标 i 和 t 分别表示省份和年份。$TR_{i,t}$ 为模型的核心解释变量人均转移支付，用于度量转移支付资金支持对地方公共服务供给结构的影响，$Staff_{i,t}$ 为财政供养人口规模的虚拟变量，当某地某年财政供养人员比重超过全国同期样本的中位数时，$Staff_{i,t}$ 取 1，否则取 0。$Staff_{i,t} \times TR_{i,t}$ 为财政供养人员规模和人均转移支付的交互项，体现二者相互作用的机制，用以考察地方在获得转移支付之后，财政供养人员的多与少是否会改变其具体支出投向，会不会对最终政府的开支占比产生影响。$X_{i,t}$ 是为了回归结果稳健性引入的一系列控制变量，u_i 表示不随时间变化的地区个体效应，v_t 表示年份固定效应，$\varepsilon_{i,t}$ 为随机误差项。

进一步分析转移支付对公共服务供给的影响，可以对式（5-37）来求偏导考察：

$$\frac{\partial PS.Ratio_{i,t}}{\partial TR_{i,t}} = a_1 + a_3 Staff_{i,t} \qquad (5-38)$$

不难看出，转移支付对公共服务供给的边际作用取决于系数 a_1 和 a_3 的正负以及其绝对值的大小。当 a_1 大于 0 时，增加转移支付将带来基本公共服务支出占比的提高，而交互项 a_3 的系数反应的是当财政供养人员较多时，增加转移支付会不会带来基本公共服务供给的进一步增加。基于前述假设 5.2 的分析，我们预期 a_3 的系数为负，即高的财政供养人员占比会造成对转移支付

资金的过度消耗，进而挤占了原本可以用于提供基本公共服务的资金份额。

（二）面板门槛模型的构建

面板门槛回归模型通过选择某一观测变量作为门槛变量，按照最优门槛估计值的方法将回归模型分成两个或两个以上的区间，各区间由不同的回归方程所描述，进而可以通过比较各方程回归系数的异同来分析关键解释变量对因变量阶段性的影响。基于假设 5.3 的分析，初步推断：转移支付资金支持与基本公共服务供给之间可能存在非线性的关系，即转移支付对促进公共服务提供可能存在门槛效应。适当的转移支付可以提升公共资金的整体配置效率并激发地方政府公共投入的积极性，但过大的转移支付规模又可能会产生逆向激励，使得弱势地区政府对其过分依赖并策略性地降低其财政努力。如若将地方政府基本公共服务支出占比提升视作中央通过转移支付激励的结果，那么门槛值的存在意味着转移支付制度在财政资金筹集和分配的设计上都存在着一个限度，在财政努力的不同水平上，地方政府增加转移支付资金支持对公共服务供给占比增加的边际激励效应可能不同。转移支付制度的优化方向便是既要能通过平衡地区间的财力来保障基本公共服务供给的均等化，又不过多地降低地区财政创收的积极性。故本节将采用财政努力水平为门槛变量来研究转移支付对促进地区基本公共服务供给的边际影响。借鉴汉森（Hansen，1999）的思路，以最小化残差平方和为原则来确定财政努力的门槛估计值，并以此检验其显著性。构建转移支付对基本公共服务供给影响的面板门槛模型如下：

$$
\begin{aligned}
PS.\,Ratio_{i,t} = {} & a_0 + a_1 TR_{i,t}(FE_{i,t} < \gamma_1) + a_2 TR_{i,t}(\gamma_1 < FE_{i,t} < \gamma_2) + \cdots \\
& + a_{n+1} TR_{i,t}(FE_{i,t} > \gamma_n) + \beta_2 Staff_{i,t} + \beta_3 Staff_{i,t} \\
& \times TR_{i,t} + \beta_4 X_{i,t} + u_i + \varepsilon_{i,t}
\end{aligned} \tag{5-39}
$$

其中，$FE_{i,t}$ 为门槛变量财政努力，γ_n 为门槛值。系数 a_1，a_2，$\cdots$，a_{n+1} 反映在财政努力的不同水平下，转移支付对增加基本公共服务开支占比的边际效应，为了消除省份固定效应 u_i 的影响，对式（5-39）进行组内平均，再让式（5-39）减去各自的组内均值得到：

$$
\begin{aligned}
PS.\,Ratio_{i,t}^* = {} & a_0' + a_1' TR_{i,t}^*(FE_{i,t} < \gamma_1) + a_2' TR_{i,t}^*(\gamma_1 < FE_{i,t} < \gamma_2) + \cdots \\
& + a_{n+1}' TR_{i,t}^*(FE_{i,t} > \gamma_n) + \beta_2' Staff_{i,t}^* + \beta_3' Staff_{i,t}^* \\
& \times TR_{i,t}^* + \beta_4' X_{i,t}^* + e_{i,t}^*
\end{aligned} \tag{5-40}
$$

为验证假设 5.3，首先需检验门槛效应是否显著。F 统计量 $F = (S_0 - S_n(\hat{\gamma})) / \hat{\sigma}^2$ 的构造能帮我们确认是否存在门槛效应，其原假设是不存在门槛效应，即仅存在单一的线性回归方程，备择假设是存在一个门槛值，即关键解释变量（转移支付）在门槛变量（财政努力）的两个不同区间内会有不同的边际影响力。借助汉森（1999）的自助抽样法（bootstrap）能得到估计的 P 值，当 P 值小于既定显著水平时，则拒绝原假设，表明至少存在一个门槛值，然后以此类推，来找寻并确认第二个门槛值、第三个门槛值，直至无法拒绝零假设为止，而上述最优门槛值估计值 $\hat{\gamma}$ 的计算原则是要能使得回归方程的残差平方和最小，即 $\hat{\gamma} = argminS_n(\gamma)$。

（三）变量选择、处理及数据来源

在核心解释变量的计量上，财政供养人员主要指在政府机关、事业单位工作，由财政支付其个人收入的从业人员，鉴于数据的客观性和可得性，在借鉴孙涛和李瑛（2011），陈志广（2015），江胜名（2016）研究的基础上，本节采用《中国统计年鉴》中的公共管理组织就业人员作为度量财政供养人员规模的指标。而门槛变量——地方政府财政努力体现为其主观努力作用于客观环境的结果，财政努力值越大，表明地方在财政收入的获取上越为积极主动，其值过小则表示地方可能存有消极怠惰、依赖中央补助的心理，长此以往将导致财政自主性的下降和税收收入的流失，甚至会负作用于全国税制的统一。在分母预期财政收入的确定上，考虑到地区富裕程度和经济总量对政府性基金收入和税基多寡起到的决定性作用，同时在我国农业税取消的背景下，第二产业和第三产业为主的产业结构配比对财政收入的影响至关重要，故本节构建了以地区 GDP 以及第二产业与第三产业产值之比为主要解释变量的个体、时间双固定效应模型来预估各地的财政收入，其具体测算公式见表 5-11。

结合以往文献的研究成果以及基本公共服务供给的特点，在式（5-40）外生控制变量的选取上进行了如下考虑：财政分权的存在使得地方政府可以借助信息优势来更高效地提供公共服务并参与区域竞争。财政越分权，地方政府的决策自由度便越大，就越有可能按其主观意愿来调整行为模式。但值得注意的是，在我国财政收入分权和财政支出分权存有较大的不一致。现实中中央政府除了拥有绝对的税收以及相关优惠的立法、解释和修订权以外，那些收入来源较为稳定、税源更为集中，更易征收的税种都被列为中央收入或是中央和地方的共享收入，而留给地方的往往是些税源较为分散，征管难度较高，征收成本较大的小税种。可以说，在财政分权方面，我国地方政府的收入分权要远小于其支出分权。而本节所关注的是地方政府在运用转移支付时，有没有将所得的资金合理、恰当地用在增进基本公共服务的供给上，故最终选用财政支出分权来作为控制变量以更好地反映地方政府在资金使用过程中的主观能动性和行为偏好，同时为了控制财政支出规模与地区常住人口之间可能存在的相关性，对上述分权指标进行了人均化处理。在地区公共服务供给的实践中，各地由于人口结构的差异会产生不同的服务需求，如年龄的差异便会影响对教育、医疗和文体健身设施的诉求。而城市化水平越高的地方，政府往往需要提供更多的公共设施和服务，与之相关的开支水平也会随之上升；但城镇化水平越高，人口越密集的地方，公共服务的供给通常又具有规模经济效应，其实际产出效能也可能越高。同时，各地经济发展水平、主导产业及贫困率的不同又会对交通运输、社会保障、公共安全和环境保护服务存有差异性的偏好。基于上述分析，本节最终确定的控制变量 $X_{i,t}$ 如下：财政支出分权、人口结构、城市化进程与地区产业发展水平。对上述控制变量均做自然对数处理以增进数据的平稳性并缓解异方差。实证分析中，采用 2008 ~ 2017 年的财政、经济面板数据，其中，中央对各地的转移支付以及各省预算内总体的财政支出数据来源于历年的《中国财政年鉴》，其余数据均取自各年的《中国统计年鉴》。模型中各变量的定义、取值方法和描述性统计数据详见表 5 – 11。

表 5 – 11　　　　　　　　　　主要变量定义及描述性统计

变量符号	变量类型	变量名称	均值	最大值	最小值	标准差	计算方法和说明
PS. Ratio	因变量	基本公共服务支出占比	0.531	0.622	0.383	0.044	七类基本公共服务支出占地方政府一般预算支出的比重
TR	核心解释变量	人均转移支付（万元/人）	0.443	4.063	0.061	0.488	$\left(\dfrac{各省的中央补助收入}{地区年末常住人口}\right) \times 10000$
TR. Ratio	稳健性检验自变量	转移支付比率	1.524	15.651	0.108	2.032	各省转移支付规模/当地一般预算收入
Staff	自变量	虚拟变量：财政供养人口规模	0.503	1	0	0.501	财政供养人员规模＝公共管理组织就业人员/地区年末常住人口，当样本当年所在省财政供养人员规模高于同期样本中位数时，Staff 取 1，否则取 0

续表

变量符号	变量类型	变量名称	均值	最大值	最小值	标准差	计算方法和说明
FE	门槛变量	财政努力	1.002	1.073	0.964	0.012	$LnReve = \beta_0 + \beta_1 LnGDP_{i,t} + \beta_2 Is_{i,t} + \theta_i + \lambda_t + \varepsilon_{i,t}$ 其中 LnReve 为本级财政收入的对数, LnGDP 为地区生产总值的对数, Is 度量为第二产业增加值与第三产业增加值之比, 借鉴 Bahl (1971) 税柄法的思路, 据上述固定效应模型估算出预期财政收入, 然后用本级实际财政收入/预期财政收入得财政努力值 TE
FD_{exp}	控制变量	财政支出分权	-0.17	-0.039	-0.470	0.079	$Ln\left[\dfrac{\text{预算内本省人均财政支出}}{\text{预算内(本省 + 中央)人均财政支出}}\right]$
Depand	控制变量	人口抚养比	3.571	4.009	2.960	0.184	Ln(0 至 14 岁 +65 岁及以上人口数占总人口的比重)
Urban	控制变量	城镇化率	-0.65	-0.109	-0.152	0.264	Ln(城镇人口数/年末常住人口)
Sec	控制变量	人均第二产业增加值	9.752	10.839	8.245	0.523	Ln(工业增加值/年末常住人口)
Tertiary	控制变量	人均第三产业增加值	9.709	11.552	8.433	0.637	Ln(服务业增加值/年末常住人口)

从描述性统计的结果来看, 七类基本公共服务支出占一般预算支出比重的全样本均值为53.1%, 且随着时间的推移呈递增趋势, 表明近年来, 增进基本公共服务的供给得到了一定的重视和资金支持。核心解释变量人均转移支付在地域间的差异巨大, 其最小值出现在2008年的广东省, 为608.77元/人, 而最大值为2017年的西藏, 为40630.56元/人。这和我们的直观印象基本吻合, 在我国转移支付资金的分配过程中, 无论是一般性转移支付还是专项转移支付, 都遵循着向中西部地区适当倾斜的基本原则。广东作为经济强省和税源大省, 在公共服务的供给上能做到自给自足, 无须中央过多的补助, 但西藏地区受限于其高寒的气候以及偏远的地理位置, 其产业和实业的发展相对较为落后, 这也直接导致了当地政府财政收入的来源有限, 需要大量依靠转移支付来维持其基本公共服务的供给。从财政供养人员规模的描述性统

计数据上来看，经常处于高位的有如下几个省份：西藏、新疆、北京、内蒙古、青海、甘肃和宁夏。可以看出，除北京以外，其余省份均处于西部地区且都长期依赖中央的转移支付支持。如果说北京是由于其独特的政治经济地位，致使其在政府机关、事业单位工作的人员较多，那么西部欠发达省份的高财政供养人员占比便显得较为突兀。过多的人员和机构配置以及随之而来的办公、培训和设施构建等一系列投入都会大幅增加地区的显性开支。从量入为出和平衡预算的角度上来说，西部省份由于地区财力有限，应努力缩减其固定成本并控制住人员经费的增幅。但与此相反，上述省份却常年维持着高额固定性的财政支出，这其中的原因便很有可能部分出在转移支付的逆向激励上。落后地区通过扩大类似于人员薪金的刚性开支和财政缺口，进而使得其有更多的"筹码"向中央争取到相关资金的持续性扶持。财政努力的均值为 1.002，但变异系数却达到了 0.012，表明地区间的财政努力也存有较大的差异。从样本排序上来看，经济发达地区的财政努力度要明显高于经济发展程度一般的地区，更高于经济欠发达地区。其中可能的原因是，发达地区受益于其良好的制度环境和税收征管体系，逃税、漏税和避税的暗箱操作较为困难，故在税收收入方面的保障力度较高；而一些西部贫困省份，由于税源有限且较分散，地方财政对转移支付长期存在依赖，甚至将其视作对征税资金的替代，使得其征税力度有所降低，实际税收收入水平相较于其理论税基来说偏小。此外，发达地区又基于良好的经济基础与公共服务配套孵化出了较好的营商环境，相比于其他地区，其土地价值较高，加上社会文化较为开放，使得地方政府在土地征收、出让和相关资金管理与使用方面都会受到更多的限制和公众监督，最终导致其在土地出让金（如政府性基金）方面的流失也相对较小。税收收入和政府性基金收入两方面的良好保障使得从总体上来看，经济发达地区的实际与预期财政收入之间的比值要高于全国同期水平。

三、转移支付对基本公共服务供给影响的实证结果与分析

（一）回归结果

Hausman 检验的结果表明，本节的基础模型适用于固定效应面板。从表 5-12 中第二列基础模型的回归结果上来看，自变量人均转移支付以及转移支付与财政供养人口的交互项均在 5% 的水平下通过了显著性检验，转移支付前面的系数为正的 0.0443，而交互项前面的系数为负的 0.0392。即人均

转移支付每增加 1 万元，地方基本公共服务支出占财政总支出的比重将会增加 0.51%（等于 0.0443 - 0.0392）。可见转移支付对基本公共服务的供给确实起到了促进作用，但由于政府工作人员薪金支出对该部分资金的占用，这种促进作用被庞大的财政供养人员规模给弱化了，前述假设一和假设二均得到了印证。这也较为符合我国近年来的实际情况，地方各级政府在编制支出预算时，都得先确保财政供养人员的工资能得以正常发放，政府的基本职能得以运转，在财有余力的情况下才会考虑经济投资和扩充公共服务的供给，故较大的固定性工资支出势必会造成对基本公共服务支出的挤占，使得转移支付资金可直接用于公共服务供给的份额减少。这给予我们一个重要的启示，纵使转移支付资金与政府工作人员的配置对区域公共服务的提供不可或缺，但在服务的供给过程中，并非一味盲目地加大人员和资金的投放力度，便能达到优化公共服务供给效能的目的。过多的行政编制设置带来的是公共服务的投入而非真实产出，甚至还会导致资源使用效率的降低和财政支出结构的失衡。同时值得注意的是，控制变量中，财政支出分权和人均第二产业增加值在 5% 的水平上均显著为负，意味着地方政府的支出自由度越大，当地的工业化发展程度越高，其用在基本公共服务供给上的开支占比便越小。这可能与民生性公共服务相较于第二产业投入见效缓慢，难以在短期内形成显性政绩，故没能进入地方官员的激励和决策函数有关。可见，在之后运用转移支付优化公共服务供给的过程中，控制地方道德风险所可能引起的政府雇员规模虚增以及防范资金挪为非公共服务支出都尤为关键。

表 5 - 12　　　　转移支付对基本公共服务供给影响的回归结果

变量	地方基本公共服务支出占财政总支出比重 *PS. Ratio*				
	基础固定效应模型	单门槛面板模型	双重门槛面板模型	三重门槛面板模型	稳健性检验
人均转移支付 *TR*	0.0443 * (1.7813)	0.0322 ** (2.5534)	0.0191 (1.5438)	0.0207 * (1.7109)	稳健性检验自变量
				0.0284 ** (2.3962)	转移支付规模 *TR. Ratio*
		0.0425 *** (3.2909)	0.0276 ** (2.2832)	0.0375 *** (3.0842)	
			0.0370 *** (2.9761)	0.0422 *** (3.4484)	0.0181 ** (2.273)

续表

变量	地方基本公共服务支出占财政总支出比重 PS. Ratio				
	基础固定效应模型	单门槛面板模型	双重门槛面板模型	三重门槛面板模型	稳健性检验
财政支出分权 FD_{exp}	− 0. 0776 *** (− 2. 6405)	− 0. 0628 *** (− 2. 8588)	− 0. 0337 (− 1. 5450)	− 0. 0521 ** (− 2. 3743)	− 0. 0574 * (− 1. 8663)
城镇化 Urban	0. 1173 ** (2. 5556)	0. 0350 (0. 8715)	0. 0510 (1. 3219)	0. 0066 (0. 1652)	0. 1035 ** (2. 3556)
抚养比 Depand	0. 0323 (1. 4704)	0. 0146 (0. 7737)	0. 0131 (0. 7216)	− 0. 0011 (− 0. 0579)	0. 0142 (0. 6243)
人均第二产业增加值 Sec	− 0. 0319 ** (− 2. 5267)	− 0. 0285 ** (− 2. 5486)	− 0. 0178 (− 1. 6340)	− 0. 0230 ** (− 2. 1331)	− 0. 0382 *** (− 2. 9024)
人均第三产业增加值 Tertiary	− 0. 0355 (− 1. 4344)	− 0. 0039 (− 0. 3197)	− 0. 0018 (− 0. 1531)	0. 0074 (0. 6383)	− 0. 0450 * (− 1. 8121)
财政供养人口 Staff	0. 0089 (1. 1621)	0. 0471 (1. 0700)	0. 0777 * (1. 8229)	0. 0966 ** (2. 3003)	− 0. 0182 * (− 1. 930)
财政供养人口 × 人均转移支付（万元）$Staff \times TR$	− 0. 0392 ** (− 1. 7854)	− 0. 0065 (− 1. 1434)	− 0. 0105 * (− 1. 9109)	− 0. 0131 ** (− 2. 3984)	
财政供养人口 × 转移支付规模 $Staff \times TR. Ratio$					− 0. 0149 ** (− 2. 0239)
Bootstrap 抽样次数		1000	1000	1000	
Year & Region	控制	控制省份效应	控制省份效应	控制省份效应	控制
样本数 N	310	310	310	310	310
Adj. R-sq	0. 8264				0. 8293

注：括号内数字为 T 统计量，*，**，*** 分别代表在 10%，5%，1% 水平上显著。

基于面板分析的结果，对基础模型进行门槛效应的检验，并估计出其门槛值，检验结果如表 5 - 13 所示。从门槛效应的检验结果上来看，转移支付对地区公共服务供给的影响为非线性，存在着以财政努力为门槛的三重门槛效应，财政努力的三个门槛估计值分别为：1. 0010，1. 0069，1. 0093，且均在 1% 的水平上通过了显著性检验。换言之，转移支付对公共服务供给的边际促进作用确实会因地区财政努力的不同而变化，前述假设 5. 3 得以证实。故接下来我们将重点关注表 5 - 12 中第 5 列核心解释变量（转移支付）的系

数及其变动趋势。由于存在三重门槛效应,转移支付对基本公共服务供给的
边际影响被分成了 4 个区域,当财政努力由低往高增加时,核心解释变量转
移支付前的系数也随之变化,分别为:0.0207,0.0284,0.0375,0.0422。
可以看出,当地方政府财政努力低于第一个门槛值 1.0010 时,转移支付对当
期公共服务供给的改善起到了一定的作用,增加转移支付对增进地方公共服
务开支占比的边际效应为 2.07%。随着地区财政努力的增加,当其处于
1.0010 ~ 1.0069 的区间时,这种改善作用趋于进一步加强,其边际促进作用
增加到 2.84%。当财政努力跨越第二个门槛值后,转移支付将会更高效地助
力于地区公共服务的供给。从回归结果来看,当地方财政努力处于第二个门
槛值 1.0069 与第三个门槛值 1.0093 之间时,转移支付对基本公共服务的边
际增进效应将会得到较大幅度的提升,达到 3.75% 的水平。最后,当财政努
力高于第三个门槛值 1.0093 的时候,转移支付对公共服务的边际促进效应将
达到最大 4.22% 的水平。故随着地区财政努力的提升,转移支付对基本公共
服务供给的促进作用经历了一个阶梯性攀升的过程。

表 5 - 13 **转移支付对基本公共服务供给影响的门槛效应检验和门槛值估计**

门槛检验	统计量		临界值			门槛估计值	95% 置信区间
	P 值	F 值	1%	5%	10%		
单门槛检验	0.0000	25.3137	6.4486	3.9633	2.6686	1.0010 ***	[0.9821, 1.0199]
双重门槛检验	0.0000	41.8044	7.0406	3.6429	2.6594	1.0069 ***	[1.0048, 1.0072]
三门槛检验	0.0000	13.0627	6.6321	4.0318	2.8168	1.0093 ***	[1.0090, 1.0096]

注:*,**,*** 分别代表在 10%,5%,1% 水平上显著。

由上文的描述性统计可知,一地的财政努力往往和其经济发展水平正相
关。从面板门槛模型的回归结果来看,转移支付在低财政努力地区扮演的是
类似于"雪中送炭"的角色,发展相对落后地区的恩格尔系数和边际消费倾
向均比较高,地方政府借助转移支付资金的支持,得以解决了最为基础的公
共物品供给。由于欠发达地区通常获得的都是自由裁量度较高,没有指定用
途的一般性转移支付,低财政努力地区的政府在获得资金并满足当地最基础
公共服务供给之后,出于"利己"动机,其对转移支付资金的运用便开始融
入自身的支出偏好,或用于基础建设投资以培育税源,或用于形象工程以凸
显政绩,致使非民生方面的开支得以增加,社会性和维持性支出占比受到挤
压。低财政努力地区转移支付提升基本公共服务供给的效用受限,财政资金

的导向作用未能得到充分发挥。而财政努力高于第二个门槛值 1.0069 的地区往往集中在东南沿海，由于这些地区的财政收入较为充裕，致使其获得财力平衡性转移支付的概率偏小。尤其像北京、上海、江苏、浙江和广东等地区，由于其人均标准化财政收入常年超过其标准化财政支出，使得其均等性转移性支付的拨付数额长期为零①。李永友（2015）指出，随着经济发展水平的提高和决策者对高质量发展的重视，发达地区政府间的竞争模式正逐步从有利于物质资本积淀的基础设施投资转化为有利于人力资本发展的公共服务投入。对于财政自给性和努力程度较高的省份来说，由于其本身拥有较充足的税源和较完善的基础设施配套，转移支付仅起到辅助补充的作用，为了进一步提升地区的综合吸引力和竞争力，其更倾向于将转移支付用在良好的文化教育、医疗卫生和社会保障等非经济性公共物品的供给上，以创造额外的"政绩点"。同时，从资金拨付的实践上来看，上述地区如若获得了转移支付也通常是有限定用途且配有后续审计的专项转移支付，而这部分的资金支持往往和完善当地特定的公共服务供给有关，在此过程中，地方政府的支出自主权受到了较严格的限制。另外，考虑到专项转移支付非固定性和应对突发性的特点，其资金的可持续性本就难以预测，地方政府便更倾向于当期就把这部分资金花在中央所激励的领域上，故导致在高财政努力的地区，转移支付对增加公共服务支出占比的贡献更为明显，起到了"锦上添花"的效果。

（二）内生性探讨和稳健性检验

对于本节研究结论的一个潜在担忧就是内生性问题，在上述基础模型中，基本公共服务水平的供给和转移支付之间可能存在一定程度的双向因果关系，进而影响了实证结论的科学性，借鉴王永进、盛丹（2013），王小龙、余龙（2018）的思路我们用自变量——转移支付的滞后项来代替当期的人均转移支付以避免由于反向因果关系而导致的内生性问题，通过将各省人均转移支付前三期的算数平均值带入基础模型中回归发现，前期中央下拨的转移支付仍能显著地降低当年地方公共品的边际供给成本并提升政府在基本公共服务上的支出占比，但其增进效用也同样会受到高比例财政供养人员的限制。为进一步验证结论的稳健性，将核心解释变量转移支付规模的测量方法由人均

① 贾晓俊、岳希明. 我国均衡性转移支付资金分配机制研究 [J]. 经济研究，2012（1）17-29.

转移支付更换为各省的转移支付获取比率（具体测算方法见表 5 – 11），以考察转移支付资金支持对地区公共服务供给的影响机制。从表 5 – 12 第 6 列稳健性检验的结果上来看，核心解释变量转移支付以及转移支付与财政供养人口的交互项的系数符号和其显著性均未发生改变，转移支付占一般预算收入的比重每提高 1%，会使得当地财政在基本公共服务上的支出比重上升 0.325%（等于 0.01811 – 0.01486），充分说明前述结论是稳健的。

四、促进基本公共服务供给的转移支付制度优化建议

（一）完善一般性转移支付的测算体系

按照财政部的分类，我国的转移支付分为一般性转移支付、专项转移支付、税收返还三大类。但从 2013 ~ 2018 年中央对地方转移支付的预算、决算数据上来看，后者占整体转移支付的比重长期在 10% 左右的低位区间内徘徊①。可见，对地方公共服务供给产生决定性影响的还是前两种转移支付形式，而这一点也和世界上大多数国家的财政、经济实践相类似。一般性转移支付又称均等性转移支付，是我国现阶段唯一按公式法配置资金的转移支付，其分配公式如下：

$$G_i = \left[\left(\sum_k E_k - \sum_j R_j \right) + \sum_k E_k (\chi_{ki} - 1) - \sum_j R_j (\eta_{ji} - 1) \right] \times \theta_t$$

$$(5 - 41)$$

其中，G_i 为一般性转移支付，E 为全国统一的公共服务支出，即为达到全国同一标准的公共服务，在考虑了各地人口、面积、海拔、温度等差异性因素之后所应花费的财政支出，k 代表公共服务的种类，R 为全国标准的财政收入，j 代表各类税种。$\chi_i = E_i/E$，反映的是地区 i 在提供公共服务时与全国平均标准支出之间的成本差异系数。而 $\eta_i = R_i/R$，反映的是地区 i 与全国平均水平之间创造财政收入能力的差异系数。θ_t 为每年不同的转移支付系数，等于中央当年可用于转移支付的资金总量与各地转移支付资金需求总量之间的比值。在资金的拨付中，大括号中的后两项是关键，一地转移支付资金的拨付量与该地标准化的财政支出成正比，与其标准化的财政收入成反比，故支

---

① 数据来源于财政部预算司网站，http://yss.mof.gov.cn/zhengwuxinxi/caizhengshuju/。

出成本差异系数 χ_i 和财政收入创造能力差异系数 η_i 的不同将直接导致各地对转移支付资金需求的差异。为此，应定期审查、分析和测算上述两关键系数的合理性，在系数的确定和调整上做到与时俱进，以进一步提高一般转移支付在分配过程中的规范性、透明性和公平性，将政策惯性所可能引致的低效和浪费降至最低。同时，对上述系数的考察和计量也给出了一个新的探索方向，在接下来的公共服务供给中，应适度权衡相应的成本与收益，追求"有效率"的均等。一些西部偏远山区由于气候、人口密度或海拔的原因其标准化支出系数要数倍高于全国的平均水平，如西藏要达到 2008 年全国公共服务均等化的标准，其花在当地的支出应是全国同期支出水平的 4.57 倍[①]。针对于上述情况，我们应进行系统的权衡与考量，是机械数倍地提供转移支付资金支持合适？还是将当地稀少的居民整体迁至人口密度较高，更宜居住的地区，然后规模化、集约化地供给公共服务更合适？只有在投入和产出全面对比分析的基础上，再决定一般性转移支付资金的具体投向，才能更好地优化基本公共服务的供给效能。

（二）规范专项转移支付的拨付流程

专项转移支付通常会锁定支出方向，主要用于农业、教育、文化、卫生、社会保障和扶贫等方面，意在降低地方供给特定公共服务的边际成本。相较于一般性转移支付，专项转移支付欠缺严格的公式化分配方案，中央政府具有较大的主观性和相机决策权，致使资金的分配受到了财力均衡、突发事件、政治平衡以及各地谈判公关能力等诸多因素的影响。奈特（Knight，2008）发现美国国会议员出于连任和获得地方选票的考虑，会倾向于为其家乡争取更多的联邦专项转移支付。范子英、李欣（2014）基于我国的研究也发现新任部长的政治关联效应会使其来源地获得显著增加的专项转移支付。同时，专项转移支付还存在名目过多且时有交叉重叠的问题。很多时候，专项资金的拨付与其配套项目实施不能完全同步，故易导致资金闲置、挪用和使用效率低下等风险。在促进基本公共服务供给均等化的过程中，一个规范、合理的转移支付融资、分配机制对提升最终服务供给的质量和效益都至关重要。故构建让各地都能信服和遵守的专项转移支付分配方式，降低资金拨付过程

---

① 曾红颖. 我国基本公共服务均等化标准体系及转移支付效果评价［J］. 经济研究，2012（6）20－32.

中的盲目性和随意性，减少地方政府的讨价还价空间便显得尤为重要。为此，要逐步完善专项转移支付的法制化建设，改变其"政出多门"的现状，将相同或类似的项目统一归并到同一部门进行审核和批准，以提升后续专项资金投入的公正性和规范性。

（三）精简人员编制、减权放政以缩减转移支付的规模

地方政府所需的转移支付支持取决于其筹集的收入与支出需求间的差额，但现实中，支出需求的估计和衡量往往都非常主观且较难准确计量，如若欠缺合理约束，一地的支出需求可以是无限大的，故极易成为孕育地方政府机会主义行为的温床。从基础模型的回归结果来看，近10年来的转移支付制度可能被地方政府所"俘获"了。由于维持机构正常运转和保障公务员工资正常发放①是均衡性转移支付的首要任务，为获取持续、更多的中央资金支持，地方政府倾向于首先将转移支付用于扩大财政供养人口规模而非提升公共服务供给的质量和效益来最大化地扩大当地的支出预算。故接下来，一方面，在转移支付的拨付中，在因时、因地制宜的基础上应尽可能多地采用客观指标，少用地方政府可操控的指标（如以地区总人口代替财政供养人口作为标准化财政支出的贡献因子）来降低可能产生的道德风险以及对支出结构的影响。另一方面，要加快建立全面、公开、透明的预决算披露制度来约束和规范地方政府可能产生的机会主义行为。通过合理配置地方政府的行政资源，压缩和整合机构层次，来最大化地降低因人员重叠和冗余而导致的资金使用效率低下。

（四）控制逆向激励，优化转移支付资金拨付机制的设计

财政状况的改善能明显改善基本公共服务的供给，但其又与财力平衡性转移支付激励不相容，故易产生"鞭打快牛"进而整体拖慢经济增长效率的情况。同时，由于地方获得一般性转移支付的数额和当地的经济发展水平负相关，由此也可能会造成贫困地区对转移支付的过度依赖，缺乏自力更生、自主发展的动机，形成"养懒汉"的负向激励。故在公共服务的供给过程中，要防止转移支付在促进公平的同时，产生过多的效率损失。由于转移支付对增进公共服务的供给存在显著的门槛效应，针对可能存在的逆向激励，

---

① 《2017 中央对地方均衡性转移支付办法》（财预〔2017〕51号）。

在接下来转移支付资金的拨付中可以考虑融入地方政府财政努力的考量因子，比如规定地方的财政收入增长率不能低于某一临界水平或是进一步规范地方性税收优惠的标准、条件和审批，以遏制地方政府过度依赖转移支付而不积极获取财政收入的倾向。同时，可以尝试引入"合同执行"的理念，在资金的拨付上，中央可以考虑分次、分批地进行拨付，在每个关键时间节点上设置具体、可量化的考核指标，只有当地方政府在公共服务的供给上达到了规定指标的要求，才能申领到下一部分的转移支付资金。通过全流程、全环节的控制，来尽可能地缩减中央和地方由于利益诉求不一致而带来的行动执行偏差。

（五）提高地方政府的财政独立度，减少转移支付在财政收入中的比重

针对部分长期大量依赖转移支付的欠发达地区，尽快打破当地政府财政补助的预期，培养其自身财政的造血能力对提升整体财政资金的使用效率都大有裨益。中央应在接下来转移支付制度的设计上，逐步鼓励落后地区政府积极探寻适合其资源禀赋的收入增长点来夯实地方财力。而中央的转移支付资金拨付也可紧密围绕其比较优势来进行相关资源和服务的配套，这不仅提高了转移支付资金投放的效率也能在无形中增进地方公共服务供给的适用性和可持续性。如贵州便可结合其水资源充足、电力便宜，同时具有很多恒温、恒湿山洞的地缘优势来发展大数据存储和处理产业，并打造适宜当地特色的财政收入可持续增长点。同时，在地区税收收入的获取上，可以逐步探索有助于财权与支出责任相适应的分税或分成方法，以减少地方对转移支付的依赖。例如，将与当地经济发展联系紧密的相关行业（如现代服务业、建筑业和不动产租售）的增值税分给地方或是逐步培育税基较为稳定，竞争性较弱，流动性较低的税种（如房产税）作为地方的主体税种。这不仅能提高基层政府对基本公共服务的供给能力，对缓解现阶段纵向财政的不均等以及县乡级政府财权与事权的不匹配都大有助益。

（六）搭建多渠道的监督反馈机制，保障转移支付的使用真正落到实位

在纵向转移支付中，上级政府是委托人，下级政府是代理人，在委托代理关系中由于双方的利益诉求和支出偏好不一致，可能会带来转移支付资金支出不透明、结构随意变更、资金浪费严重、政府部门冗员过多，服务效率低下等问题。故在确保地方公共服务供给决策的独立性、完整性和合理性的

同时，也应提升转移支付资金使用过程中的透明度，通过改善信息弱势，杜绝腐败来提升公共服务供给的效率。为此，应尽快搭建多渠道的信息反馈机制，结合社会、民众和第三方的监督力量，加强对转移支付资金使用过程的监测与绩效评价，通过减少地方短期行为来降低转移支付资金运用的可替换效应。同时可以引入相应责任人一定时期的担责制，通过不仅仅停留在纸面上的长效追责机制来约束和规范地方对转移支付资金的使用。

（七）以最大化居民效用为导向，避免转移支付"亲建设，远民生"的倾向

一般性转移支付通常不限定资金的用途，主要用于弥补地区财力不足，给地方政府带来的是预算约束线外扩的收入效应，而基本公共服务供给能否因此增加以及能增加多少还取决于各地的收入弹性和地方政府所面临的激励。从近年来的实践上来看，转移支付的净流入地区基本上是经济欠发达和低财政努力的地区，其获得的一般性补助较多。但由于地方对这部分资金运用有完全的决策权，优化当地公共服务并非是其首选项，致使转移支付对社会性公共品供给的边际促进作用受限，地方政府的竞争性行为与当地居民长远的发展利益相偏离。故接下来应逐步纠正以经济增长速度、基础设施发展水平来评定绩效的偏向，提升完善资源利用、环境保护、文化创新、公共安全、劳动保障和人民健康等领域的指标与权重，突出民生性指标的基础性、关键性和引导性的作用，使得稀缺财政资金的投向与当地民众的实际需求相匹配。同时，在考评机制的设计上，应考虑设置多维评价指标，防止由于单一指标的运用致使那些长期排在末位的地区出现自暴自弃进而滥用转移支付资金的风险。优质的公共服务供给应最终带来的是居民获得感的提升和福利水平的改善，因此也应从生产建设型财政逐步转化为公共服务型财政，重塑地方政府的激励结构和行为模式，在转移支付的过程控制与绩效评价标准的设计中更多地融入地区居民的意见，以更好地促进经济、社会和人的全面发展。

参 考 文 献

[1] 安体富, 贾晓俊. 地方政府提供公共服务影响因素分析及均等化方案设计 [J]. 中央财经大学学报, 2010 (3).

[2] 鲍磊. "获得感"及其概念周边——兼论其政策意涵 [J]. 社科纵横, 2019 (7).

[3] 曹可强, 兰自力. 论公众参与政府公共体育服务的决策 [J]. 体育学刊, 2012 (6).

[4] 陈娟. 政府公共服务供给的困境与解决之道 [J]. 理论探索, 2017 (1).

[5] 陈水生. 公共服务需求管理服务型政府建设的新议程 [J]. 江苏行政学院学报, 2017 (1).

[6] 陈志广. 政治影响力、财政分权与地方政府公务员规模 [J]. 当代财经, 2015 (2).

[7] 储德银, 费冒盛, 黄暄. 地方政府竞争、税收努力与经济高质量发展 [J]. 财政研究, 2020 (8).

[8] 丁冬, 郑风田. 撤点并校: 整合教育资源还是减少教育投入?——基于 1996—2009 年的省级面板数据分析 [J]. 经济学 (季刊), 2015 (2).

[9] 丁辉侠. 财政分权、制度安排与公共服务供给——基于中国省级面板数据的实证分析 [J]. 当代经济科学, 2012 (5).

[10] 丁元竹. 社会疏离助推公共服务供给方式重构 [J]. 中共中央党校 (国家行政学院) 学报, 2020 (5).

[11] 丁元竹. 网络环境下基本公共服务供给方式研究 [J]. 中国特色社会主义研究, 2019 (1).

[12] 丁姿, 龚璞, 杨永恒. 我国医疗服务供给结构与效率研究——基于省级面板数据的实证分析 (2010—2016) [J]. 公共行政评论, 2018 (12).

[13] 范方志, 王晓彦. 中国农村基本公共服务供给效率的评价研究

[J].宁夏社会科学，2020（5）.

[14]范子英，李欣.部长的政治关联效应与财政转移支付分配[J].经济研究，2014（6）.

[15]范子英，张军.中国如何在平衡中牺牲了效率：转移支付的视角[J].世界经济，2010（10）.

[16]范子英，张军.转移支付、公共品供给与政府规模膨胀[J].世界经济文汇，2013（2）.

[17]范子英.中国的财政转移支付制度：目标、效果及遗留问题[J].南方经济，2011（6）.

[18]范子英.转移支付、基础设施投资与腐败[J].经济社会体制比较，2013（2）.

[19]方福前.供给侧结构性改革、供给学派和里根经济学[J].中国人民大学学报，2020（3）.

[20]方红生，张军.中国地方政府竞争、预算软约束与扩张偏向的财政行为[J].经济研究，2009（12）.

[21]冯金钟.对我国公共服务供给侧结构性改革的思考[J].宏观经济管理，2017（8）.

[22]冯严超，王晓红.中国式财政分权、地方政府竞争与循环经济绩效——基于动态广义空间模型的分析[J].上海对外经贸大学学报，2019（2）.

[23]伏润民，缪小林.中国生态功能区财政转移支付制度体系重构——基于拓展的能值模型衡量的生态外溢价值[J].经济研究，2015（3）.

[24]付爱兰.中国行政成本居高的形成机理及其治理——基于国家与社会关系的视角[J].天津行政学院学报，2014（5）.

[25]付文林，沈坤荣.均等化转移支付与地方财政支出结构[J].经济研究，2012（5）.

[26]傅勇，张晏.中国式分权与财政支出结构偏向：为增长而竞争的代价[J].管理世界，2007（3）.

[27]傅勇.财政分权、政府治理与非经济性公共物品供给[J].经济研究，2010（8）.

[28]高海虹.地方政府公共服务供给侧改革研究[J].理论探讨，2017（6）.

[29] 葛晓鹏，王庆云．交通运输系统供给侧结构性改革探讨［J］．宏观经济管理，2017（5）．

［30］龚锋，雷欣．中国式财政分权的数量测度［J］．统计研究，2010（10）．

［31］龚锋，卢洪友．财政分权与地方公共服务配置效率——基于义务教育和医疗卫生服务的实证研究［J］．经济评论，2013（1）．

［32］龚锋，卢洪友．公共支出结构、偏好匹配与财政分权［J］．管理世界，2009（1）．

［33］龚锋．地方公共安全服务供给效率评估——基于四阶段 DEA 和 Bootstrapped DEA 的实证研究［J］．管理世界，2008（4）．

［34］郭小聪，代凯．供需结构失衡：基本公共服务均等化进程中的突出问题［J］．中山大学学报（社会科学版），2012（4）．

［35］国务院发展研究中心中国民生调查课题组，张军扩、叶兴庆、葛延风、金三林、朱贤强．中国民生调查 2018 综合研究报告——新时代的民生保障［J］．管理世界，2018（11）．

［36］哈尔·R. 瓦里安．经济学［M］．周洪译，北京：经济科学出版社，1997.

［37］韩华为，苗艳青．地方政府卫生支出效率核算及影响因素实证研究——以中国 31 个省份面板数据为依据的 DEA-Tobit 分析［J］．财经研究，2010（5）．

［38］何继新，李原乐．"互联网＋"背景下城市社区公共服务精准化供给探析［J］．广州大学学报（社会科学版），2016（8）．

［39］侯慧丽．城市公共服务的供给差异及其对人口流动的影响［J］．中国人口科学，2016（1）．

［40］胡洪曙，武锶芪．公共服务供给最优规模的确定及其优化［J］．中南财经政法大学学报，2019（4）．

［41］胡洪曙，武锶芪．基于获得感提升的基本公共服务供给结构优化研究［J］．财贸经济，2019（12）．

［42］胡洪曙，武锶芪．中国基本公共服务供给效率的评价与供给方式优化——基于省级面板数据的 DEA 分析［J］．财经论丛，2020（1）．

［43］胡洪曙，武锶芪．转移支付、财政努力对基本公共服务供给影响的研究——一个基于省级面板数据的门槛效应分析［J］．华中师范大学学报

（人文社会科学版），2019（6）.

［44］胡洪曙.促进基本公共服务均等化的中央财政转移支付机制优化研究［M］.北京：经济科学出版社，2016.

［45］胡洪曙.中国基本公共服务供给指数报告（2017）［M］.北京：经济科学出版社，2018.

［46］胡税根，莫锦江，李倩.基于数据包络分析的公共文化科技服务资源配置效率研究［J］.行政论坛，2018（5）.

［47］胡祖铨，黄夏岚，刘怡.中央对地方转移支付与地方征税努力——来自中国财政实践的证据［J］.经济学（季刊），2013（3）.

［48］黄新华，李松霖.论深化公共服务供给侧结构性改革［J］.中国高校社会科学，2019（2）.

［49］黄莹.我国基本公共服务均等化问题研究［J］.经济纵横，2012（7）.

［50］吉富星，王经绫.政府和社会资本合作项目优惠政策的有效性——基于三方博弈动态不一致性视角［J］.经济问题，2018（11）.

［51］吉富星.地方政府隐性债务的实质、规模与风险研究［J］.财政研究，2018（1）.

［52］贾康，林竹，孙洁.PPP模式在中国的探索效应与实践［J］.经济导刊，2015（1）.

［53］贾凌民，吕旭宁.创新公共服务供给模式的研究［J］.中国行政管理，2007（4）.

［54］贾晓俊，岳希明.我国均衡性转移支付资金分配机制研究［J］.经济研究，2012（1）.

［55］江胜名.市场化进程中财政供养人口规模与地方政府努力水平［J］.经济社会体制比较，2016（6）.

［56］姜文芹.民生类基本公共服务绩效指标体系构建［J］.统计与决策，2018（11）.

［57］姜鑫，罗佳.财政转移支付、地方公共支出和"粘蝇纸效应"——基于边疆与内陆面板数据模型的经验证据［J］.当代经济管理，2018（1）.

［58］解洪涛，梅建明.分权之后的财政治理：公众参与和中国地方政府财政效率改进［J］.经济管理，2014（7）.

［59］金栋昌，刘吉发．优化社区公共文化服务供给结构的理念转向与实践模式［J］．中州学刊，2020（7）．

［60］荆林波，奚祺海．国外政府制定公共政策的对比分析及其对中国的启示［J］．国外社会科学，2017（6）．

［61］敬乂嘉，胡业飞．政府购买服务的比较效率：基于公共性的理论框架与实证检验［J］．公共行政评论，2018（3）．

［62］句华．"十三五"时期公共服务供给方式创新探讨［J］．理论探索，2017（2）．

［63］李春明．精准扶贫的经济学思考［J］．理论月刊，2015（11）．

［64］李丹，裴育，陈欢．财政转移支付是"输血"还是"造血"——基于国定扶贫县的实证研究［J］．财贸经济，2019（6）．

［65］李红霞．基本公共服务供给不足的原因分析与强化政府财政责任的对策［J］．财政研究，2014（2）．

［66］李华，董艳玲．中国基本公共服务均等化测度及趋势演进——基于高质量发展维度的研究［J］．中国软科学，2020（10）．

［67］李郇，洪国志，黄亮雄．中国土地财政增长之谜——分税制改革、土地财政增长的策略性［J］．经济学（季刊），2013（4）．

［68］李森，孔振焕，王俊燕．中国财政分权特征及其对地方性公共产品供给结构的影响［J］．宏观经济研究，2020（3）．

［69］李实，朱梦冰．中国经济转型40年中居民收入差距的变动［J］．管理世界，2018（12）．

［70］李文军，李家深．中国财政公共服务支出的总量变化与结构演进（2001—2010）［J］．中共天津市委党校学报，2012（7）．

［71］李一花，李静，张芳洁．公共品供给与城乡人口流动——基于285个城市的计量检验［J］．财贸经济，2017（5）．

［72］李奕．参与教育供给侧改革，促进教育结构性变革［J］．中国远程教育，2018（9）．

［73］李永友．转移支付与地方政府间财政竞争［J］．中国社会科学，2015（10）．

［74］李政，杨思莹．财政分权、政府创新偏好与区域创新效率［J］．管理世界，2018（12）．

［75］李子豪，毛军．地方政府税收竞争、产业结构调整与中国区域绿

色发展 [J]. 财贸经济, 2018 (12).

[76] 梁超. 撤点并校、基础教育供给和农村人力资本 [J]. 财经问题研究, 2017 (3).

[77] 梁城城, 张淑娟. 社会保障支出效率、腐败与经济增长——基于中国省级数据的实证研究 [J]. 湖北社会科学, 2019 (1).

[78] 廖福崇. 公共服务质量与公民获得感——基于 CFPS 面板数据的统计分析 [J]. 重庆社会科学, 2020 (2).

[79] 廖福崇. 基本公共服务与民生幸福感: 来自中国综合社会调查的经验证据 [J]. 兰州学刊, 2020 (5).

[80] 林敏, 余丽生. 参与式预算影响地方公共支出结构的实证研究 [J]. 财贸经济, 2011 (8).

[81] 刘江宁, 陈贞吉. 关于供给侧结构性改革的研究 [J]. 经济研究参考, 2020 (6).

[82] 刘楠楠. 地方公共品: 三种需求表达机制效率的实证分析 [J]. 地方财政研究, 2015 (3).

[83] 刘穷志, 何奇. 腐败侵蚀与财政支出扭曲 [J]. 财贸经济, 2011 (2).

[84] 刘舒杨, 王浦劬. 中国政府向社会力量购买公共服务的深度研究 [J]. 新视野, 2018 (1).

[85] 刘昕. 身心俱疲的干部与仍不满意的群众——问题的症结及其破解之道 [J]. 人民论坛, 2018 (10).

[86] 刘洋. 增强国家级新区资源承载力的建议 [J]. 宏观经济管理, 2018 (12).

[87] 刘银喜, 任梅. 流动公共服务: 公共服务供给方式创新——概念提出、逻辑起点及创新价值 [J]. 中国行政管理, 2015 (8).

[88] 刘子刚, 刘喆, 卫文斐. 我国环境保护基本公共服务均等化问题和实现途径 [J]. 环境保护, 2015 (20).

[89] 卢洪友, 卢盛峰, 陈思霞. 中国地方政府供给公共服务匹配程度评估 [J]. 财经问题研究, 2011 (3).

[90] 罗植, 施昌奎. 北京市公共服务资源拥挤性的实证研究 [J]. 北京社会科学, 2013 (6).

[91] 吕炜, 王伟同. 发展失衡、公共服务与政府责任——基于政府偏

好和政府效率视角的分析 [J]. 中国社会科学, 2008 (4).

[92] 吕炜, 王伟同. 我国基本公共服务提供均等化问题研究——基于公共需求与政府能力视角的分析 [J]. 财政研究, 2008 (5).

[93] 马光荣, 郭庆旺, 刘畅. 财政转移支付结构与地区经济增长 [J]. 中国社会科学, 2016 (9).

[94] 马雪松. 结构、资源、主体: 基本公共服务协同治理 [J]. 中国行政管理, 2016 (7).

[95] 毛捷, 吕冰洋, 马光荣. 转移支付与政府扩张: 基于 "价格效应" 的研究 [J]. 管理世界, 2015 (7).

[96] 毛捷, 汪德华, 白重恩. 民族地区转移支付、公共支出差异与经济发展差距 [J]. 经济研究, 2011 (5).

[97] 苗红培. 多元主体合作供给: 基本公共服务供给侧改革的路径 [J]. 山东大学学报 (哲学社会科学版), 2019 (4).

[98] 缪小林, 张蓉, 于洋航. 基本公共服务均等化治理: 从 "缩小地区间财力差距" 到 "提升人民群众获得感" [J]. 中国行政管理, 2020 (2).

[99] 欧纯智, 贾康. PPP 是公共服务供给对官僚制范式的超越——基于中国公共服务供给治理视角的反思 [J]. 公共管理评论, 2017 (8).

[100] 彭国华, 庞俊鹏. 新时代背景下中国农村公共体育服务发展的路径选择 [J]. 武汉体育学院学报, 2019 (2).

[101] 彭文波, 吴霞, 谭小莉. 获得感: 概念、机制与统计测量 [J]. 重庆师范大学学报, 2020 (2).

[102] 彭正波. 城市公共产品供给决策中的公众参与 [J]. 城市问题, 2009 (12).

[103] 乔宝云, 范剑勇, 彭骥鸣. 政府间转移支付与地方财政努力 [J]. 管理世界, 2006 (3).

[104] 容开建, 宋晨晨. 财政收入目标与公共服务扭曲——来自 230 个城市的经验研究 [J]. 产业经济评论, 2018 (5).

[105] 尚杰, 任跃旺. 西藏地区农村公共服务资源配置效率分析——基于 DEA 模型的实证检验 [J]. 西藏大学学报 (社会科学版), 2017 (3).

[106] 宋美喆, 刘寒波. 地方政府策略互动行为下的区域基本公共服务收敛性研究 [J]. 中南大学学报 (社会科学版), 2018 (1).

[107] 宋涛, 赵燕菁. 供给侧结构性改革: 研究范式及政策选择 [J].

社会科学战线, 2020 (5).

[108] 孙彩红. 基本公共服务结构性分析与供给侧改革路径 [J]. 云南社会科学, 2019 (1).

[109] 孙飞, 付东普. 供给侧结构性改革下公共服务供给方式创新 [J]. 甘肃社会科学, 2017 (4).

[110] 孙涛, 李瑛. 公务员规模省际差异影响因素研究: 基于2001—2008 年面板数据 [J]. 中国人民大学学报, 2011 (1).

[111] 孙涛, 张怡梦. 从转变政府职能到绩效导向的服务型政府——基于改革开放以来机构改革文本的分析 [J]. 南开学报 (哲学社会科学版), 2018 (11).

[112] 孙焱林, 覃飞. 法律执行效率、外商直接投资差异及影响因素——基于 2000 ~ 2014 年省会城市面板数据的实证研究 [J]. 云南财经大学学报, 2017 (5).

[113] 孙永怡. 我国公民参与公共政策过程的十大困境 [J]. 中国行政管理, 2006 (1).

[114] 谈智武, 曹庆荣, 王冬冬, 李泽群. 农村体育公共产品需求表达机制研究 [J]. 西安体育学院学报, 2011 (2).

[115] 唐飞鹏. 地方税收竞争、企业利润与门槛效应 [J]. 中国工业经济, 2017 (7).

[116] 唐飞鹏. 省际财政竞争、政府治理能力与企业迁移 [J]. 世界经济, 2016 (10).

[117] 田正, 李鑫. 供给侧结构性改革与宏观经济政策协调 [J]. 广西师范大学学报 (哲学社会科学版), 2020 (3).

[118] 涂圣伟. 完善农村公共产品供给决策机制的对策建议 [J]. 宏观经济管理, 2012 (2).

[119] 汪淑珍, 童楠楠. 中国政府网站在公民呼吁表达中的作用分析——以赫希曼 "呼吁机制" 理论为视角 [J]. 北京科技大学学报 (社会科学版), 2014 (3).

[120] 王凤岩. 政府购买公共服务的困境与突破——基于上海市实践的研究 [J]. 管理现代化, 2016 (2).

[121] 王娟. 基于耦合模型的东北旅游公共服务供需结构研究 [J]. 燕山大学学报 (哲学社会科学版), 2017 (4).

［122］王文娟，曹向阳．增加医疗资源供给能否解决"看病贵"问题？——基于中国省际面板数据的分析［J］．管理世界，2016（6）．

［123］王小龙，余龙．财政转移支付的不确定性与企业实际税负［J］．中国工业经济，2018（9）．

［124］王雄．地方人大代表的选择性回应偏好及其原因——以 M 市人大为例［J］．社会主义研究，2017（1）．

［125］王永进，盛丹．经济波动、劳动力市场摩擦与产业结构［J］．世界经济，2013（4）．

［126］王永明，马耀峰．城市旅游经济与交通发展耦合协调度分析——以西安市为例［J］．陕西师范大学学报（自然科学版），2011（1）．

［127］王宇哲，赵静．"用钱投票"：公众环境关注度对不同产业资产价格的影响［J］．管理世界，2018（9）．

［128］王喆，丁姿．公共服务供给模式改革的多案例研究——以医疗服务为例［J］．管理评论，2018（3）．

［129］魏福成，胡洪曙．我国基本公共服务均等化：评价指标与实证研究［J］．中南财经政法大学学报，2015（5）．

［130］魏福成．基本公共服务最优供给规模、供给不足及原因分析［J］．华中师范大学学报（人文社会科学版），2020（3）．

［131］吴春梅，翟军亮．变迁中的公共服务供给方式与权力结构［J］．江汉论坛，2012（12）．

［132］吴进进，张光．中国地区税负及对中央财政净贡献分布研究［J］．财政研究，2018（7）．

［133］吴克昌，刘志鹏．基于因子分析的人民获得感指标体系评价研究［J］．湘潭大学学报（哲学社会科学版），2019（3）．

［134］吴敏，刘畅，范子英．转移支付与地方政府支出规模膨胀——基于中国预算制度的一个实证解释［J］．金融研究，2019（3）．

［135］夏纪军．人口流动性、公共收入与支出——户籍制度变迁动因分析［J］．经济研究，2004（10）．

［136］谢舜，王天维．公众需求偏好表达对地方公共支出结构的影响——基于中国省级面板数据的经验证据［J］．云南财经大学学报，2018（7）．

［137］辛冲冲，陈志勇．中国基本公共服务供给水平分布动态、地区差异及收敛性［J］．数量经济技术经济研究，2019（8）．

[138] 熊兴，余兴厚，王宇昕．推进基本公共服务领域供给侧结构性改革的路径择定［J］．当代经济管理，2019（1）．

[139] 徐现祥，王贤彬．晋升激励与经济增长：来自中国省级官员的证据［J］．世界经济，2010（2）．

[140] 杨刚强，孟霞，王艳慧．城乡流动人口结构分层与基本公共服务供给的结构优化［J］．湖北社会科学，2015（11）．

[141] 杨乐，鱼乃夫．财政分权与公共服务收费的互动效应——基于中国省际面板数据联立方程组的实证检验［J］．兰州学刊，2020（3）．

[142] 杨林，许敬轩．地方财政公共文化服务支出效率评价与影响因素［J］．中央财经大学学报，2013（4）．

[143] 杨林．结构性改革背景下政府如何有效供给公共文化服务？——基于供需协调视角［J］．中央财经大学学报，2017（8）．

[144] 杨振．供给侧结构性改革的历史逻辑、学理逻辑与实践逻辑［J］．理论学刊，2020（2）．

[145] 袁飞，陶然，徐志刚，刘明兴．财政集权过程中的财政转移支付和财政供养人口规模膨胀［J］．经济研究，2008（5）．

[146] 袁锐．农村公共文化服务的供需失衡难题何解［J］．人民论坛，2019（14）．

[147] 原光，曹现强．获得感提升导向下的基本公共服务供给：政策逻辑、关系模型与评价维度［J］．理论探讨，2018（6）．

[148] 臧雷振，翟晓荣．政府行为偏好与约束机制的政治学解释［J］．公共行政评论，2018（4）．

[149] 张恒龙，陈宪．政府间转移支付对地方财政努力与财政均等的影响［J］．经济科学，2007（2）．

[150] 张虎，周楠．制造业与服务业协调发展及影响因素分析［J］．统计与决策，2019（11）．

[151] 张新文，高啸，戴芬园．农村公共服务项目化供给中的马太效应探究［J］．宁夏社会科学，2018（11）．

[152] 赵慧娣．新时代背景下公共体育服务供给侧结构优化路径研究［J］．体育与科学，2018（2）．

[153] 赵文凯，王大树，薛莹．地方政府卫生支出的空间策略性互动研究——基于两区制空间面板模型的分析［J］．财经论丛，2020（12）．

[154] 赵怡虹, 李峰. 基本公共服务地区间均等化: 基于政府主导的多元政策协调 [J]. 经济学家, 2009 (5).

[155] 赵永亮, 杨子晖. 民主参与对公共品支出偏差的影响考察 [J]. 管理世界, 2012 (6).

[156] 赵永亮, 赵德余. 分权体制下的民主参与、政府响应程度和公共品供需偏差 [J]. 经济社会体制比较, 2012 (2).

[157] 郑浩生, 李东坤. 省以下分权改革促进地方基本公共服务供给吗? ——来自四川省 "扩权强县" 改革的经验证据 [J]. 公共管理学报, 2016 (4).

[158] 郑洲. 西藏自治区政府公共服务能力提升研究——基于公共需求的分析视角 [J]. 西南民族大学学报 (人文社会科学版), 2015 (2).

[159] 周成, 冯学钢, 唐睿. 区域经济—生态环境—旅游产业耦合协调发展分析与预测——以长江经济带沿线各省市为例 [J]. 经济地理, 2016 (3).

[160] 周黎安. 晋升博弈中政府官员的激励与合作——兼论我国地方保护主义和重复建设问题长期存在的原因 [J]. 经济研究, 2004 (6).

[161] 周黎安. 中国地方官员的晋升锦标赛模式研究 [J]. 经济研究, 2007 (7).

[162] 朱洁, 苏雯锦. 人口流动对省级地方政府财政支出影响的实证研究 [J]. 东岳论丛, 2017 (5).

[163] 朱玉春, 唐娟莉, 刘春梅. 基于 DEA 方法的中国农村公共服务效率评价 [J]. 软科学, 2010 (3).

[164] Armay R. The freedom revolution [M]. Washington DC: Regnery Publishing Coporation, 1995. 91 – 93.

[165] Bahl R W. A regression approach to tax effort and tax ratio analysis [J]. Staff Paper, 1971, 18 (3): 570 – 612.

[166] Bergstrom T C, Goodman R P. Private demands for public goods [J]. The American Economic Review, 1973, 63 (3): 280 – 297.

[167] Besley T, Coate S. Centralized versus decentralized provision of local public goods: a political economy approach [J]. Journal of Public Economics, 2003, 87 (12): 2611 – 2637.

[168] Borcherding T E, Deacon R T. The demand for the services of non-

federal government [J]. The American Economic Review, 1972, 62 (5): 891 – 901.

[169] Bordignon M, Manasse P, Tabellini G. Optimal regional redistribution under asymmetric information [J]. The American Economic Review, 2001, 91 (3): 709 – 723.

[170] Bradford D, Malt R, Oates W. The rising cost of local public services: some evidence and reflections [J]. National Tax Journal, 1969, 22 (2): 185 – 202.

[171] Charnes A, Cooper W W, Rhodes E. Measuring the efficiency of decision making units [J]. European Journal of Operational Research, 1978, 2 (6): 429 – 444.

[172] David K, Dave L, Trent W. The use of "Lean" in local government [J]. ICMA Public Management Magazine, 2006, 9 (3): 12 – 17.

[173] Davis L M, Hayes K. The demand for good government [J]. The Review of Economics and Statistics, 1993, 17 (1): 148 – 152.

[174] Denzau A T, Mackay R J. Benefit shares and majority voting [J]. The American Economic Review, 1976, 66 (1): 69 – 76.

[175] Gramlich E M, Rubinfeld D L. Micro estimates of public spending demand functions and tests of the Tiebout and Median-voter hypothesis [J]. The Journal of Political Economy, 1982, 90 (3): 536 – 560.

[176] Hansen B E. Threshold effects in non-dynamic panels: estimation, testing, and inference [J]. Journal of Econometrics, 1999, 93 (2): 345 – 368.

[177] Hayes K J, Razzolini L, Ross L B. Bureaucratic choice and nonoptimal provision of public goods: theory and evidence [J]. Public Choice, 1998, 94 (12): 1 – 20.

[178] Knight B. Legislative representation, bargaining power and the distribution of federal funds: evidence from the US congress [J]. Economic Journal, 2008, 118 (532): 1785 – 1803.

[179] Lewis H F, Sexton T R. Data envelopment analysis with reverse inputs and outputs [J]. Journal of Productivity Analysis, 2004, 21 (2): 113 – 132.

［180］Li, H, Zhou L A. Political turnover and economic performance： the incentive role of personnel control in China ［J］. Journal of Public Economics, 2005, 89 (9 - 10)：1743 - 1762.

［181］Mauro P. Corruption and the composition of government expenditure ［J］. Journal of Public Economics, 1998, 69 (4)：263 - 279.

［182］Means T S, Mehay S L. Estimating the publicness of local government services：alternative congestion function specifications ［J］. Southern Economic Journal, 1995, 61, (3)：614 - 627.

［183］Moffitt R A. The effects of grants-in-aid on state and local expenditures：the case of AFDC ［J］. Journal of Economics, 1984, 23 (1)：279 - 305.

［184］Mogues T, Benin S. Do external grants to district governments discourage own revenue generation? A look at local public finance dynamics in Ghana ［J］. World Development, 2012, 40 (5)：1054 - 1067.

［185］Niskanen W. Bureaucrats and politicians ［J］. Journal of Law and Economics, 1975, 18, (3)：617 - 643.

［186］Oates W E. Fiscalfederalism ［M］. New York：Harcourt Brace Jovanovic, 1972.

［187］Oates W E. The effects of property taxes and local public spending on property values：an empirical study of tax capitalization and theTiebout hypothesis ［J］. Journal of Political Economy, 1969, 77 (6)：957 - 971.

［188］Ostrom E. Crossing the great devide：coproduction, synergy, and development ［J］. World Development, 1996, 24 (3)：1073 - 1087.

［189］Park A, Scott R, Christine W, Changqing R. Distributional consequences of reforming local public finance in China ［J］. China Quarterly, 1996, 147 (9)：751 - 778.

［190］Qian Y, Roland G. Federalism and the soft budget constraint ［J］. The American Economic Review, 1998, 77 (1)：265 - 284.

［191］Savas E S. On equity in providing public services ［J］. Management Science, 1978, 24 (8)：800 - 808.

［192］Schwab R M, Zampelli R M. Disentangling the demand function from the production function for local public services：the case of public safety ［J］.

Journal of Public Economics, 1987, 33 (2): 245 – 260.

[193] Tiebout C M. A pure theory of local expenditures [J]. The Journal of Political Economy, 1956, 64 (5): 416 – 424.

[194] Turnbull G K, Mitias P M. Which median voter? [J]. Southern Economic Journal, 1995, 62 (1): 183 – 191.